LAW & BUSINESS

法商圖書

IPO注册制

审核要点与实操指引

KEY REVIEW POINTS AND PRACTICAL GUIDANCE IN REGISTRATION-BASED IPO SYSTEM

投行小兵　梁爽　著

法律出版社 | LAW PRESS
北京

图书在版编目(CIP)数据

IPO注册制：审核要点与实操指引／投行小兵，梁爽著. -- 北京：法律出版社，2023(2023.3重印)
ISBN 978-7-5197-7421-9

Ⅰ.①I… Ⅱ.①投… ②梁… Ⅲ.①上市公司－公司法－研究－中国 Ⅳ.①D922.291.914

中国版本图书馆CIP数据核字(2022)第243078号

IPO注册制：审核要点与实操指引
IPO ZHUCEZHI:SHENHE YAODIAN YU SHICAO ZHIYIN

投行小兵 梁 爽 著

责任编辑 慕雪丹 章 雯
装帧设计 汪奇峰

出版发行 法律出版社
编辑统筹 法商出版分社
责任校对 赵明霞
责任印制 胡晓雅
经　　销 新华书店

开本 710毫米×1000毫米 1/16
印张 16.25 **字数** 230千
版本 2023年2月第1版
印次 2023年3月第2次印刷
印刷 永清县金鑫印刷有限公司

地址：北京市丰台区莲花池西里7号(100073)
网址：www.lawpress.com.cn
投稿邮箱：info@lawpress.com.cn
举报盗版邮箱：jbwq@lawpress.com.cn
销售电话：010-83938349
客服电话：010-83938350
咨询电话：010-63939796

书号：ISBN 978-7-5197-7421-9
定价：69.00元

凡购买本社图书，如有印装错误，我社负责退换。电话：010-83938349

自　序 Preface

我就简单说三句话。

第一句，这本书写得很辛苦。

2015年，我们出版过一本《投行实鉴》，该书的内容就是在《IPO企业上市解决之道》（1.2.3）的基础上对IPO审核的相关标准和要求进行了系统的整理和归纳。这次修订，原本计划就是要在《投行实鉴》的基础上进行修订、补充和更新。不过，修订一开始我就发现，原来的内容都是在核准制下的一些思路和方案，加上法律法规更新频繁，此外我个人对于IPO相关问题的理解也在变化和深入，因而修订不能是修修补补，必须要大刀阔斧，推倒重来。

本想着修改30%的内容就可以了，最后发现修改的内容可能超过了70%，甚至更多。还有一点，八年前的写作文笔不够娴熟，有一些啰嗦的地方，所以这次删减的内容也非常多。最重要的是，要从一种理念变成另外一种理念，从一种思维变成另外一种思维，从一种体系变成另外一种体系，可能要比从一张白纸起步更难。毕竟，做了十五年投行，有些观念是根深蒂固的，有些还是童子功！

第二句话，这是一本"三无"的书。

1. 这本书没有案例。我一直做案例分析，很多书的内容也是案例分析，不过这本书我们几乎没有任何涉及案例的内容，就算涉及案例也是一笔带过，没有太多篇幅。这样做的目的就是尽量保证体系完整，不让额外的内容影响阅读的思路和学习的完整。

2. 这本书没有废话。这次书稿修订，我们原本准备了五十万字的素材，为了尽量描述得不啰嗦，保证每一句话都是干货，每一句话都能够给大家带来帮助,最后定稿的时候只有不足二十万字。亲手删掉自己写的文字,讲真是一件痛彻心扉的事情,不过为了让学习更加便捷,更节约大家的时间,只能"痛苦我一个,幸福大家伙"了。毕竟,在我看来,如果你的作品浪费了别人的时间,无疑是"谋财害命",更何况,金融圈里的打工人,本身就忙得飞起,时间少得可怜。

3. 这本书没有边界。这本书的内容都是干货,没有法律汇编,就算引用规则也都是删了又删,改了又改,尽量缩短篇幅。当然,尽管我自己觉得这本书已做到尽量完善,不过肯定还有很多疏漏和不足的地方。另外,IPO相关理念和标准规则也随时在变化,因而,相关内容肯定是没有边界的,也是需要随时完善和更新的。这里,我希望跟大家一起学习,一起进步,一起突破一个一个的边界,一步一步成长!

第三句话,默默努力,惊艳自己。

不论是企业的高管还是基层,不论是投行保代还是新手,不论是审计专家还是律师萌新,不论是私募投资还是市值管理,不论你是谁,我觉得都可以从这本书中找到自己想要的答案,或多或少。因为书的内容已经精简到极致,没有太多背景介绍和基础内容的铺垫,因而有些人学习起来可能会觉得枯燥难懂,甚至不知所云。这时候,千万不要畏惧,一定要迎难而上,努力克服困难。我相信,只要自己默默努力,时间总会给我们一个满意的答复。后续,我也会根据书的内容设计"小兵私家课",同时将这本书作为基础教材来参考,之后我们还会有一本和这本书体系保持一致的财务部分的图书,同这本书的综合部分构成完整的"闭环"。我用我们"小兵私家课"的口号作为结尾:默默努力,惊艳自己!

感谢每一位陪伴、支持我的人。太多感动,无以言表,唯有坚持努力地一直跑下去,跟你一起,跟大家一起,跟小兵千千万万的粉丝一起。

投行小兵于中铁创业大厦

2023年2月2日

前　言 Foreword

【1】

纵观这些年IPO审核的历程,审核逻辑和理念总是在两种典型且截然不同的思维之间摇摆和平衡。这两种思维简单来说就是“抓大放小”和“细节决定成败”。

所谓“抓大放小”的审核理念,就是IPO审核更加关注企业的市场竞争能力、客户评价情况以及实现收入利润的情况等。说得直白些,只要企业有足够的市场竞争力且业绩规模也足够大,那么一些规范性和内控的问题可以适当地宽容,一般不会成为IPO的实质性障碍。

所谓“细节决定成败”的审核理念,就是IPO审核中更加关注企业的规范治理和内部控制的有效性,对于一个上市公司来说,合规性和规范性是最重要的,就算是企业竞争力很强且业绩规模很大,如果内控明显不足或者存在规范性重大瑕疵,也可能无法通过审核。

IPO审核的本质逻辑就是选择最优秀的企业成为公众公司,因而IPO审核更应该看中的是企业的行业竞争力和未来发展的机遇,对于其他对企业持续经营能力没有本质影响的事项,应该保持足够的容忍和宽容。

注册制的改革,就是顺应了这种趋势,对于各项规范性问题逐渐宽容,之前一些绝对不可能通过审核的情形也渐渐有了变化。

当然,关于规范性问题的尺度放开,小兵的理解并不是一味地纵容,而是在合理情形下的变通处理,更不是刻意回避一些规定,隐瞒一些风险。

我们对于注册制审核下很多问题的容忍和宽容给予了充分的肯定和支

持,不过随着审核形势的复杂化和审核标准进一步具体化,对于当下注册制下IPO审核的逻辑和标准,到了一个需要重新梳理和理性思考的“回头看”的阶段。我们不是拒绝注册制,但是必须明白我们需要怎样的注册制。我们需要的是有宽容、有担当、有底线的注册制,而不是没有标准、没有门槛、没有审核、没有预期的注册制。

在讨论规范性问题之前,我们必须明确一项原则,那就是:**我们对于规范性问题的宽容和忍耐,必须建立在对于基本规则的恪守和尊重之上**。只有我们能够遵守基本的法律法规,在规则要求的框架之下行事,我们对于问题判断的空间和方向才会更加广阔,也更加有价值。反之,如果就是单纯地无视任何规则和标准的宽容,无疑就是溺爱和审核逻辑的混乱,有百害而无一益。

所谓:心中有底线,手中无上限!

【2】

注册制下,IPO审核强调信息披露,信息披露的前提自然是合规,要符合基本的规则。在这种情况下,发行人的问题解决方案只要不违反强制性规定,那么在合理的空间内都可以去解释并且被认可。

从某种意义上来说,IPO审核就跟一场诉讼一样,允许双方当事人充分展示证据、论述观点,作出最有利于自己的判断和诉求,不再有“窗口指导”和“暗箱操作”,其实这就是一个很大的进步,也是注册制的胜利。

注册制下,IPO审核产生一些新的规则,鼓励发行人根据自己的特殊情况选择适用,但不得突破规则的底线,不得违背上市审核的基本原则。同时,任何问题的处理都应该尊重事实和基本规则,不得规避规则。

当然,我们也必须意识到,我们对问题的判断和解决是基于对规则的尊重,但是,遵守规则也是最低的、最基本的标准。是否能够满足合理性,是否在合规的范围内刻意规避某些问题,是否满足常识性的认知等这些问题,倒是我们在合规之外更需要认真对待和思考的问题。

我们一直讲尊重规则，简单来说就是：**以最强的宽容态度，以最大的政策底线，在规则范围内去认识和解释规则**。

举一个简单的例子：这里有一个橙子，有的人说“我喜欢吃”，有的人说“我肠胃不好不适合吃”，但是没有人否认这是个橙子，小兵觉得这个思路可以。如果这里有一个橙子，大家都觉得是橙子，可是你非要说它是个橘子，并且反驳“法规不是允许我们自己对事物的判断吗，那我就说它是橘子也不违法对不对”，毕竟橙子和橘子都是水果，如果是这种解释思路呢？

小兵研究了一些案例，发现某些中介机构总是尝试一次次试探监管底线，关键是有时候好像也成功了。对于审核机构来说，注册制审核理念变成了自身的紧箍咒，你非说这是橘子，只要你有合理的理由，也没有明显违反规则的地方，我也只能认可你的说法，真正做到了“谁主张，谁举证”的逻辑。

于是，我们就看到了一些对于问题不可思议的处理方式，但是这的确不算是创新。我们应该用大无畏的勇气和智慧去迎接改变和创新，哪怕是惊天动地的变革。但是，不管是怎样的发展趋势，IPO 的很多底线和原则小兵觉得还是要坚持，这样我们可以进步更大，也会跑得更快。

我们必须知道：**合法是一个问题处理的最低标准，合理才是更高要求啊！**

目　录 Contents

第一章 股东及出资

从小兵的角度来说,注册制和核准制有一个本质的差别,就是核准制怀疑一切,注册制尊重一切。这样的理念,在历史沿革尤其是历次股东出资以及权益变动这个规范性问题上,体现得更加突出。以前,如果你的每次股权的变化和权益的变动,没有充足的证据去证明它是真实存在的,那么监管机构就可以有足够的理由去合理怀疑。而现在,发行人只需要如实披露自己的变动情况,并且前后逻辑一致不存在明显的矛盾和差异,那么充分证明的责任就在监管一方,对他们的要求不再是没有理由的合理怀疑,而是需要找出充足的证据去推翻现有的结论。**而现在的结论,是不是最初的真相好像已经不那么重要,只需要根据证据说话,根据现有的资料作出各自角度的判断。**

小兵在核准制下整理的案例分析以及相关审核指引,股东出资问题一直是重点且是篇幅最长的内容。至于原因,主要有两个:

其一,股东出资问题涉及的情形非常复杂,需要具体分门别类地详细分析,其中涉及股东身份问题、出资的实质性障碍、出资的程序性瑕疵等情形。

其二,更重要的是,股东问题是 IPO 审核的红线问题,如果历史上存在重要瑕疵,那么需要彻底解决之后运行一年甚至三年的时间才能申报 IPO,因而 IPO 审核实践中,出资瑕疵导致的运行时间如何计算,是一个非常重要且存在争议的问题。

注册制审核理念下,出资问题成为一个逐渐淡化不再重要的问题,更多思考的角度是将股东出资看作商事领域当事人自主决策的事情,只要不违反相关规则,只要主管部门认定不存在违规行为,那么,股东出资问题一般不应该成为 IPO 障碍,甚至不是重点关注的问题。更何况,股东出资问题很多已经历史久远,很多事实当事人可能都无从考证,过于纠结,显然也不符合注册制基本的理念。

第一节　特殊股东身份问题

无论是在商事领域还是在 IPO 审核实践中,我们看到最普遍的股东就是自然人和法人(有限责任公司和股份有限公司)。自 2006 年《合伙企业法》修订颁布之后(自 2007 年 6 月 1 日起施行,下同),合伙企业的相关制度设计和监管要求有了明确的规定,尤其是有限合伙企业成为现实之后,更是激发了各种主体通过有限合伙这样一种形式来持有公司的股权,尤其是持有拟 IPO 企业的股权。根据 IPO 实践的不完全统计,有限合伙企业也成为仅次于自然人的目前最普遍的股东类型之一。此外,其他一些特殊的股东身份和类型,只要不违反相关规定,符合监管要求,那么也是可以接受的。

一、合伙企业股东

随着 2007 年《合伙企业法》的正式施行以及 2009 年《证券登记结算管理办法》的修订,合伙企业作为拟上市公司股东已经不存在任何障碍。其实,在 2009 年之前,合伙企业作为公司股东也不存在障碍,只是在交易所投资者结构范围中没有合伙企业,导致合伙企业投资公司上市之后无法开户也无法实现退出。《证券登记结算管理办法》在 2009 年修订时,将第 19 条增加一款,作为第 2 款:“**前款所称投资者包括中国公民、中国法人、中国合伙企业及法律、行政法规、中国证监会规章规定的其他投资者。**”

（一）合伙企业是否可以看作一个股东

如果是公司作为股东，那么，需要追溯到最终的自然人股东来判断是否违反股东人数的限制；如果是合伙企业作为股东，一般情况下可以看作一个股东，除非是明显为了规避股东人数限制的情形。

实践中，有限合伙企业主要出现在员工持股平台和私募股权投资基金领域，本书主要针对以下这两种典型情形进行分析：

1. 员工持股平台的"闭环原则"

根据《首发业务若干问题解答》（2020 年修订）的规定，员工持股计划计算股东人数的原则为：（1）依法以公司制企业、合伙制企业、资产管理计划等持股平台实施的员工持股计划，在计算公司股东人数时，按一名股东计算；（2）参与员工持股计划时为公司员工，离职后按照员工持股计划章程或协议约定等仍持有员工持股计划权益的人员，可不视为外部人员；（3）新《证券法》施行之前（即 2020 年 3 月 1 日之前）设立的员工持股计划，参与人包括少量外部人员的，可不做清理，在计算公司股东人数时，公司员工部分按照一名股东计算，外部人员按实际人数穿透计算。

根据《上海证券交易所科创板股票发行上市审核问答》的规定，对于员工持股计划计算股东人数的"闭环原则"。员工持股计划符合以下要求之一的，在计算公司股东人数时，按一名股东计算；不符合下列要求的，在计算公司股东人数时，穿透计算持股计划的权益持有人数：

（1）员工持股计划遵循"闭环原则"。员工持股计划不在公司首次公开发行股票时转让股份，并承诺自上市之日起至少 36 个月的锁定期。发行人上市前及上市后的锁定期内，员工所持相关权益拟转让退出的，只能向员工持股计划内员工或其他符合条件的员工转让。

（2）员工持股计划未按照"闭环原则"运行的，员工持股计划应由公司员工持有，依法设立、规范运行，且已经在基金业协会依法依规备案。

无论是在哪个板块 IPO 上市，在判断是否认定为一个股东时，都应当将员工持股计划的“闭环原则”作为一个重要的原则和标准去执行。因而,我们这里可以确定一项基本规则:**讨论不同的上市板块适应规则的时候,尽管有些问题可能科创板有规定但是创业板没有,或者是主板有规定但是科创板没有规定,如果是一些共性问题,相关的审核标准还是可以互相参照的。**

2. 私募股权基金的备案原则

如果私募股权基金已经在协会进行备案,一般情况下都会被认定为一个股东。有的投资机构如果是专门为投资发行人而设立,这种情况下,可能会被认为是否存在规避股东 200 人的情形,从而需要穿透来计算股东人数。

至于怎样的投资机构是专门投资发行人的,是需要综合判断的一个问题,可以从以下几点参考:投资机构设立的时间与对外投资的时间、是否除了发行人还有其他投资企业、出资人的出资金额与对外投资金额、合伙人的组成等。

(二)合伙企业作为股东的穿透核查

合伙企业作为股东,无论是否看作一个股东,都需要进行穿透核查。至于要穿透到怎样的一个程度,根据科创板和创业板发布的指引,除自然人外,“最终持有人”还包括以下类型:上市公司(含境外上市公司)、新三板挂牌公司等公众公司,或者穿透核查至国有控股或管理主体(含事业单位、国有主体控制的产业基金等)、集体所有制企业、境外政府投资基金、大学捐赠基金、养老基金、公益基金以及公募资产管理产品。除此之外的外资股东,如果中介机构能以适当核查方式确认外资股东的出资人不存在境内主体,并充分论证该外资股东入股发行人的价格不存在明显异常,可将该外资股东视为“最终持有人”。

根据《监管规则适用指引——关于申请首发上市企业股东信息披露》的规定,发行人股东的股权架构为两层以上且为无实际经营业务的公司或有限合伙企业的,如该股东入股交易价格明显异常,中介机构应当对该股东层层穿透核查到最终持有人,说明是否存在本指引第 1 项、第 2 项的情形。最终持有人为自然人的,发行人应当说明自然人基本情况。

私募投资基金等金融产品持有发行人股份的，发行人应当披露金融产品纳入监管情况。

这里要明确的一点是，无论是否作为一个股东，以及是否进行了私募备案，都不是股东穿透核查的抗辩事项，都需要进行穿透核查。

（三）合伙企业的税收问题

1. 纳税主体

合伙企业以每一个合伙人为纳税义务人。

合伙企业合伙人是自然人的，缴纳个人所得税。合伙人是法人和其他组织的，缴纳企业所得税，合伙人在计算其应缴纳的企业所得税时，不得用合伙企业的亏损抵减其盈利。

2. 先分后税

合伙企业生产经营所得和其他所得采取"先分后税"的原则。先分后税，不代表是不分不税，就算合伙企业将利润留存下来不分配，合伙人也应当缴税，以避免合伙企业本身成为避税工具。

合伙企业虽不是纳税主体，但必须作为应纳税所得核算主体，在核算出应纳税所得后，将"税基"分配到合伙人，然后由合伙人为其缴税。所谓生产经营所得和其他所得，包括合伙企业分配给所有合伙人的所得和企业当年留存的所得（利润）。

3. 税率比照"个体工商户"

合伙企业每一纳税年度的收入总额减除成本、费用以及损失后的余额，作为投资者个人的生产经营所得，比照《个人所得税法》的"经营所得"应税项目，适用5%～35%的五级超额累进税率，计算征收个人所得税。

（四）合伙企业作为股东的信息披露

合伙企业作为股东没有障碍，尤其是对于以创业投资和股权投资为主营业务的合伙企业投资机构来说，成为上市公司股东更是非常普遍。那么对于合伙企业成为发行人股东来说,需要重点关注的是信息披露的问题,而信息披露最后体现的目的和实现的效果不过是证明合伙企业与发行人以及相关人员是否存在关联关系,是否存在利益输送的情形。

至于信息披露的层次和内容,这在实践中已经基本固定,简要总结可能会包括以下几个方面:

1. 比照有关法人股东的要求进行披露处理,根据合伙人的身份(发起人或非发起人)和持股比例高低(控股股东或实际控制人、5% 以上的股东或发起人、持股比例很小的股东)来决定信息披露的详略。

2. 合伙企业基本情况,包括合伙人构成、投资企业基本情况、投资企业实际控制人情况、是否存在关联关系等。

3. 合伙企业的合伙人基本情况,包括个人简历、对外投资情况、是否存在关联关系等。

4. 由于合伙企业的合伙人安排非常灵活,需要重点关注:合伙企业的真实性、合法性,是否存在代持关系,合伙人之间的纠纷、诉讼,突击入股的合伙企业相关情况等。

二、高校教师作为股东

(一)鼓励科技成果产业化

2002 年,教育部和科技部发布了《关于充分发挥高等学校科技创新作用的若干意见》,明确支持高校相关人员可以外出创业,支持技术产业化;2016 年教育部和科技部《关于加强高等学校科技成果转移转化工作的若干意见》,以及 2017 年人力资源和社会保障部《关于支持和鼓励事业单位专业技术人员创新创业的指导意见》的发布,将高校教师技术成果产业化推向新的浪潮。当然,我们能够在 IPO 审核实践中,看到越来越多高校教师作为 IPO 发行人股东的案例,最大的推动力自然是 IPO 注册制改革的推进,对于很多规范性和合规性问题的宽容。

越来越多的成功案例表明,基于国家对于高校人员研发技术产业化的支持以及注册制对于IPO审核的最大宽容,形成了目前多家IPO发行人都与高校科研人员甚至相关的领导存在紧密直接联系的情形。在过往的案例中,已经存在过很多高校教师创业然后IPO成功的案例,且在这些案例中,**有些公司中的高校教师在担任学校教授和博士生导师的同时,还是发行人的控股股东和实际控制人,甚至有的还担任公司的董事长或者首席科学家之类的职务。**

从某种意义上来说,只要所在高校对于员工对外的创业没有明确的禁止,对于企业的科研成果归属没有产权归属的纠纷,对于教师相关的教学工作没有本质的影响,以及没有引起公众的不满或者争议,那么,一般IPO审核都是接受的。

(二)不得违反党政领导干部兼职的限制规定

根据中共中央纪委、教育部、监察部《关于加强高等学校反腐倡廉建设的意见》、《直属高校党员领导干部廉洁自律"十不准"》、中共教育部党组《关于进一步加强直属高校党员领导干部兼职管理的通知》等相关文件的规定,教育部直属高校的党政领导干部不准违反规定在校内外经济实体中兼职或兼职取酬,以及从事有偿中介活动。

高校党政干部明确不得在外兼职,因而在IPO审核实践中连其担任独立董事都是禁止的。从这个角度来说,一方面,允许教授、博士生导师自己创业拿股份上市后拥有可观的财富;另一方面,只要是领导干部就连兼职都不行,实践中可能就需要这些人作出取舍了。

(三)知识产权问题

高校外出创业的人一般都有着鲜明的标签和特征,那就是在学校科研已经足够优秀并已经有了足够先进技术,也正是因为这个原因,才有了外出创业实现更高人生价值的想法。这些外出创业的人要么是学科带头人,要么是核心研究人员。这些人从学校带走的技术是否会存在纠纷就是重点关注的问题,主要体现在以下几个方面:

1. 知识产权是以前在学校发明的，还是离开学校之后自己独立发明的，是否属于职务作品？

2. 知识产权是自己独立发明的，还是从学校里带出来的，知识产权的权属是否明确、是否存在纠纷？

3. 独立创业后是否还跟学校有着知识产权的合作或联系，如果有合作，那么后续的研发成果如何界定权属和收益？

关于高校人员拥有的技术成果与学校的本职工作是否存在交集的问题，不论是客观因素还是主观动机，不论是历史原因还是未来规划，很多时候都很难有一个明确的交代。因而，在IPO审核实践中，对于类似的知识产权问题，一般都需要所属高校或者院系进行明确的界定和说明，证明不存在任何纠纷，必要的时候还需要通过学校各级别的决策程序来统一进行认定。

（四）编制身份问题

高校人员创立公司，将技术产业化，公司发展壮大尤其是到了IPO阶段之后，其必然要面临一个非常痛苦的两难选择：**到底是选择继续留在学校，还是将全部精力投入上市公司**。能够将技术产业化做成功的高校人员，在学校必然也有很高的科研地位和声誉，尽管创立公司可以实现更多的财富和收益，但是对于教师来说，科研的职责并不那么容易割舍。

在以前的IPO审核实践中，很多高校人员只能做痛苦的选择，要么放弃高校编制和岗位，成为IPO上市公司的正式员工，要么从拟上市公司辞职。后来，针对一些特殊的人员，特定情况下出现了停薪留职的做法，这种做法一度成为解决这个问题的一剂良药。

通过注册制IPO审核的实践，根据目前的审核案例来看，关于高校员工的身份两难问题已经不存在了，在上市公司和高校科研之间选择一种平衡成为现实。小兵通过总结已有的高校教师创业案例，发现**保留教学岗位以及保留编制，甚至主要的精力仍旧在教学和科研上，教师除作为公司股东和实际控制人之外，并不担任其他核心管理岗位，这些情形都成为一种现实**。当然，这样的处理以及接受的程度是否比较激进，是否会存在一些隐忧和风险，未来IPO审核是否会加强监管，我们不得而知。

（五）独立性问题

由于这类上市公司起家于高校，因而这种千丝万缕的联系很容易让人联想到可能会对公司独立性方面造成损害，如技术的独立性（前面已经提到）、人员的独立性、业务的独立性等。关于这个问题，我们将在其他专题中进行专门的论述。

三、高校作为股东

（一）高校不能直接作为股东

高校在技术产业化方面有着得天独厚不可比拟的优势，因而实践中高校投资设立企业也是非常常见的事情，尤其是研究能力和水平比较高的知名高校，如北京大学、清华大学、复旦大学等。

2005年教育部《关于积极发展、规范管理高校科技产业的指导意见》（教技发〔2005〕2号）文件颁布之前，高校是被允许可以直接投资设立企业的，而2号文对高校的对外投资行为进行了一定的约束，具体体现在：

1. 高校要依法组建国有独资性质的资产经营有限公司或从现有校办企业中选择一个产权清晰、管理规范的独资企业（以下统称高校资产公司），将学校所有经营性资产划转到高校资产公司，由其代表学校持有对企业投资所形成的股权。

2. 高校除对高校资产公司进行投资外，不得再以事业单位法人的身份对外进行投资。

3. 高校的院、处、系、所等下属单位创办的公司，应划归高校资产公司管理。

4. 高校设立高校资产公司后，校级领导除在高校资产公司兼职外，一律不得在高校控、参股企业中兼职，校级领导在高校资产公司兼职不得领取薪酬；

除作为技术完成人,今后高校领导干部不得通过奖励性渠道持有高校企业的股份。

5. 高校新组建的控、参股企业,除高校资产公司、大学科技园、国家工程(技术)研究中心外,一律不得冠用校名。对现有的冠用校名的高校科技企业,要逐步依法进行冠名整顿。

(二)实务关注问题

高校作为股东拟上市公司所涉及的诸多问题,其实我们在很多情况下都已经涉及,包括国有资产管理问题、国有股转持问题、资产改制问题等,这些问题与其他企业的处理思路并没有特别之处。此外,高校或者高校投资公司作为上市公司股东,主要是作为纯粹投资方的身份出现,并不一定涉及公司的管理和战略规划,因而在实践中并没有出现比较特殊的问题。

这里还需要注意的一个问题是,高校的专业设定和性质是千差万别的,有的是理工科类、有的是金融类、有的是医学类等,这些不同专业定位的高校在涉及主管部门时,除传统的国资委和教育部之外,可能还要涉及卫生部、工信部、科技部等诸多部门,而这些部门的批复往往会是最难逾越的一关。

四、三类股东

(一)起源于新三板

三类股东问题,从目前来看,都渐渐成为历史的产物,尽管这个历史并不是那么久远。

所谓三类股东,是指契约性基金、信托计划、资产管理计划等持股主体,这些主体在企业新三板挂牌之前,尤其是挂牌之后的二级市场交易中,会出现很多三类股东的情形。

由于三类股东存在多层嵌套,不同层级的投资者权利义务关系有着很大差别,很多还存在股份代持以及协议约定存在重大争议风险的情形,因而在IPO 审核中,如何对三类股东进行核查和判断,成为一个需要思考并解决的重大课题。

因为三类股东与新三板的必然联系，所以目前对于没有在新三板挂牌上市的发行人来说，仍旧不允许有三类股东的存在，这个 IPO 审核政策没有发生变化。**目前，在审核实践中已经存在允许非新三板挂牌企业的股东穿透之后有少量三类股东的情形，但是直接股东仍旧不能有任何三类股东的存在。**

根据最新的要求，“三类股东”变成了两类股东，主要包括资产管理产品、契约型私募投资基金（没有了信托基金）。根据《关于规范金融机构资产管理业务的指导意见》（银发〔2018〕106 号）规定，理财产品包括银行非保本理财产品，资金信托，证券公司、证券公司子公司、基金管理公司、基金管理子公司、期货公司、期货公司子公司、保险资产管理机构、金融资产投资公司发行的资产管理产品等。

（二）三类股东核查的挑战

根据相关规定，三类股东必须是封闭式基金，如果存在开放式基金的情形，那么需要在 2020 年 12 月 31 日前彻底整改。

三类股东如果根据规定不需要整改，那么就需要进行彻底的穿透性的核查，如果穿透之后股东人数众多且持有份额比例非常小，那么就会对股东核查工作带来巨大的挑战。正是因为这个原因，目前无论是新三板挂牌的企业还是 IPO 审核的发行人，出现三类股东的情形变得越来越少。

发行人在新三板挂牌期间形成三类股东持有发行人股份的，中介机构和发行人应从以下方面核查披露相关信息：

1. 中介机构应核查确认公司控股股东、实际控制人、第一大股东不属于“三类股东”。

2. 中介机构应核查确认发行人的“三类股东”依法设立并有效存续，已纳入国家金融监管部门有效监管，并已按照规定履行审批、备案或报告程序，其管理人也已依法注册登记。

3. 发行人应当按照首发信息披露准则的要求对“三类股东”进行信息披

露。通过协议转让、特定事项协议转让和大宗交易方式形成的“三类股东”,中介机构应对控股股东、实际控制人、董事、监事、高级管理人员及其近亲属,本次发行的中介机构及其负责人、高级管理人员、经办人员是否直接或间接在该等“三类股东”中持有权益进行核查并发表明确意见。

4. 中介机构应核查确认“三类股东”已作出合理安排,可确保符合现行锁定期和减持规则要求。

五、证监会系统离职人员

目前,金融系统反腐倡廉的态势更加严酷,证监会系统内部利用 IPO 以及相关资本运作获得不法利益有着“近水楼台”的“绝对优势”。因而,目前的 IPO 审核规则要求对于发行人股东中是否存在证监会系统离职人员,要进行彻底地穿透核查并发表专项核查意见,以防止“旋转门”的职务腐败问题。当然,从小兵的角度来看,不只是证监会系统离职人员,其他系统如银行、保险,甚至是发改、商务、税务等系统相关人员入股发行人的核查,也应该提高相应的标准和规则。

根据《监管规则适用指引——发行类第 2 号》的相关规定,对于证监会系统离职人员的相关核查要求如下:

1. 中介机构应全面核查离职人员入股情况,并出具专项说明。专项说明包括以下内容:(1)是否存在离职人员入股的情形。(2)如果存在离职人员入股但不属于不当入股情形的,应当说明离职人员基本信息、入股原因、入股价格及定价依据、入股资金来源等;离职人员关于不存在不当入股情形的承诺。(3)如果存在离职人员不当入股情形的,应当予以清理,并说明离职人员基本信息、入股原因、入股价格及定价依据、清理过程、是否存在相关利益安排等。

2. 不当入股情形包括但不限于:(1)利用原职务影响谋取投资机会;(2)入股过程存在利益输送;(3)在入股禁止期内入股;(4)作为不适格股东入股;(5)入股资金来源违法违规。

3. 离职人员,是指发行人申报时相关股东为离开证监会系统未满 10 年的工作人员，具体包括从证监会机关、派出机构、沪深证券交易所、全国股转公司离职的工作人员，从证监会系统其他会管单位离职的会管干部，在发行部或公众公司部借调累计满12个月并在借调结束后3年内离职的证监会系统其他会管单位的非会管干部，从会机关、派出机构、沪深证券交易所、全国股转公司调动到证监会系统其他会管单位并在调动后3年内离职的非会管干部。

4. 入股禁止期，是指副处级（中层）及以上离职人员离职后3年内、其他离职人员离职后2年内。

5. 例外情形：发行人在全国中小企业股份转让系统挂牌期间通过集合竞价、连续竞价、做市交易等公开交易方式，参与向不特定合格投资者公开发行股票配售增加的股东，因继承、执行法院判决或仲裁裁决取得发行人股份的股东，以及通过上市公司、新三板挂牌企业入股发行人的，不需要进行核查和清理。

六、股东的其他情形

（一）自然人股东的适格性总结

首先需要说明的是，在职教师并没有被禁止不能做股东，实践中教师创业的还是很多的；国有企业职工出资需要受到《关于规范国有企业职工持股、投资的意见》的限制，未成年人可以出资成为股东但不得担任公司的董事、监事、高级管理人员。

下列自然人不得成为公司股东：

1. 公务员：《公务员法》第59条第16项规定，公务员不得违反有关规定从事或者参与营利性活动，在企业或者其他营利性组织中兼任职务。

2. 党政机关的干部和职工：根据中共中央、国务院《关于严禁党政机关和党政干部经商、办企业的决定》以及中共中央、国务院《关于进一步制止党政机关和党政干部经商、办企业的规定》的规定，国家机关的干部和职工，除中央书记处、国务院特殊批准的以外，一律不准经商、办企业。

3. 县以上党和国家机关退（离）休干部：中共中央办公厅、国务院办公厅

《关于县以上党和国家机关退(离)休干部经商办企业问题的若干规定》规定,县级以上党和国家机关的退(离)休干部,不得兴办商业性企业。

4. 国有企业领导人、配偶及子女:《国有企业领导人员廉洁从业若干规定》第 5 条规定,国有企业领导人员不得有利用职权谋取私利以及损害本企业利益的行为,其中包括禁止个人从事营利性经营活动和有偿中介活动,或者在本企业的同类经营企业、关联企业和与本企业有业务关系的企业投资入股;《国有企业领导人员廉洁从业若干规定》第 6 条规定,禁止国有企业领导人员的配偶、子女及其他特定关系人,在本企业的关联企业、与本企业有业务关系的企业投资入股。

5. 现役军人:《中国人民解放军内务条令(试行)》第 105 条规定,军人不得经商,不得从事本职以外的其他职业和网络营销、传销、有偿中介活动,不得参与以营利为目的的文艺演出、商业广告、企业形象代言和教学活动,不得利用工作时间和办公设备从事证券期货交易、购买彩票,不得擅自提供军人肖像用于制作商品。

(二)法人股东的限制条件

关于法人股东成为股东的一般情况大家都比较熟悉,现对一些限制的情况进行说明:

1. 分公司:分公司不具有法人资格,不能对外投资。

2. 一人公司:一人有限公司原则上可以成为公司的股东;自然人只能投资设立一个一人有限公司,而且该一人有限公司不能投资设立新的一人有限公司。

3. 商业银行:商业银行原则上不能成为非金融机构的股东。

4. 非营利性非企业法人:总体上来说,机关法人、社会团体法人、事业单位法人等非企业法人都可以投资设立有限责任公司、股份有限公司和外商投资企业等。但是,一般来说,国家政府性质的非盈利性的非企业法人不具备股权投资的主体资格。

5. 个人独资企业：个人独资企业可以作为有限公司的股东，并可设立分支机构，不得投资设立非公司企业法人。

6. 事业单位：《中央行政事业单位国有资产管理暂行办法》第 29 条规定，各部门行政单位和参照公务员法管理的单位，不得将国有资产用于对外投资。其他事业单位应当严格控制对外投资，不得利用国家财政拨款、上级补助资金和维持事业正常发展的资产对外投资。

此外，需要注意的是，**合伙企业可以作为有限公司的股东，并可以设立分支机构。不过作为合伙企业的会计师事务所、资产评估机构、律师事务所不得作为资产主体向其他行业投资设立公司。**

（三）居（村）委会能否作为股东的专项说明

关于股东资格问题，法律法规并没有明确的限制性规定，小兵认为只要是能够进行工商登记并能开具证券登记账户的主体就可以，而不一定要是法人，如合伙企业、股份合作制企业。此外，符合一定条件的事业单位、居（村）委会、社团法人等都有资格作为股东。在这里，重点解释一下居（村）委会作为股东的基本依据：

1. 从目前的政策来看，村委会或居委会只能取得组织机构代码证，无法取得民政部门的社团法人登记证。

2. 从相关规定来看，目前并没有明确规定禁止非社会团体法人作为公司的股东和实际控制人。

3. 根据《证券登记结算管理办法》，目前中国可以开具证券账户的包括中国公民、中国法人、中国合伙企业，并不包括非社会团体法人，因此村委会或居委会作为上市公司股东存在障碍，但是作为实际控制人应该没有障碍。

4. 2006 年以前三房巷的实际控制人是村委会，2006 年以后没有最新的案例，有人质疑这与公司法的修订有关，但是从公司法的修订和规定内容来看，并没有对股东和实际控制人资格重新限定的规定。

5. 至于居委会或村委会作为实际控制人是否会涉及 200 人以上权益人的

问题,如果权益人数量是历史原因造成的,并没有刻意规避 200 人的情形,小兵认为没有障碍。目前,部分案例(江苏通润、山东金创、福星晓程)存在实际控制人为集体企业的情形,集体企业同样存在权益人数量不能明确的情况。

(四)股东双重国籍

《国籍法》第 3 条规定:“中华人民共和国不承认中国公民具有双重国籍。”第 9 条规定:“定居外国的中国公民,自愿加入或取得外国国籍的,即自动丧失中国国籍。”上述规定非常明确,中国不承认双重国籍,说白了就是“有我没他”。如果你是中国国籍,那么就不能加入其他国家国籍,如果你已经加入了其他国家的国籍,那么就需要及时注销中国国籍。

根据上述规定,基本可以明确,在我国不承认双重国籍的情况下,双重国籍本身就是一个伪命题。为了讨论方便,这里我们需要先下一个具有中国特色的定义:**就是中国公民在取得其他国家国籍之后没有及时根据要求注销中国国籍,从而在一段时间里存在两个国籍并行的情况。**

双重国籍问题在实践中主要存在两种情形:一种情形是取得了其他国家国籍之后,由于对规则不了解或者疏忽大意而没有及时注销中国国籍,但是其间自己已经把自己当作外国人对待而没有再利用中国国籍做事;另一种情形就是取得其他国家国籍之后,把自己既当作中国人又当作外国人,利用可左可右的便利进行相关活动。

再明显不过,上述两种双重国籍情形有着截然不同的性质,前者没有主观过错,后者则有着故意违规的嫌疑。在处理思路上,前者只要及时发现并注销中国国籍一般不会构成障碍,而后者则需要具体问题具体分析。在实践中,往往后者才是最普遍的,也是最棘手的问题,因为有些问题已经成为事实,而这些事实又基本上不可逆,处理起来还存在实质的法律障碍。

对于双重国籍后者的情形,最轻松的处理方式自然是小事化了,如果股东没有拿中国国籍做出什么比较实质的事情,则可以及时注销中国国籍并消除小的影响。比如,顺威股份的案例,其中一个实际控制人在很多年以后才注销了中国国籍并由当地公安机关出具证明，是否参考了这个处理思路不得而知。如果股东在取得了其他国家国籍之后还利用中国国籍进行经济活动，如开办公司、签署合同等，该怎么办呢？处理这个问题的前提还是要及时注销中国国籍并由公安机关出具证明认为没有国籍管理方面的违规，此外还需要就曾经以中国国籍进行的活动由相应主管部门出具证明。总而言之，既然问题已经出现了，那么就必须“冤有头债有主”地逐一解决，同时我们在看待这个问题的时候也不能将其一棍子打死，不能因为这个问题就忽视企业所有的优点和未来美好的发展前景。

第二节 股东出资瑕疵问题

在企业上市过程中，遇到的最多的问题应该就是出资问题，毫不夸张地说，很多企业都或多或少、或大或小地存在出资的问题。出资问题为何如此普遍，首先有一个前提就是我们这里将出资问题的界限划分得比较广泛，凡是可能影响到出资真实性和充足性的情形都被界定为出资问题，这就导致企业在上市过程中很容易“踩到雷”。当然，上面说的前提只是一个表象，出资问题比较泛滥的更深层次原因在于以下几个方面：

1. 企业自身意识淡薄，更确切地说是股东自身意识淡薄。企业在历次出资变动或调整过程中，股东总觉得“我拿多少钱出资以及拿什么出资都是我自己家里的事情，想怎么做就怎么做，只要我情我愿，别人就管不着”。

2. 中介机构推波助澜。股东自身意识淡薄，而让股东更加强化这种意识的，就是中介机构的“全力配合”。评估机构可以为你量身打造评估报告，结论怎么写都行，评估价值想是多少就是多少。至于验资报告，更是没有问题，只要支付费用验资报告就可以出。

3. 工商部门的一路绿灯。出资变动最终是需要主管部门审批同意的，换句话说，不管企业和中介机构怎么折腾，只要主管部门不同意，那这个事情最终也成不了。不过遗憾的是,这个事情往往就在工商部门的一路绿灯下成功了。一路绿灯的内在原因也会有很多,最核心的原因自然是工商部门没有动力也没有职责更不可能去逐一验证股东每一次的出资情况。

一、出资不实

这里的所谓出资不实,强调的就是影响了股东出资的充足性的一些行为而构成的瑕疵。当然,一些不当的技术处理可能也会因为影响出资真实性而构成出资不实,但这不在我们这部分的讨论范围内。

(一)构成出资不实的主要原因

1. 以非法律规定的资产出资

根据《公司法》及相关法律法规的规定,股东可以用货币出资,也可以用实物、知识产权、土地使用权等可以用货币估价并可以依法转让的非货币财产作价出资;但劳务、信用、自然人姓名、商誉、特许经营权或者设定担保的财产等除外。

对于股东以《公司法》等有关规定未明确列举的财产和权利(如采矿权、非专利技术、商标使用权等)作为出资是否予以认可,直接关系到股东是否存在出资不实的情形。这里并不能简单以股东出资的财产不属于法律法规列举的种类而予以否定,尽管有些出资资产并不是法律明确规定的,但是**如果符合货币估价、依法转让**两大特征,那么这种出资方式也是应该被认可的。当然,如果是以法律明确规定不能出资的资产或者不符合两大条件的资产出资的,那么就会构成出资不实的情形。

2. 用于出资的非货币资产的实际价额显著低于出资额

根据《公司法》的规定,作为出资的实物、知识产权、土地使用权及其他非货币财产的实际价额显著低于公司章程规定的数额的,按照出资不实处理,应当由交付该出资的股东补足其差额;公司设立时的其他股东承担连带责任。

实际价额显著低于出资额的部分视同出资不实，具体情况包括：(1)用于出资的非货币资产采用收益法评估，结果投入公司后，并未产生预期的收益；(2)投入的非货币资产不属于公司生产经营所必需，却以较高的评估价格投入公司，未产生相应效益。上述两种情形可能会被认定为高估资产价值，出资不实。**如相关资产出资时评估价值公允，后在使用过程中发现由于出现了新技术而导致其市场价值下降的，不能视做实际价额显著低于出资额。**

3. 以非货币财产出资但未办理财产转移手续

根据有关法律法规的规定，以非货币财产出资的，应当依法办理其财产权的转移手续。如股东未按发起人协议或公司章程将非货币财产(通常为所有权转移需要进行变更登记的资产，尤其是房屋、土地使用权、工业产权、商标等)转让至公司名下，但相关资产实际交与公司占有及使用，且股东未就公司使用相关资产取得或按照相关安排将要取得费用等，则按照实质重于形式的原则，在股东将相关资产所有权/使用权有效转移给公司，且由有关验资机构出具补充验资报告后，该等出资不实问题不应成为IPO项目的实质性障碍。倘若上述非货币财产的所有权/使用权有效转移给公司存在重大障碍(如根本就没有权利证书，或者权利证书禁止转让等)，应认定为股东出资不实的情形。

4. 股东出资资产存在权属瑕疵

根据相关法律规定的主旨，股东用以出资的资产必须是股东合法拥有并有权处置的，反之就是出资资产产权权属存在瑕疵从而构成出资不实。这可能有以下几种情况：(1)股东用以出资的资产是职务发明；(2)股东用以出资的资产为公司法人资产；(3)股东用以出资的资产为非法所得。

5. 出资未及时到位

无论是出资设立还是股权增资，相关规则都规定了严格的股东出资时间限制，出资不到位就是指股东没有按照规则在规定的期限内缴足出资。这里也包括这样的情形：旧《公司法》不允许股东分期出资而分期出资的情形；新《公司法》允许股东分期出资但是股东分期出资超过期限等。

(二)出资不实的基本解决思路

1. 补足出资

这个很好理解,出资不充足那么补足就可以了,程序上需要对补足出资部分履行评估(或有)、验资等程序,并由中介机构发表明确意见。

2. 置换出资

所谓出资置换,即用等价的资产A置换出原已投入公司的资产B,该等情形常常发生于当资产B存在无法解决的权属瑕疵或对原股东有重大意义时。除公司通过转让、减资及抛弃等处分该等财产外,股东无权自行决定或处置该等财产,否则即滥用股东权利。出资置换实质为公司通过减资的方式将股东原投入公司的资产B划出公司,而后原股东用价值相同的资产A对公司增资,其中包含减资和增资两道程序。

此外,对于出资置换还有几个小问题需要特别交代:

(1)出资置换只是适用于特定的一些状况,如资产已经入账但是权属问题始终无法解决,那么用权属合规明确的资产来置换。如果资产权属没问题只是价值有差距,则可以直接补足出资。

(2)实践中一些出资置换的情形其实以补足出资的方式来解决也是没有问题的,也就是说,出资置换和补足出资在本质上并没有区别。

(3)目前,有些地方已经不允许以出资置换的方式来解决出资问题,工商部门要求必须履行减资和增资的整个程序。那么,这种情况下,股东也可以考虑直接以现金补足出资,曾经出资的资产视同股东对企业的捐赠。

3. 减资

还有一些案例,在处理出资不实问题上,直接采取了减资的方式。如果公司业务发展对注册资本没有明确的规模要求,那么减资也不失为一种解决出资问题的好思路,只是程序上稍微麻烦了一些。

(三)出资是一个"时点"概念

公司设立时,股东以现金或非现金资产出资,那么公司当时的会计科目仅为实收资本和货币资金（现金出资）或者流动资产、固定资产等（非现金出资）。注册资本就是公司最初始的资产，所以公司设立之后用于出资的资产就会被用来为公司创造收益。如果是拿现金购买设备或原材料，那么在货币资金减少的同时，存货或固定资产增加了；如果是利用股东出资的设备进行生产，那么就是在固定资产进行折旧的同时，企业未分配利润增加了。

如果公司经营周期内每年实现的净利润是净增的，那么公司的净资产就会持续增加，不存在其他情形的话，主要就是未分配利润增加。如果公司亏损，那么这就会导致公司净资产低于注册资本，如果长期亏损就需要减资以保持公司注册资本的充实性。因为在"所有者权益"科目中，只有"实收资本"科目是很稳定的，同时我们也可以认定实收资本是一个"时点"的概念。

认定注册资本是一个"时点"的概念，这个观点对于我们认定很多问题都很重要，如认定出资瑕疵时。在认定公司出资不实时，我们主要就是看股东出资时用于出资的资产的状态是不是符合要求，如是不是资产权属已经转移、是不是评估值远大于资产真实价值等。如果存在上述情况则肯定导致出资不实，如果出资时资产状态没有问题而是因为后来经营环境发生了变化（如专利技术被新专利替代），那么小兵觉得这并不能被定性为出资不实。正确的处理应该是在专利被替代之时将该专利的净值全部计提减值准备计入损益，很遗憾的是，公司往往没有做该项处理而是持续摊销，从而导致很多出资不实的情形出现。

二、职务发明与虚假、抽逃出资

这两种出资情形也可能导致出资不实的情形，之所以将其单列主要是因为小兵认为这两种情形更多层面上是由于损害了出资的真实性而导致的出资不实。

（一）职务发明

职务发明一直是专利法中一个非常重要的概念，不过在企业上市的审核实践中倒一直没有人给予太多关注。由于申请创业板、科创板上市的企业多数为高新技术企业,在经营过程中股东以专利技术等非货币性资产出资的情形也就极为普遍,出资的资产是不是职务发明也就直接影响股东出资是否充实甚至是否合法合规。基于这个原因,职务发明问题逐渐在创业板、科创板审核中受到重视,目前的案例中关注职务发明的也主要是创业板、科创板企业。

简要总结起来,监管机构对于职务发明的关注主要存在于三种情形:(1)公司正在申请专利的技术是否属于职务发明,关注是不是会产生纠纷;(2)公司从股东或员工处无偿受让的专利是否属于职务发明;(3)公司股东用于增资的专利是否属于职务发明,关注股东出资的真实性和合理性。前两种情形的关注出发点在于:(1)公司正在申请的专利如果不属于职务发明则有可能在后来产生权属纠纷,所以界定一下最保险;(2)公司从股东或其他人员处受让的专利如果属于职务发明,则就是公司自己受让自己的东西,也存在产权纠纷甚至损害发行人利益的潜在风险(当然,实务中几乎均为无偿受让)。

尽管如此,前述两种职务发明的情形一般情况下并不会产生实质性的问题,而第三种则不然。这毕竟涉及公司股东出资的真实性、充实性以及合理性问题,因而不论是实务中的处理还是监管层的态度都是更加严格或严肃。简言之,股东出资与职务发明的基础逻辑关系就是:**如果是股东拿专利出资,一定要证明这不是职务发明;如果是企业用来申请专利或者从股东处受让的一些研发成果,一定要证明这就是职务发明。**

值得注意的是,针对三种情况,解释思路完全相反:前两种情况是要解释这就是职务发明,所有权归公司,自然人承诺不会主张权利;第三种情况则要解释这不是职务发明就是股东自己创造的,最终要证明的观点就是股东不是拿了公司的资产来出资。在第三种情况下,中介机构需要从股东的专业背景、专利研发过程、研发周期等各个角度来解释股东的确是没有利用发行人的有关资源来进行技术研发工作。

(二)虚假、抽逃出资

虚假、抽逃出资主要有以下几种情况:(1)实际上没有任何出资凭空捏造出资行为，这种情况在实践中很少见，毕竟太过于明目张胆。如果是随便拿个资产来出资很可能是出资不实的问题，也就不在此列了。（2）股东借公司或关联方的资产用以出资，这属于典型的“左口袋倒右口袋”的行为。（3）股东借无关第三方的资产用以出资，然后公司立即归还了该笔资产，这在实践中比较普遍，也就是所谓的“过桥资金”。

在实践中，虚假、抽逃出资的现实情况还是很混乱。不过在最后的结果中，这个问题的结果倒是明确的且是一致的，那就是企业都不承认存在虚假、抽逃出资的情形，不会对上市构成实质性障碍。

对于涉嫌虚假、抽逃出资的行为，监管机构在上市审核过程中还是重点关注的。其关注要点是：（1）发生的背景和原因是什么；（2）出资瑕疵是否会对发行人的生产经营产生重大影响；（3）出资瑕疵是否会损害其他股东的利益以及债权人的利益；（4）是否属于出资不实、虚假出资和抽逃出资，是否可能受到行政或刑事处罚；（5）公司的董事和高管是否会受到处罚，是否符合《公司法》的规定。

三、无形资产出资瑕疵

（一）无形资产超比例出资

2006 年《公司法》第 27 条第 3 款规定，全体股东的货币出资金额不得低于公司注册资本的 30%，也就是间接将非货币性资产的出资比例提高至 70%，这被法律界称为中国公司法的重要跨越。1999 年《公司法》（2004 年 8 月修改）第 24 条第 2 款规定，以工业产权、非专利技术作价出资的金额不得超过公司注册资本的 20%，国家对采用高新技术成果有特别规定的除外，这就是无形资产出资比例超标的根源所在。**值得特别说明的是，《公司法》自 2013 年修正后，删除了关于货币出资金额及首次出资额比例的限制，再也没有无形资产出资比例违反规则的情形。**因为股东出资是历史沿革问题，历史问题需要适用历史的法律和规则，所以我们目前仍有讨论和研究这个问题的必要性。

在投行实务过程中，经常会遇到 2006 年之前设立的公司非货币性资产

(主要是无形资产)出资比例超过20%的情况(尤其是中关村企业),监管部门一般不理会这样的事情,因此,公司注册设立基本没有障碍。虽然这样处理是违反《公司法》的,但是在发行审核过程中只要解释清楚来由并保证不会对公司的生产经营产生影响,就不会成为公司首发上市的障碍。

无形资产比例超标的问题还是比较普遍的。尽管解决思路略有偏差且用的笔墨也不尽相同,但这都没有成为首发上市的障碍,因此可以判断监管层对于该问题的一个态度。解决思路重点提请诸位关注以下几个要点:(1)如实披露,承认存在不规范、有瑕疵的地方;(2)说明出资不实的情况,对企业的资本没有影响,不会影响后续股东的利益,这主要通过阐述无形资产对公司的贡献来说明;(3)无形资产每年需要摊销,如果申报期无形资产余额比例已经低于20%,则属于历史问题一般不会成为障碍;(4)需要关注无形资产是否为职务作品、是否有明显减值迹象、是否已经办理产权转移手续等问题;(5)无形资产出资比例如果较高,需要说明与发行人业务的相关性;(6)技术专利要谨慎,尤其是实用新型的专利,要关注与竞争对手是否存在冲突。

(二)出资的无形资产价值急速下降

这种情况算是无形资产出资比较独有的一种情形了,出资设备或者房子是不可能一夜之间就没了或者一文不值了,不过无形资产是有这个可能的。你的无形资产锁在柜子里是好好的,但是如果其他企业研发出比你的技术更好一点的技术,那么你的技术瞬间就没有了价值。这种情形在上市实务中目前暴露的并不多,但是这并不能掩盖这种情形在无形资产身上存在的普适性和严肃性,这个问题是我们研究无形资产出资时不得不仔细考量的一个问题。

那么,股东用以出资的专利突然无效了或者没有价值了该怎么处理,如何判断股东出资的真实性和充实性?小兵一直坚持"时点"概念,也就是股东只是在出资的时点履行出资义务并保证出资的真实性和充实性。说得再直白些,就是股东出资时,如果出资的程序和资产价值在那个时点没有任何问题,那么就可以认定股东出资是没有问题的,而股东并没有保证出资的资产一直是优良资产不会变坏的责任。其实,投资者投资设立企业之后成为股东,那么股东作为企业的所有者此后是要承担企业运行责任的。如果企业运行不好,使曾经出资的资产没有发挥价值甚至没了价值,那么,股东是根据投资比例通过企业的运行效果来承担损失的。也就是说,如果股东出资的无形资产以后在使用过程中无效或者计提大额减值准备,若具有充足且合理的理由,那么并不能倒推回去认定曾经的股东出资不实。

当然,还有一种情形,那就是如果当初无形资产的价值是根据未来收益法进行的评估,那么如果专利有一天价值急速下降且不能再为公司创造价值,则还是会回到我们最初讨论的问题:出资不实。**对于无形资产的评估方法实践中也只能选择未来收益法,因而判定是股东出资不实需要补足出资,还是无形资产价值大幅下降是市场行为,企业需要计提大额减值准备而与股东出资无关,是需要明确界定的问题。**当然,实践中处理这个问题或许也不会那么严谨,基本上直接认定为出资不实,直接通过股东补足出资的方式来解决。

四、出资义务转让

关于"出资义务转让",任何一个文件中并没有这样的一个明确的界定,这是小兵对一类事实的简单定义,不一定准确:**股东在认缴出资但是没有实缴出资的情况下而将股权转让的行为,实质是一种出资义务的转让。**

在小兵看来,这个问题无论从理论上还是实务上都应该得到重视。作为理论研究,这是研究股东权利(尤其是处置权)性质和变化的一个重要的层次;作为实务操作,这是保证公司股权清晰、不存在纠纷或潜在纠纷的重要的考量依据。

从现有审核实践来看,监管机构应该是认可这种转让出资义务的行为,只是股东对企业的义务需要承继并成为股权转让定价的主要依据。目前,小兵主要总结了两种比较典型的出资义务转让的情形:一种情形是出资完全没有到位然后将股权全部转让;另一种情形是出资部分到位然后将股权部分转让。

第一种情形比较好理解,就是某股东应该出资 500 万元结果一分钱没出直接把股权转让给了第三方,当然这样的股权转让也不会有对价。

对于第二种情形,就可能会有两种不同的理解。比如,某股东认缴出资500万元占20%的股权,该第一期出资250万元,那么该股东出资实际上只到位了10%,但这10%是没有瑕疵的还是20%的股权都没有出资到位?在格林美的案例中采纳了第一种理解,且中介机构在披露文件中给部分完全未出资的股权起了另一个名字为“出资权益”,其实不管叫什么名字,这样的股权转让都不应该是标准的股权转让,实质就是一种出资义务和股东潜在权利的转让。尽管小兵认为根据立法原意对分期出资的理解应该是第二种理解,但中介机构的这种处理也没有大的问题,因为这种处理并不违反《公司法》的禁止性规定,只要没有潜在的纠纷和风险且发行人利益没有受到损害,小兵觉得是应该得到认可的。大部分案例是这样的情况:股东部分出资但是将出资尚未全部到位股权全部转让,后来受让方将部分未到位出资补齐。

不论是怎样情形的转让,转让对价都是与企业价值直接相关,而是否出资到位只是确定转让价格的时候需要考虑的一个问题,因为这属于股权转让方应该履行的一个出资义务,后续需要受让方来实施。举一个简单的例子,股东出资1000万元设立一个企业没有履行出资义务,转让公司股权的时候公司价值1亿元,那么这时候股权转让价格可以为9000万元,差额就是受让方需要承担的出资义务。**这里需要明确的是,不能因为股东没有出资到位就忽略股东的权益,尤其是收益权和处置权,认为原来的股东没有获得股权转让对价的资格,这样的理解是不对的。**

五、出资的程序性瑕疵

(一)验资报告瑕疵

企业上市发行审核实践中有一个不成文但又很重要的原则,那就是:**结果合规,决定过程合理。**简单来理解就是,一般情况下只要事情的结果是合规的,那么过程中的小瑕疵是可以认可的。这个原则适用在出资问题上,就是如果有一份严谨真实有效的验资报告一般都可以验证本次出资的真实性和合规性；反过来说，如果验资报告存在问题，那么本身的出资过程也就会随之被重点关注。

作为股东出资行为最直接也是最重要证据的验资报告是否合规完备，是中介机构解决出资问题最重要的依据和支持，首发上市申报文件中需要报送有关验资报告也说明了验资报告的重要性。

验资报告出现的问题，简要总结起来主要有以下几种情形：(1)验资报告形式不合规；(2)验资报告内容与实际情况不符；(3)验资报告要件不全；(4)验资报告出具机构不适格；(5)没有验资报告。

没有验资报告的情形主要有两种：一种是当地市场监督管理局有明确要求不需要验资报告；另一种就是企业认识不够同时市场监督管理局审核不严而没有验资报告，2014年《公司法》修订后，市场监督管理局普遍不再要求提供验资报告。不论哪种情形导致股东出资时没有验资报告，都要面临一个比较棘手也是跨不过去的问题，那就是怎样验证股东出资的真实性和充实性。

(二)评估报告瑕疵

关于评估报告瑕疵的类型，应该说验资报告可能出现的情形评估报告都可能出现，不过评估报告还有一种情形，那就是可能会过期。比如，小兵曾经提到的海峡股份的案例，海峡股份是公司成立时间在评估报告有效期之外，但是股东出资法律程序和实际操作在有效期之内，所以这个瑕疵不会构成出资的实质障碍，中介机构的解释思路值得借鉴。如果股东就是在评估报告有效期之外进行了出资，其实也就是使用无效的评估报告，那么小兵建议选择一个新的时间基准日进行复核，以确定资产后续没有发生大幅减值。

六、其他特定出资形式

(一)债权出资(债转股)

1. 可以转股的债权

债权转股权是指债权人以其依法享有的对在中国境内设立的有限责任公

司或者股份有限公司的债权，转为公司股权，增加公司注册资本的行为。

下列债权可以转为股权：(1)债权人已经履行债权所对应的合同义务，且不违反相关规定；(2)经人民法院生效裁判或者仲裁机构裁决确认；(3)公司破产重整或者和解期间，列入经人民法院批准的重整计划或者裁定认可的和解协议。

2. 债转股属于非货币性增资行为

对于债转股的定性，就是非货币性增资行为。这个定性包括以下几层意思：(1)债转股是非货币性资产出资，这个很好理解。(2)债转股是增资行为而不是出资行为，这个也不难理解。如果公司还没有设立就可能有债权债务关系，也就不存在债转股的情形，所以债转股只能是在公司设立之后发生，自然是增加注册资本的行为。

债转股需要履行标准的非货币性出资的程序，如需要进行评估以及验资。当然，关于债权是否一定需要出具评估报告的问题，在实践中也有一些争议。

(二)股权出资

1. 可以出资的股权

投资人以其持有的在中国境内设立的公司的股权作为出资，投资于境内其他有限责任公司或者股份有限公司。

用作出资的股权应当权属清楚、权能完整，依法可以转让。具有下列情形的股权不得用作出资：已被设立质权、不能转让或转让受限的股权，必须是境内股权出资于境内公司。

2. 股权价值如何评估

这里，可能就涉及股权作为一种重要资产的特殊性了。股权的价值不仅体现在注册资本上，更体现在其对应的每股净资产上，甚至还要体现公司的持续盈利能力和未来发展趋势。一个企业的价值具有非常综合性的特征，体现了各个层次的因素，甚至包括硬性或软性的因素，股权作为企业的所有权，其价值与企业的价值一脉相承。

（三）外资企业出资特别之处

外商投资企业注册资本既可以以美元登记也可以以人民币登记，而我国内资企业注册资本一般以人民币进行登记。如果外资企业其注册资本以美元登记，那么外资企业在变成内资企业时其注册资本就需要根据外资股东出资投入时的汇率将美元换算成人民币。在这个过程中，有两个问题比较关键：一个是需要重新出具验资报告，另一个就是换算时的基准汇率。这种美元转人民币的出资情况由于并非属于典型的情形，因此验资报告往往会容易忽略，而汇率问题就更加容易出现错误。

关于汇率不对的问题，这里主要有两种截然不同的情形：

1. 少算了注册资本

注册资本由美元转换为人民币时因汇率不一致而导致少换算注册资本，后来发行人召开股东会决定将注册资本还原，由于是少记的，倒没有什么实质性问题。不过要仔细较真起来，如果是注册资本增加，那是需要履行相关审批备案程序的，但真要履行了程序又显得不伦不类。

2. 多算了注册资本

注册资本由美元转换为人民币时多登记了注册资本，理论上这也属于股东出资不实的情形，需要补足出资。某些案例中也多了出资不实的补正，不过是定性为“增资”，并没有把问题说清楚，也没有交代一个明确的解决思路。

七、出资问题审核标准重大变化

（一）出资瑕疵解决不再需要运行时间的要求

这两年，尤其是在注册制改革之后，小兵案例分析已经很少涉及出资问题了。倒不是因为这个问题在现实中消失了，而是这个问题在 IPO 审核实践中已经不是重要的问题，也不会构成 IPO 的实质性障碍，因而也不需要格外关注。

以往，出资瑕疵问题可是 IPO 审核最重要的问题之一。关键是，在以前证监会的IPO审核标准中,如果历史上存在出资不实,那么就算是后续补足了出资解决了这个问题,也需要有一定的运行时间才可以。**如果出资不实超过100%,那么需要运行36个月之后才可以申报。**

大家可以想想,如果严格执行上述的标准,对于很多IPO企业影响有多大:如果一个企业,10年以前注册资本从100万元增加到300万元而存在出资不实的情形,后来可能都忘了这件事情,公司通过盈利也把这个窟窿补上了,到了要准备上市的时候才发现,然后又去补足出资解决这个问题。结果要从解决这个问题开始,重新等36个月才可以申报IPO,对于企业可想而知有多残酷和无奈。

于是,在IPO审核实践中,经常遇到这样的情况:论证发行人是不是出资不实,如果是出资不实,那么,到底是什么时候解决了这个问题?很早以前账务调整是不是就算是补足出资了,以前用利润补了窟窿算不算,以前股东用现金补足了出资但是没有什么证据算不算?好在,后来证监会出于尊重历史事实的考虑,在某次保代培训上取消了这个规定,算是做了一件好事情。关于出资不实运行时间的审核标准,起源于保代培训,终结于保代培训,也算是有始有终。或许,现在的很多年轻保代都已经不清楚,当年的保代培训对于审核标准明确、从业人员的成长、把握最新的审核政策有多么重要和珍贵。**私下流传的保代培训课堂笔记和课件,那就是投行民工的锦囊。**

随着注册制改革的逐步深入,IPO审核对于历史沿革问题也更加淡化,反而更加重视对于发行人技术来源和业务发展路径的梳理和关注,这是一个非常重要和合理的变化。对于出资以及股权变动的问题,只要不存在利益输送、重大的纠纷和法律风险,那么只需要中介机构发表明确意见就可以了。

(二)发行人的小股东是否可以认缴出资

对于这个问题,实践中其实有很多争议和讨论,也确实有不同的理解,那就是:**拟上市公司的小股东或者拟上市公司投资的影响不大的子公司,出资是否必须实缴出资到位。**

根据最新《公司法》的规定，现在股东的出资全面实施了认缴制，这种情况下，股东认缴出资并且在出资期限内随时实缴出资都是股东的权利，不应该有任何的争议。

可是，实践中也确实存在以下问题：（1）实践中有的股东认缴出资几亿元，实际出资1万元，这时候公司登记的注册资本的金额完全失真且容易误导；（2）如果是已经准备上市的公司，若股东连出资都不能到位，会给人留下资金不宽裕的印象，与上市的动作不匹配。

在倍轻松的案例中，发行人实际控制人的亲属持有两个合伙企业的份额，但是都是认缴了10万元而没有出资到位。从发行人和中介的角度来说，认缴是股东的权利且是小股东而对公司没有本质影响，觉得没有影响因而IPO申报也没有实缴到位，结果还是给自己争取了一个反馈意见。后来，发行人还是让小股东赶紧出资到位，算是彻底解决了这个问题。不过，小兵觉得，审核中心的关注点就一定合理吗？不知道将来是否能看到中介机构按照公司法的规定认真回复，坚持自己的观点。

第三节　股东突击入股

一、新增股东的核查与信息披露

（一）申报前新增股东

对于IPO前通过增资或股权转让产生的股东，应重点考察申报前一年新增的股东，并全面核查：

1. 新股东的基本情况、产生新股东的原因。

2. 股权转让或增资的价格及定价依据，有关股权变动是不是双方真实意思表示，是否存在争议或潜在纠纷。

3. 新股东与发行人其他股东、董事、监事、高级管理人员、本次发行中介机构负责人及其签字人员是否存在亲属关系、关联关系、委托持股、信托持股或其他利益输送安排。

4. 新股东是否具备法律、法规规定的股东资格。

5. 新股东如为法人,应披露其股权结构及实际控制人;如为自然人,应披露其基本信息;如为合伙企业,应披露合伙企业的基本情况及普通合伙人的基本信息。

需要特别说明的是,最近一年年末资产负债表日后通过增资扩股引入新股东的,申报前须增加一期审计。

以下两种情形,不属于 IPO 申报前 12 个月内新增股东的情形:

(1)拆除红筹架构以境内企业为主体申请上市,持有境内企业股权比例为根据红筹企业持股比例转换而来,且该股东自持有红筹企业股权之日至 IPO 申报时点满 12 个月。

(2)以持有发行人重要子公司(置换时资产、营业收入或利润占比超过 50%)股权置换为发行人股权的,如该股东自持有子公司股权之日至 IPO 申报时点满 12 个月。

(二)申报后新增股东

1. 申报后,通过增资或股权转让**产生新股东**的,原则上发行人应当撤回发行申请,重新申报。

2. 股权变动未造成实际控制人变更,未对发行人股权结构的稳定性和持续盈利能力造成不利影响,且符合下列情形的除外:

(1)新股东产生系因继承、离婚、执行法院判决或仲裁裁决、执行国家法规政策要求;

(2)由省级及以上人民政府主导,且新股东承诺其所持股份上市后 36 个月之内不转让、不上市交易(继承、离婚原因除外)。

3. 发行人申报后产生新股东且符合上述要求无须重新申报的,应比照申报前一年新增股东的核查和信息披露要求处理。

二、突击入股的股份锁定要求

在以前的规则中，突击入股的股份锁定是将申报前6个月突击入股的股东纳入监管，审核监管问答为了加强监管，对于突击入股的股份锁定要求更加严格，并且将申报前12个月新增股东全部纳入监管。而根据注册制规则最新的证券期货适用意见第17号的规定，突击入股锁定期的规定要回到了最初的要求。

1. 从工商登记手续之日起锁定3年：申报前6个月内增资扩股的，或者申报前6个月从非控股股东受让股份的，自发行人完成增资扩股工商变更登记手续之日起锁定3年。

2. 从上市之日起锁定3年：申报前6个月内从控股股东或实际控制人处受让的股份，自公司上市之日起3年内不得转让。

需要特别说明的是，突击入股包括直接持有和间接持有的股份，尤其是没有其他业务的公司或者单纯为了投资发行人设立的投资公司，因为是穿透核查，也很难逃得过监管。

关于股份锁定的问题，在IPO审核实践中，还有突击入股的股东或者控股股东通过将持有的份额体现在员工持股平台，且不实际控制持股平台的方式来规避股份锁定36个月的限制。从目前审核政策来说，这样的操作是不被接受的。

三、注册制下突击入股的商业逻辑思考

（一）生态系入股发行人

目前的IPO审核案例，尤其是科创板和创业板的审核，已经逐渐形成了阿里系、小米系和华为系等。这些企业不只是自己做大做强了，同时还通过在相关产业的投资，间接实现了其他领域的IPO上市，不只巩固了自己的产业链体系和生态，也获得了足够的回报。当然，成体系的IPO投资和申报案例，自然是跟目前的注册制审核理念变革有着直接的关系，例如，对于同业竞争和关联交易问题的放松，对于投资时机和价格的理性探讨，包括对于业务独立性以及商业合作逻辑的充分尊重等。

以前,我们分析过发行人与华为的关联交易逐年提高,最后一年直接提高至95%而IPO成功的案例。在华勤科技的案例中,则是华为的关联方在发行人申报IPO之前突击受让了发行人的股份成为公司的关联方,当然不例外的是,华为同样是公司的第一大客户。对于华为来说,突击入股发行人是没有问题的,自然是看好发行人的发展,同时为了更好地保障华为的供应商体系,这样的入股合理性已经毋庸置疑。但是,华为入股的价格是一个很值得关注的问题:**华为是2020年5月成为发行人股东的,如果按照2019年净利润水平,那么入股的市盈率只有3.3倍,显然过低**。入股价格的问题在审核实践中也确实是一个很重要且敏感的问题。

(二)突击入股涉及利益输送的反思

监管机构已经制定了相关的规则严格核查和控制关于发行人申报之前的突击入股问题,尤其是要杜绝通过突击入股进行利益输送的情形。监管机构做出这样的决定,肯定是因为IPO审核实践中已经感受到了这样的情形和风险,并且可能还有愈演愈烈的趋势。

在以前的IPO审核标准中,对于IPO申报前的突击入股是严格核查的,要核查入股价格,更要核查增资股东的身份和从业经历,从而关注是否存在利益输送。为了核查,甚至可以要求当事人当面汇报相关情况。

到了注册制审核的阶段,很多问题都在向着最大限度宽容的角度去发展,于是我们就看到了很多以前根本不会发生或者被扼杀在摇篮中的问题渐渐探出了头,渐渐成功了,渐渐成为别人效仿的案例。这样的变化趋势有一定的风险,这样的不断试探底线的行为,可能会侵蚀注册制改革的努力和成果。

在金沃股份的案例中,发行人有两个新增的股东,这两个股东跟发行人没有任何关系,只是实际控制人的朋友,一个在生产研发上有过帮助,一个在融资管理上有过咨询,就因为这样的理由,两个股东以4元/股的价格分别持有发行人3%的股份。此时发行人股份的公允价格就是14元,每股差异10元,就因为这莫须有的帮助就允许两个股东低价入股?想想就觉得不可信。发行人也承认价格不公允，于是还做了股份支付，确认的费用合计 2000 余万元。

从审核机构的审核来说，只是关注价格是否合理，进行股份支付是否符合会计准则的规定，是否存在其他关联关系，并没有关注背后的逻辑和商业合理性，其实小兵觉得这就是注册制审核的最大弊端。**毕竟，很多事情并不是符合规则就是对的，还需要是合理的。**小兵倒希望监管机构可以好好核查突击入股的问题，就算是信息披露，那么，为什么不能充分披露两位股东的个人简历和从业经历以及到底给发行人提供了哪些帮助呢？

第二章 股权架构

对于任何一个企业来说，股权问题都是复杂且敏感的，毕竟动辄就涉及重大利益的分配甚至纠葛。在以前的IPO审核中，发行人在公开资料中一般也会尽量简略披露，只披露一个关于股权问题的结论，至于问题发生的背景、问题解决的过程以及可能存在的利益纠纷，都是能不说就不说。在注册制的审核理念下，基于充分信息披露的审核理念，我们确实看到了更多更丰富的与股权相关的案例和素材。

同样，在以前的IPO审核标准中，与股权相关的问题一直都是绝对的红线，不论是大股东还是小股东，不论是股权纠纷还是法律风险，都可能会直接影响到IPO审核进程。在注册制的审核标准中，对于股权问题的判断，主要还是基于重要股东的股份是否清晰的问题，相关的股权问题是否影响到发行人实际控制权的问题，而对于一些小的股权纠纷，允许带着问题审核，只要能够充分披露这样的股权问题可能带来的后果以及对发行人本身的影响。

因而，在本章内容中，我们从不同的角度，整理和分析了各种情况下涉及股权问题的案例，主要是想通过这些案例来跟大家分享注册制下关于股权问题审核理念和审核标准的重大变化。从某种意义上来说，股权问题可能是注册制审核中变化最大的一个内容之一。其具体体现在：

1. 注册制下取消“发行人股权清晰”的规定，强调控股股东和实际控制人的股权权属清晰。

2. 如果是一些持股比例比较低的股东或者是对生产经营没有决策权的纯粹财务投资者股东，若存在股份质押、股份冻结或者其他纠纷的情形，只要不影响实际控制权的稳定，就不会构成 IPO 的实质性障碍。

3. 对于历史上存在集体企业改制、员工持股会等特殊股权结构的情形，股份确定的比例也有了更加宽容的规定，一般情况下只需要主管部门出具确认意见即可。

4. 对于实际控制人的认定，审核问答明确以股东之间的自我约定作为最重要的证据，并且强调实际控制人认定一定要符合企业生产经营预测的事实。同时，IPO 审核实践中也出现了很多以前没有出现的关于实际控制人认定的情形。

第一节　实际控制人

一、实际控制人认定的基本原则

关于实际控制人的基本原则，证券期货法律适用意见第 1 号文件给了我们一个比较明确的总结性的答案：公司控制权是能够对股东大会的决议产生重大影响或者能够实际支配公司行为的权力，其渊源是对公司的直接或者间接的股权投资关系。因此，认定公司控制权的归属，既需要审查相应的股权投资关系，也需要根据个案的实际情况，综合对发行人股东大会、董事会决议的实质影响，对董事和高级管理人员的提名及任免所起的作用等因素进行分析判断。上面的规定，说白了就是这么一个意思：**公司控制权来自股权，实际控制人认定必须先看股权，如果有疑问再看实际控制情况**。意思是很明白了，那么，怎么理解呢？

实际控制人是拥有公司控制权的主体。每个企业的情况各不相同，股权结构不同、股东身份不同、发家路径不同、未来规划不同等，而任何一个因素都可能引起实际控制人的不同情形和结果。所以，在实际控制人认定上，我们有着一个最基本的原则,就是实事求是,核查并认定到底是谁实际控制公司,只要是充分、合理的理由就可以。

在确定公司控制权归属时,应当本着实事求是的原则,尊重企业的实际情况,以发行人自身的认定为主,由发行人股东予以确认。保荐机构、发行人律师应通过对公司章程、协议或其他安排以及发行人股东大会(股东出席会议情况、表决过程、审议结果、董事提名和任命等)、董事会(重大决策的提议和表决过程等)、监事会及发行人经营管理的实际运作情况的核查对实际控制人认定发表明确意见。

在讨论实际控制人之前,还需要明确一个实务中时常出现错误的问题,那就是:**实际控制人不是控股股东。**为什么有“实际控制人”这个概念,就是因为在公司股东存在多层股权结构的情况下看不清楚公司最终是由谁来控制的,所以才需要透过层层结构追溯到最终控制主体(自然人或国有控制主体)。

二、股份比例与实际控制人认定

(一)超过50%的控制权界限

既然说了控制权渊源是股权投资关系,那么,到底多少股权算是实际控制呢?公司法给了我们一个概念,那就是50%。如果一个股东持有公司股权超过50%,那么我们就认定这个股东实际控制公司。有人会问,有没有可能一个股东持有超过50%的股权还不能控制公司呢?小兵认为可能会存在这种可能性,但是这种可能性会很小。

有人说有的公司可能是引入投资机构过多导致投资机构股权超过了50%,而企业原始创始人股权已经低于50%,那么这种情况下会认定还是创始人为实际控制人。但是现实是,除非这个投资机构有着明确的协议界定是财务投资而不会影响公司经营,不然这个理由也很难让人相信,毕竟财务投资者持股超过50%的很少。当然,实践中已经存在财务投资者是第一大股东但不是实际控制人的案例,这样的案例都有其特定的背景,关于这个后文将会再解释。

（二）30%的一个临界标准

实践中曾有一个说法，持股超过30%的股东都有可能被认定为实际控制人，而低于30%一般情况下就很难认定了。这种说法小兵认为有一定道理，但是又不可全信，因为就这个30%的界限可能会存在很多种情况：

1. 一个股东一股独大持有30%的股权且是公司的原始创始人，而其他股东持股比例非常分散，几乎就没有一个股东超过5%，且这些小股东不存在任何一致行动的协议或者情形。这种情况下，认定这个股东是实际控制人是合理的。

2. 一个股东持股30%，但是还有两个股东分别持股25%，这两个股东在公司有着举足轻重的地位，两个人只要一联合就可以轻易控制公司。那么，这种情况下认定持股30%的股东为实际控制人就是不符合事实的。

3. 在实践中甚至还有更加极端的情形，那就是四个股东分别持有25%的股权。在这种情况下，如果认定其中任何一个股东为实际控制人都会有问题，甚至认定两个为实际控制人也会有问题，一般都会建议将其中三个（最好是全部）认定为共同实际控制人。那么，能否认定为没有实际控制人呢？关于这个小兵稍后再说。

（三）股权之外的实质影响如何判断

关于这个问题，小兵在“一致行动协议”部分简单分了四个层次，仅供大家参考，这里就不再重复了。

三、共同实际控制人

（一）一致行动协议

企业首发上市的相关规则中并没有关于一致行动协议的任何规定，目前唯一可能会对理解该问题有一些帮助的就是《上市公司收购管理办法》第5

条的规定。不过,这条规定也只是在认定上市公司控制权时提到了一致行动的概念,再深入或细化的东西也是没有的,在某些案例中中介机构也借鉴这一条的规定来帮助自己。

在项目实践过程中,如果需要认定共同实际控制人,建议严格按照《首发业务若干问题解答》和《〈首次公开发行股票并上市管理办法〉第十二条"实际控制人没有发生变更"的理解和适用——证券期货法律适用意见第1号》(证监法律字〔2007〕15号)的有关规定进行逐条对照解释。对于一致行动协议的解释,中介机构不仅要核查签署协议前股东的一致行动情况,还要关注上市之后控制权在预期的期限内是否能够保持稳定,甚至在某些情况下还需要披露一致行动协议的主要内容,以及列举保证控制权稳定的有关措施。

具体到除一致行动协议之外还有哪些"事实"可以帮助解释的问题,小兵的理解有以下几个层次:(1)股东大会和董事会的决议,历次会议表决时一致行动人的意见是否保持一致,是否存在过意见不一致的情形。(2)在董事提名、高管任命上是否董事保持一致,是否存在过重大分歧。(3)厘清一致行动人在公司管理层的任职情况和在公司管理过程中的分工情况,保证一致行动人在公司日常生产经营决策上都能够保持一致,不存在重大分歧。(4)访谈公司相关部门的负责人和普通员工,从合同签署、单据报销、日常接待等细节方面核查一致行动人在公司的控制权以及一致性。从目前的实践来看,大部分案例主要体现在第一个层次和第二个层次,后面做的工作比较少。当然,第一个层次的效力最高也最好把握,但是小兵认为"三会"决议在很大程度上是有后补余地的,而后几个层次的证据尽管效力没那么高,但是在客观性上要更加强一些。

(二)一致行动协议并不直接等同于共同控制

法定或约定形成的一致行动关系并不必然导致多人共同拥有公司控制权的情况,发行人及中介机构不应为扩大履行实际控制人义务的主体范围或满足发行条件而作出违背事实的认定。

通过一致行动协议主张共同控制的，若无合理理由（如第一大股东为纯财务投资人），一般不能排除第一大股东为共同控制人。**实际控制人的配偶、直系亲属，如其持有公司股份达到5%以上或者虽未超过5%但是担任公司董事、高级管理人员并在公司经营决策中发挥重要作用，保荐机构、发行人律师应说明上述主体是否为共同实际控制人。**

共同控制人签署一致行动协议的，应当在协议中明确发生意见分歧或纠纷时的解决机制。对于作为实际控制人亲属的股东所持的股份，应当比照实际控制人自发行人上市之日起锁定36个月。保荐机构及发行人律师应重点关注最近3年内公司控制权是否发生变化，存在为满足发行条件而调整实际控制人认定范围嫌疑的，应从严把握，审慎进行核查及信息披露。

认定共同控制需要签署一致行动协议，然后需要做的工作是解释一致行动人的意思和行动两方面都能够保持一致，意思是行动人的真实意思表示，行动人的行动能够体现其真实的意思表示。

从目前的审核实践来看，发行人在申报前签署一致行动协议保证上市后股权的稳定是可以被认可的，但是需要解释申报期内同一控制人虽然没有一致行动协议但是也是共同决策从未出现分歧。在这个问题上，与其纠结一纸文书，不如把真正的重点放到摆事实讲道理，让大家从事实上相信的确如此。**监管机构会认为一致行动协议很容易倒签，也就是说，就算一致行动的协议是在申报期初期甚至更早的时候签署的，如果没有详细的证据来证明一致行动，也是不被认可的。**

（三）股份表决权最高的人发生变化导致实际控制人变化如何理解

证券期货法律适用意见第1号文件对这个问题的规定如下：如果发行人最近3年内持有、实际支配公司股份**表决权比例最高的人发生变化，且变化前后的股东不属于同一实际控制人，视为公司控制权发生变更**。发行人最近3年内持有、实际支配公司股份表决权比例最高的人存在重大不确定性的，比照前款规定执行。

证券期货法律适用意见第 1 号文件对指导实务有非常重要的意义,但稍微有些遗憾的是,这个来自实践又回归去指导实践的值得赞扬的指导意见没有就实际控制人有一个明确的界定。这导致我们在理解上面那一条规定时略显无所适从,比如下面这个案例:

A、B、C 三人分别持有 30%、34%、36% 的股份,他们共同控制公司;现 C 将持有 6% 的股份转让给 A,那么,公司实际控制权有没有发生变更呢?显然没有,根据证券期货法律适用意见第 1 号文件给出的解释,或许我们可以有两个理解的角度:(1)在这种情况下,可以理解为实际支配公司表决权比例最高的人不是 C 而应该是 A、B、C 的共同控制主体;(2)当然也可以这样解释,那就是拥有最高表决权的 C 虽然发生变化但是是在同一实际控制人下的变更,所以视为控制权没有发生变更。

如果现在有个股权投资者 D,C 将其股份 35% 转给 D,结果 D 成了持股比例最大的人,那么,公司是否发生了变更呢?根据上面的思路,如果按照第一种解释我们还可以把 A、B、C 作为支配最高表决权的人,不管是股权转让前还是转让后,这样还是可以认定实际控制人没有发生变更;但如果根据第二种解释则就是完全不同的一个结果了。回到实务中,如果 D 仅是财务投资者不对公司生产经营产生重要影响,则认定实际控制人没有变更是现实的,这主要是看对证券期货法律适用意见第 1 号文件的规定是如何理解的。

四、无实际控制人

(一)无实际控制人应该限制认定

无实际控制人这种实际控制人的认定思路与共同实际控制人适用的情形很像,主要适用于股权极度分散的情况下,只是在解决问题的方向上截然相反,无实际控制人需要重点解释股东之间没有意思一致更没有行动一致。具体来说,其实还是前文共同实际控制人提到的几个层次:一是一直没有签署一致行动协议并且保证以后也不会签;二是任何一个股东都控制不了股东大会和董事会的决策;三是日常经营决策也是分工明确,谁也控制不了谁。

认定无实际控制人是要冒风险的，现实中采用的情况也不是很多。从小兵的观点来看，小兵对于无实际控制人的解释是不看好的，理由是：**将发行人界定为无实际控制人，解决不了任何问题反而留下了风险。**没有实际控制人，公司股东可以任意组合作出互相矛盾甚至是对公司不利的决策，当然上市前可以签订任何人不能抱团控制决策的承诺函，但是小兵对于这样的处理方式并不认同。可以佐证小兵观点的是，在对待无实际控制人问题上，监管机构显然要比其他实际控制人认定情形更加关注，更加控制风险。每个案例的审核中除关注无实际控制人认定是否合规之外，还会关注无实际控制人是否会影响到公司的股权稳定、公司治理甚至是生产经营。

（二）股权相对分散也有认定单一实际控制人的可能

发行人股权较为分散但存在单一股东控制比例达到30%的情形的，若无相反的证据，原则上应将该股东认定为控股股东或实际控制人。

在股权相对分散的情况下也可以尝试认定一个股东为实际控制人。解释的思路如下：(1)该股东虽然其股权比例并不绝对突出，但他是公司的创始人，一直以来担任公司的重要职务，并能够作出重要决策。(2)其他股东签署保证书，保证不与他人签署一致行动协议，不作出危害实际控制人控制权的行为。(3)公司股东均就本次发行前所持有的股份按照相关规定出具了关于股份限制流通及锁定的承诺（金刚玻璃案例）。

（三）无实际控制人的股份锁定期安排

对于发行人没有或难以认定实际控制人的，为确保发行人股权结构稳定、正常生产经营不因发行人控制权发生变化而受到影响，要求发行人的股东按持股比例从高到低依次承诺其所持股份自上市之日起锁定36个月，直至锁定股份的总数不低于发行前A股股份总数的51%。

位列上述应予以锁定51%股份范围的股东，符合下列情形之一的，不适用上述锁定36个月规定：员工持股计划；持股5%以下的股东；非发行人第一大股东且符合一定条件的创业投资基金股东。其中,“符合一定条件的创业投资基金股东”是指符合《私募基金监管问答——关于首发企业中创业投资基金股东的认定标准》的创业投资基金。

就目前的审核规则来说,认定为无实际控制人其实也没啥太多好处,既规避不了同业竞争也规避不了股份锁定期;以前有人说没有实际控制人就不存在实际控制人变更的问题,这也是无稽之谈。

五、实际控制人是否变更

(一)IPO 的审核红线

IPO 发行审核条件中明确规定,发行人最近 36 个月(主板,下同)或者 24 个月(创业板、科创板或北交所,下同)内实际控制人不得发生变更,换句话说,如果实际控制人发生变更了那么就不符合发行条件,只能等符合条件之后再来申报材料。关于这个发行条件,需要明确两点:(1)36 个月或 24 个月是法律自然月的概念,也就是从 2014 年 7 月至 2016 年 7 月就是 24 个月,而不是完整的会计年度的概念。(2)如果实际控制人发生了变更不满足发行条件,那么是不允许提交 IPO 申请资料的,而不是我们所误解的可以先提交材料,等符合条件了再审核上市。

尽管实际控制人变更是 IPO 的一条红线,但是实践中实际控制人的认定以及如何判断实际控制人的变更却一直是有争议也有着很大自主判断权限的问题。就拿实际控制人认定来说,同一个企业同样的情形,实践中会出现三种实际控制人的认定结果。对于实际控制人变更问题,其实在实践中也存在一些争议。比如:(1)共同实际控制人中单一最高股东发生变化则实际控制人是否发生变更;(2)发行人因为引入众多外部投资者而导致第一大股东变为投资机构的情况下实际控制人是否发生变更;(3)发行人由单一实际控制人变更为共同实际控制人是否导致实际控制人变更;(4)离婚情况下以及遗产继承情况下是否导致实际控制人变更等。

有时候我们也需要反思一下实际控制人变更的规定是不是就是合理的。

之所以规定实际控制人变更需要运行时间，主要是担心实际控制人变更可能会影响到发行人的生产经营和持续盈利能力。如果一个企业能够自我证明实际控制人变更不会影响采购销售体系也不会影响盈利能力，是不是在实际控制人问题上宽容对待呢。如果我们将实际控制人变更的规定做得更加有层次和空间一些，或许就不会在“企业很好”与“影响发行条件”之间纠结那么多了，也就不用去分析一些特殊的案例，然后再去根据案例修改规则了。或者就直接一点，IPO 参照新三板的规定，不再将实际控制人变更设定为发行条件而是由发行人自我论证和说明。

关于实际控制人变更的问题，我们在审核实践中，可以重点关注以下几个方面：(1)管理团队是否发生变化；(2)变更前后股权结构是否发生重大变化；(3)变更前后客户和供应商是否发生重大变化；(4)变更前后经营业绩是否发生重大不利变化；(5)核查实际控制人变更的合理性，是否存在刻意规避的情形等。如果上述情形可以自我论证清楚，在审核过程中还是可以得到认可的。

（二）实际控制人去世原则上不构成变更

最近两年，IPO 审核过程中出现了好几家在审期间甚至是上会审核之前实际控制人去世导致股权因为继承发生变更的情况。对于这个问题，监管机构还是体现出了更大的宽容度，在充分论证发行人管理层和业务没有发生重大变化的情况下，允许发行人自我论证前面的制度设计和后续的处理措施都是有效的，可以保证上市之后经营稳定。从小兵的角度来讲，个人觉得其实上述案例如果严格执行 IPO 的规则应该是属于典型的实际控制人发生变更的情形，但是从实际情况来看，这样的企业因为这个因素不允许 IPO 也确实不符合情理。

根据最新的 IPO 审核标准，如果 IPO 审核过程中实际控制人去世，股权后续被家庭成员继承的情况下，可以基于家族企业资产整体概念去考量，认定实际控制人没有变更，可以继续 IPO 审核且符合发行条件。具体来说：

1. 实际控制人为单名自然人或有亲属关系多名自然人，实际控制人去世导致股权变动，股份受让人为继承人的，通常不视为公司控制权发生变更。

2. 其他多名自然人为实际控制人，实际控制人之一去世的，保荐机构及发行人律师应结合股权结构、去世自然人在股东大会或董事会决策中的作用、对发行人持续经营的影响等因素综合判断。

关于这个标准，应该是对前面分析以及已经出现的成功案例的一个总结和明确，但是这样的标准执行应该还有一个前提条件，那就是：**实际控制人去世后的股权继承人是在公司任职并且担任重要管理职务的，如果股权继承人尚未成年或者根本就没有在公司任职，那么如何论证实际控制人前后业务没有重大变化是存在疑问的。**

（三）无偿划转是否导致实际控制人变更

证券期货法律适用意见第1号文件规定：因国有资产监督管理需要，国务院或者省级人民政府国有资产监督管理机构无偿划转直属国有控股企业的国有股权或者对该等企业进行重组等导致发行人控股股东发生变更的，如果符合一定条件，可视为公司控制权没有发生变更。按照国有资产监督管理的整体性调整，国务院国有资产监督管理机构直属国有企业与地方国有企业之间无偿划转国有股权或者重组等导致发行人控股股东发生变更的，比照前款规定执行，但是应当经国务院国有资产监督管理机构批准并提交相关批复文件。不属于前两款规定情形的国有股权无偿划转或者重组等导致发行人控股股东发生变更的，视为公司控制权发生变更。

上面的规定还是很明确的，无偿划转不导致实际控制人变更的情形主要包括以下几种：(1)国资委内部无偿划转；(2)省级国资委内部无偿划转；(3)国资委直属国有企业与省级国资委直属国有企业股权调整。尽管第三项规则没有明确是省级，不过小兵理解应该为省级，也就是说，只有国家或省级的国有资产无偿划转才可以认定为实际控制人没有发生变更。但是，这里需要注意的是，适用意见还规定了三个条件，除前两个条件为程序性规定之外，我们需要重点关注第三个条件，那就是关注划转对发行人的经营管理层、主营业务和独立性是否存在重大不利影响。在海峡股份的案例中，中介机构就需要重点解释由于该次划转是否会导致公司的董事、监事、高管及经营管理层发生重大变化，以及公司的生产经营受到影响。如果有必要，可以由控股股东或实际控制人出具承诺保证公司控制权的稳定。

（四）控股股东发生变化，实际控制人是否发生变更

这个从理论上没有任何探讨的意义，毕竟谁都知道控股股东和实际控制人不是一回事，不过在实践中，控股股东发生变化而导致实际控制人变更的情况显然要比实际控制人不变更的情形多得多，这也是为什么这个问题尽管非常明显但还是会受到关注。并且，这个问题在复杂的公司历史沿革中会显得更加扑朔迷离并不好判断，因此，小兵在这里将其单独拿出来与大家共享。

（五）财务投资者作为第一大股东可以不认定为实际控制人

在 PE 投资广泛的情况下，有的企业因为融资规模过大可能会把投资者变成第一大股东（如经纬电材）。在这种情况下，如果僵硬地将投资者认定为实际控制人，那么不仅与公司实际经营的事实严重不符，可能也不符合投资者的最初意愿，那么就需要在考虑财务投资者的因素下，认定对公司生产经营实际拥有控制权的人为实际控制人。

实务中，我们一般需要解释投资者仅为财务投资者，不会对生产经营产生影响，同时找出除投资者之外一个或几个核心人员作为实际控制人并解释实际控制人是一直能够对公司的董事会、股东大会、高管任命等事项作出决定的。这样的解释一般都会得到认可，但是这种情况下还需要多解释一点，那就是投资者是不是与公司的某些人（如股东或者高管）存在关联关系，如果存在关联关系，那么这些人就很有可能通过投资者来实现对公司控制权的颠覆。

（六）不能以股份代持认定实际控制人没有变更

实际控制人认定中涉及股权代持情况的，发行人、相关股东应说明存在代

持的原因,并提供支持性证据。对于存在代持关系但不影响发行条件的,发行人应在招股说明书中如实披露,保荐机构、发行人律师应出具明确的核查意见。如经查实,股东之间知晓代持关系的存在,且对代持关系没有异议、代持的股东之间没有纠纷和争议,则应将代持股份还原至实际持有人。

发行人及中介机构通常不应以股东间存在代持关系、表决权让与协议、一致行动协议等为由,认定公司控制权未发生变动。

第二节　特定股权架构IPO

一、分拆上市

这里我们讲的分拆上市,就是上市公司将控制所属的子公司独立上市的行为,这里包括IPO和重组上市。

如果将分拆上市进行分类,最简单直接的分类方式就是按照上市公司所在地进行分类,毕竟上市公司是属地监管原则,监管机构对于属地管辖的上市公司后续的资本运作有管理的权限也有监管的便利条件。

如果按照这种标准,我们可以将跟国内IPO直接相关的分拆上市划分为:A股上市公司分拆子公司境内A股上市的情形、A股上市公司分拆子公司境外上市的情形,以及境外上市公司分拆子公司境内A股上市的情形。

(一)A股上市公司分拆子公司境内外上市

上市公司分拆是资本市场优化资源配置的重要手段,有利于公司拓宽融资渠道,获得合理估值,完善激励机制。在实践中,随着部分上市公司采取多元化经营战略,涉足新的产业或行业,为实现业务聚焦与不同业务的均衡发展,产生了将其部分业务分拆出来独立上市的诉求。2019年年初,《关于在上海证券交易所设立科创板并试点注册制的实施意见》首次明确,“达到一定规模的上市公司,可以依法分拆其业务独立、符合条件的子公司在科创板上市”。

2019 年 12 月,证监会发布了《上市公司分拆所属子公司境内上市试点若干规定》,填补了过去上市公司分拆了公司在境内上市所面临的监管空白。2022 年,证监会正式发布《上市公司分拆规则(试行)》,明确了上市公司分拆子公司境内外上市的相关规定。分拆规则确立了上市公司分拆了公司在境内外上市的主要规则,包括分拆实质性条件、程序性要求、分拆监管与发行规则衔接等方面作出了相应规定,同时强化中介机构核查督导职责以及对分拆过程中可能存在的信披违规、内幕交易、操纵市场等违法违规行为的严格监管。

1. 分拆上市基本条件

根据相关规定,分拆上市应该满足以下条件:

(1)上市公司股票境内上市已满 3 年。

(2)上市公司最近三个会计年度连续盈利。

(3)上市公司最近三个会计年度扣除按权益享有的拟分拆所属子公司的净利润后,归属于上市公司股东的净利润累计不低于人民币 6 亿元(本规则所涉净利润计算,以扣除非经常性损益前后孰低值为依据)。

(4)上市公司最近一个会计年度合并报表中按权益享有的拟分拆所属子公司的净利润不得超过归属于上市公司股东的净利润的 50%;上市公司最近一个会计年度合并报表中按权益享有的拟分拆所属子公司的净资产不得超过归属于上市公司股东的净资产的 30%。

2. 上市公司不得分拆的负面条件

上市公司存在以下情形之一的,不得分拆:

(1)资金、资产被控股股东、实际控制人及其关联方占用或者上市公司权益被控股股东、实际控制人及其关联方严重损害。

(2)上市公司或其控股股东、实际控制人最近 36 个月内受到过证监会的行政处罚。

(3)上市公司或其控股股东、实际控制人最近 12 个月内受到过证券交易所的公开谴责。

(4)上市公司最近一年或一期财务会计报告被注册会计师出具保留意见、否定意见或者无法表示意见的审计报告。

(5)上市公司董事、高级管理人员及其关联方持有拟分拆所属子公司股份,合计超过所属子公司分拆上市前总股本的10%,但董事、高级管理人员及其关联方通过该上市公司间接持有的除外。

3. 子公司不得分拆的负面条件

上市公司所属子公司存在以下情形之一的,子公司不得分拆:

(1)主要业务或资产是上市公司最近3个会计年度内发行股份及募集资金投向的,但子公司最近3个会计年度使用募集资金合计不超过子公司净资产10%的除外。

(2)主要业务或资产是上市公司最近3个会计年度内通过重大资产重组购买的。

(3)主要业务或资产是上市公司首次公开发行股票并上市时的主要业务或资产。

(4)主要从事金融业务的。

(5)子公司董事、高级管理人员及其关联方持有拟分拆所属子公司股份,合计超过该子公司分拆上市前总股本的30%,但董事、高级管理人员及其关联方通过该上市公司间接持有的除外。

4. 分拆上市的IPO审核要点

发行人对于分拆上市重点关注的问题,核心在于企业的技术来源、业务内容以及发展方向与原来的上市公司是否存在本质差异。只要发行人具有核心技术,有一定的市场定位和竞争优势,关键是具备很强的持续经营和盈利能力,并且分拆上市的资产与上市公司能够有效地区分,不存在损害上市公司投资者利益的情形,那么这样的分拆上市就是允许的、可以接受的。

在分拆上市的时候,企业的独立性问题确实一直是敏感的,是需要重点关注的问题,甚至任何一个分拆上市企业必然存在独立性方面的瑕疵。毕竟原来是一个体系内的公司,自然而然存在人员或者资金往来的情形,甚至存在一些业务混同发展的情形。原来是一个锅里的资产,从上市公司角度,混合起来一起发展最有效。

现在这样的一个资产要独立上市,那么原先是合并报表体系内的可以内部抵销的、完全合理的问题,都因为两个公司的独立而完全暴露出来。换句话说,原来不是问题的情形,现在全部成了问题。在这种情况下,如何把握这种独立性问题的程度和边界,在哪些方面可以容忍,不影响 IPO 的条件,是我们考虑分拆上市时需要重点关注的一个问题。

(二)境外上市公司分拆子公司 A 股上市

境外上市公司分拆子公司在 A 股上市,除遵守 A 股关于 IPO 审核的相关具体标准和要求之外,还需要遵守境外各个交易所的监管政策和法规。

1. 我国香港特别行政区分拆上市的基本规则和关注要点

关于我国香港特别行政区分拆境内 A 股 IPO 上市,在程序方面需要重点关注的问题包括:

(1)香港联交所出具关于分拆上市的确认函,并且确认函并没有明确的时效性,存在过期的情形。

(2)本次分拆是否构成“非常重大的出售”,如构成,则香港上市公司需再次刊发公告、通函,召开特别股东大会审议通过本次分拆上市。

(3)构成“非常重大交易”的情形:待本次发行确定发行价格、募集资金总额后,计算前述确定日前 5 个交易日上市公司平均市值,如本次发行的募集资金金额占该平均市值 75% 或以上的,则本次分拆上市构成“非常重大的出售”。

(4)本次分拆若构成“非常重大”,后续是否仅需再次召开股东大会审议、是否存在不能通过的风险、是否还存在其他决策审批程序,以及尚未履行程序的预计时间规划。

(5)本次分拆后余下业务部分是否能保持市值不低于港币 5 亿元,如低于,则可能撤回批准。

此外,重点关注的实质性问题包括:余下集团的业务、资产、人员及财务与公司是否相互独立,是否存在同业竞争的情形;余下集团与公司之间关联交易的合理性、必要性及定价公允性;余下集团满足上市规则中规定的其他财务指标,余下集团最近一年股东应占盈利不得低于2000万港元,及其前两年累计的股东应占盈利亦不得低于3000万港元;发行人信息披露与在香港的信息披露是否存在重大差异。

2. 我国台湾地区上市公司分拆A股上市

从案例披露的信息来看,台湾交易所对于分拆上市没有特殊的规定,需要成立一个关于子公司挂牌审查的特别委员会,其他事项只需要上市公司董事会或者股东大会审议通过就可以了。我国台湾地区上市公司分拆上市,没有对盈利规模以及人员等做出明确要求,相对比较简单。

3. 纳斯达克上市公司分拆子公司科创板上市

发行人控股股东是美国纳斯达克上市公司,这个上市公司就是一个控股型公司,没有从事任何业务,纳斯达克上市公司的盈利来源基本上来自发行人。在这种情况下,可能需要更加关注分拆上市对控股股东的股东利益是否有损害,是否存在纠纷,是否经过了相关的决策和审批程序等。

具体来讲,在IPO审核过程中,主要关注的审核问题有:(1)分拆上市是否履行了法定审批程序;美国上市公司分拆子公司上市,不需要相关的法定审批程序,也不需要履行通知备案流程。(2)分拆上市是否履行了相关的信息披露义务;分拆上市需要在美国上市公司层面进行相应的信息披露。(3)分拆上市不需要股东大会的审议,只需要董事会内部的审议决定。(4)分拆上市是否损害中小投资者的利益,是否存在纠纷或潜在纠纷。(5)分拆上市的信息披露与原来的披露是否存在重大差异(财务信息和非财务信息)。

二、境外架构上市

(一)境外架构直接IPO

在证券法修订以及IPO注册制下的新上市条件下,以红筹架构为代表的境外股权架构直接在境内A股上市已经完全没有障碍,并且已经有了一些成功的案例。当然,对于境外架构的IPO,在实际控制人认定、股东权益界定、是否存在股权清晰稳定的障碍、是否存在纠纷或者潜在纠纷等审核关注问题,以及如何保证信息披露的充分完整等方面都提出了更高的要求。

IPO发行条件规定,控股股东和受控股股东、实际控制人支配的股东所持发行人的股份权属应清晰。对于控股股东设立在境外且持股层次复杂的,保荐机构和发行人律师应当对发行人设置此类架构的原因、合法性及合理性、持股的真实性、是否存在委托持股和信托持股、是否有各种影响控股权的约定、股东的出资来源等问题进行核查,说明发行人控股股东和受控股股东、实际控制人支配的股东所持发行人的股份权属是否清晰,以及发行人如何确保其公司治理和内控的有效性,并发表明确意见。

根据目前已经成功的审核案例,关于红筹架构直接IPO上市,针对红筹架构两种典型模式也有两种IPO模式:WOFE模式的红筹架构,可以直接发行股票IPO上市;VIE模式的红筹架构,目前只能通过发行CDR的方式实现上市。

(二)境外架构退市回归IPO

1.审核关注要点

从审核实践来看,除了A股IPO审核的具体要求,审核部门对于境外已经上市的公司退市回归没有做过多的实质性判断,主要是强调信息披露的一些问题,保证信息披露的完整性和针对性。主要关注的问题包括以下几个方面:

(1)详细披露境外上市的过程,包括上市主体的搭建、上市发行价格、监管部门批复、投资者认购情况等。

(2)详细披露上市期间规范运行情况,包括信息披露情况、是否受过交易所处罚、是否存在损害投资者利益的情形、上市期间股票交易情况以及上市期间的财务数据资料等。

(3)详细披露私有化的过程,包括私有化的原因、如何保证公众投资者的利益以及境外上市主体如何拆除等。

此外,还需要重点关注的是:实际控制人是否变更、主要经营业务是否发生变化、会计准则的适用是否具有可比性等。

2. 境外退市回归过程

境外退市回归显然并非只是退市或者股权调整那么简单,总结上述案例,退市问题的简要过程如下:

(1)向交易所提出退市的申请,这一点在国外很多交易所并不难处理,因为在很多国家,企业上市和退市都是很常见的事情。

(2)大股东发出要约收购,以合适价格收购公众股东的股份。这应该是最复杂也是耗时最久,甚至具有很大不确定性的过程,有的企业会在此阶段耗费半年甚至更长的时间,有的企业会因为此阶段无法彻底退出而半路夭折。

(3)交易所最后出文确认退市成功。需要说明的是,交易所一般规定只有收购100%公众股份之后才能退市,如果公司的股票价格较高,同时公众股数量较大,那么股份的收购资金来源问题也需要重点关注。

(三)控股股东为BVI公司

对于发行人的控股股东是BVI公司,实际控制人持有这个公司100%的股份,这算是在注册制审核理念下,对于公司股权架构最大的让步。

对于这种情形,审核机构最关心的自然就是BVI公司作为发行人控股股东,是否能够保证合法合规经营,是否能够接受中国相关法律制度的监管,同时控股股东能否履行相关承诺等。

对于这些疑问,发行人通常需要取得境外律师对于相关事项的专项法律意见书。其主要包括:(1)BVI当地有着完善的金融监管体系,并且已经有了可以适用境内的商事主体的案例;(2)控股股东可以履行全部相关的承诺,主要理由是背后的实际控制人其实都在境内,处罚和监管意见可以随时送达,而BVI公司是实际控制人100%控制的公司。

三、控股型公司

关于控股型公司,在法律上并没有一个明确的概念和界定,基本上是在企业上市实践中形成的这样一种说法和事实。如果非要给“控股型公司”一个定义,那么我们可以这样简单地界定:其是指公司盈利能力主要来自下属子公司,而母公司业务,主要是股权投资的一种公司形式。

(一)审核要点

从上市审核的角度来看,控股型公司在上市过程中基本上还是按照传统模式企业被看待,并没有明显的特殊审核理念。如果说有一些特殊之处,也主要体现在以下几个方面:

1. 控股型公司管理架构的合理性。为什么不以盈利能力最强的子公司作为上市主体而是将控股公司作为上市主体?控股型公司架构是如何形成的,是否会影响到股东对于上市公司的控制力?上市公司是否能够控制下属子公司,是否存在损害上市公司利益的情形?

2. 子公司的分红政策。根据目前相关会计规则的要求,上市公司分红是以母公司的利润指标作为基础进行分配的,如果下属子公司的分红政策不明确或者不积极,那么上市公司的控股型公司就没有太多盈利,也就没有资金进行分红。在目前进一步提升保护投资者权益的背景下,控股型公司子公司的分红政策必然会受到更多关注。

3. 子公司是否存在少数股东权益。从目前来看,控股型公司下属子公司基本上均为全资子公司,在这种情况下由于子公司利益能够全部纳入上市公司主体从而不存在损害投资者利益的情形。如果存在控股型子公司的情况,需要有非常充足的证据能够证明少数股东权益存在的合理性,那么可能会存在以下几种情形:(1)少数股东是历史原因形成的,目前清理已经不具有可行性;(2)少数股东权益的子公司并不是发行人的核心子公司,对上市公司利益不存在重大影响。

最后,需要说明的是,在信息披露方面子公司的披露要求要严格按照上市主体的相关规定进行。

(二)专业股权投资公司能否上市

某些专门进行股权投资的公司,如果发展壮大投资了很多优质企业,那么,这个股权投资公司作为控股型公司是否能够上市呢?从了解的情况看,国外已经存在类似的上市公司类型,但是在国内股权投资公司发展时间短尚没有完善监管体制和理念的情况下,还存在一些障碍:

1. 股权投资公司主要进行财务投资,一般情况下并不被允许参与公司的实际日常经营,导致这些投资公司对投资对象的决策和管理能力较弱,那么也无法决定对投资对象的分红水平,从而无法保证投资者利益。

2. 股权投资公司一般情况下并不对投资对象控股并纳入合并报表,此种情况下的股权结构是明显违反《首次公开发行股票并上市管理办法》的基本要求的:发行人最近一个会计年度的净利润主要来自合并财务报表范围以外的投资收益。

当然,股权投资毕竟也是企业经营的一种典型的模式,如果一味禁止这类模式公司的上市也是不合理的,监管机构也意识到了这个问题,甚至可能会对上述管理办法的条款作出调整。在小兵看来,如果就某些基本的理念和细节能够认识到位并达成一致,股权投资公司登陆资本市场并不是完全没有可能。

四、与上市公司有关的IPO

从IPO审核实践的角度来说,与上市公司有关的IPO主要有以下几种情形:(1)上市公司参股发行人,成为发行人的参股股东;(2)发行人的部分资产来源于上市公司;(3)上市公司的控股子公司分拆上市。这里第三种情形已经在前面提到了,此部分主要分析第一种情形和第二种情形。

（一）IPO 资产来自上市公司

在以前的审核理念中，对于 IPO 发行人资产来源于上市公司的情形是严格限制的，如果还存在资产利用上市公司募集资金的情形，那么基本上就构成了 IPO 的实质性障碍。在注册制审核理念下，当然，更加重要的是，当上市公司分拆控股子公司上市已经成为事实的情况下，上市公司部分资产 IPO 上市也就不存在根本性的障碍了。**从小兵的角度来说，上市公司不论是资产的收购还是资产的处置，只要是程序合规、价格合理，都是没有任何问题的。**

对于发行人部分资产来自上市公司的情形，审核关注要点在于：

1. 发行人取得上市公司资产的背景、所履行的决策程序、审批程序与信息披露情况，是否符合法律法规、交易双方公司章程以及证监会和证券交易所有关上市公司监管和信息披露的要求，是否存在争议或潜在纠纷。

2. 发行人及其关联方的董事、监事和高级管理人员在上市公司及其控制公司的历史任职情况及合法合规性，以及是否存在违反竞业禁止义务的情形；上述资产转让时，发行人的董事、监事和高级管理人员在上市公司的任职情况，与上市公司及其董事、监事和高级管理人员是否存在亲属及其他密切关系。

3. 发行人来自上市公司的资产置入发行人的时间，在发行人资产中的占比情况，对发行人生产经营的作用。

4. 资产转让完成后，发行人及其关联方与上市公司之间是否就上述转让资产存在纠纷或诉讼。

5. 发行人及其关联方的董事、监事、高级管理人员以及上市公司在转让上述资产时是否存在损害上市公司及其中小投资者利益的情形。

（二）上市公司参股发行人

上市公司入股发行人，代表了实践中有争议的一种情形，那就是上市公司持有 IPO 发行人的股份是否合理以及是否被允许，尤其是两个公司属于同一个行业或者上下游的情况。

上市公司持有发行人股份,只要不存在控制的情形,不构成分拆上市的潜在嫌疑,在目前的IPO审核政策下,应该就不构成IPO的实质性障碍。当然,这种情况下可能会存在上市公司业务与发行人的业务存在相似或者一致的情况,那么就存在构成同业竞争的嫌疑,尽管这个问题不构成实质性障碍,但是还是需要重点核查清楚并解释到位。

此外,如果上市公司还向发行人派驻财务总监或者其他高级管理人员,以及存在其他的一些业务和人员来往情况,还是会被关注到上市公司是否会干预发行人的经营活动甚至存在间接的控制。

第三节　特殊股权架构管理

一、红筹架构

在探讨红筹架构的诸多问题之前,我们有必要给红筹架构一个相对明确的定位,那就是:国内公司的创始股东设立离岸壳公司(法律上称为"特殊目的公司"),然后利用这家特殊目的公司通过各种方式控制境内权益,最后以这家特殊目的公司为融资平台实现境外上市。

(一)红筹架构搭建

1. 红筹架构的简单模型

红筹架构的简单模型如图2-1所示:

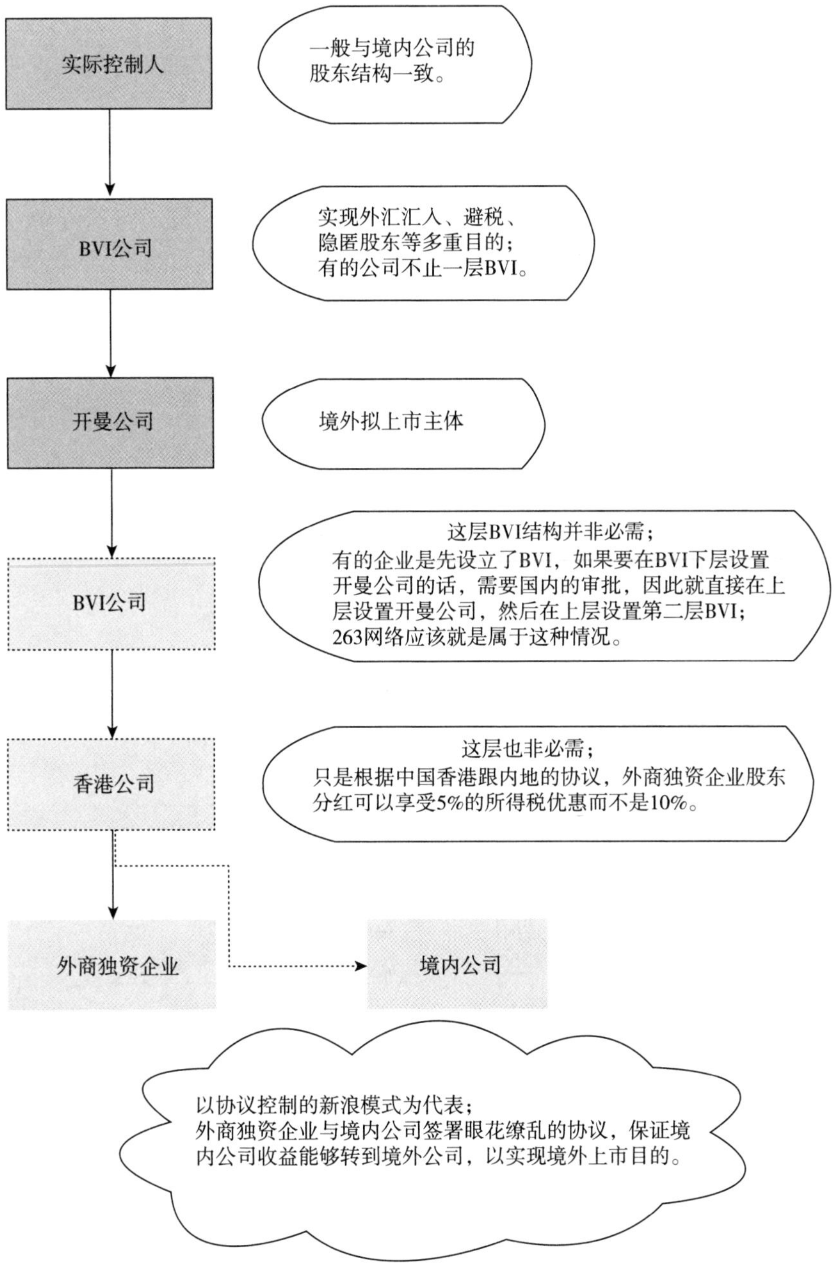

图 2－1 红筹架构的简单模型

值得说明的是:

(1)图2-1显示的是一个极其简化也极其复杂的红筹架构,简单在于我们忽略了绝大部分股权结构的内容,复杂在于这是一个尽可能完备的架构,有些红筹架构并不需要这么多层级。

(2)这里也列示了两种典型的红筹架构的模式:一种是外商独资企业的模式(WFOE);另一种是协议控制模式(VIE)。

(3)关于BVI公司,通过在直接上市的境外控股公司的上下层面中合理设置BVI公司,可以起到的作用主要有:方便大股东对上市公司的控制;可以使公司管理层及某些股东绕开禁售期的限制;可以享受BVI公司所得税低税率的待遇;当公司业务有变时,可通过出售BVI公司的形式放弃原有业务,享受BVI公司的税收待遇。

2. 红筹架构的搭建路径

红筹架构的搭建路径如图2-2所示:

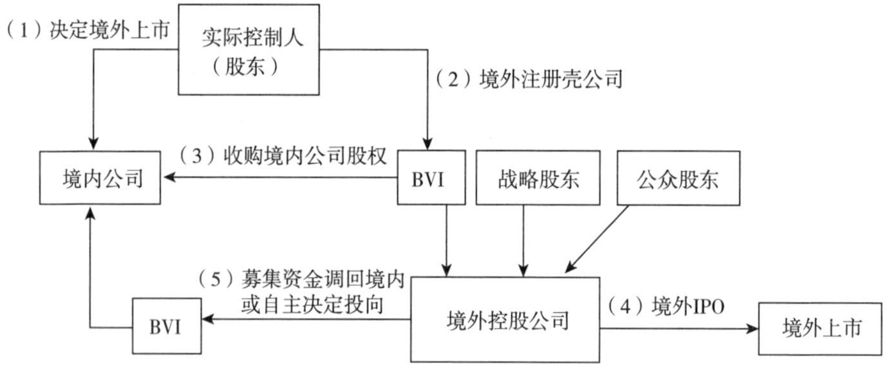

图2-2　红筹架构的搭建路径

假定某集团公司为一家内资公司,其股东为股东甲及股东乙,甲持有公司60%的股权,乙持有公司40%的股权。

第一步:股东甲和股东乙以少量资本成立境外中间控股公司(BVI公司)。

第二步:BVI公司引入投资者或自行筹集外汇资金数额相等于境内企业

净资产值,或将 BVI 公司的股权用于购买境内企业股权或资产;在这个过程中,过桥资金的运用非常普遍。

第三步:BVI 公司收购境内企业股权或资产,作为对价将外汇收购价汇入境内,并将境内企业变更为外商独资或合资企业,或是利用收购的境内资产设立新的外商投资企业。最核心的一个步骤,也就是我们所说的商务部“10 号文”所限制的外资并购问题,后面会有详细的解释。

第四步:境内企业股东以少量资本在境外(百慕大/开曼/中国香港)成立境外控股公司作为拟上市主体,BVI 公司股东与拟上市公司进行换股。

第五步:拟上市公司向境外上市地交易所提出上市申请。

(二)红筹架构的拆除

对境内中介机构来说,红筹上市“走出去”的业务参与度并不是很高,而红筹回归“走回来”则是我们必须面对并且要解决到位的问题。因此,在这部分内容上,小兵将对红筹回归的问题做进一步的解释和总结。

1. 红筹拆除的基本原则和具体操作

(1)红筹架构的拆除一般都会通过股权转让的方式进行,这样的处理并不复杂也不陌生,基本上坚持“怎么出去再怎么回来”这一个原则就可以了。

(2)关于境内主体境外投资以及后来回归境内首发上市的外汇登记问题,根据规定外资出去和回来都是要进行外汇登记的。一般情况下,外资的回归都是在中介机构的指导下进行的,因此,该项外汇登记手续一般情况下会做得比较完备。但是,如果外资出去时没有登记,就需要一定的完善措施。

(3)红筹架构的搭建有些在某种程度上就是假外资的返程投资,但是一般情况下境内企业都会根据外商投资企业享受“两免三减半”的税收优惠政策。那么,如果红筹架构废止而变成内资企业以前的税收优惠是否要退还呢?多数企业没有提到该问题,之前深圳一家企业的情况是没有退还税收优惠而由当地主管部门出具了批复。小兵认为,根据有关法律法规,税收优惠需要补缴是没有异议的。

(4)红筹架构废止后,境外上市主体也相应开始开展注销工作,该工作不一定要在申报材料之前完成,只要已经开始注销就可以。

(5)红筹结构还原之后,很重要的一个工作就是证明实际控制人没有变更以及股东权益在变更之前和变更之后没有发生重要的变化,普遍的处理方式就是将处理前后的股权结构图放在一起对照。由于红筹架构的特殊性,一般情况下,这个问题都比较容易证明,但是这个工作还是必须做的。

万香科技属于典型的红筹架构境外上市(新交所)然后退市回归到境内上市的案例。发行人红筹架构属于 WFOE 模式,在新交所退市之后,通过股权转让,相关股东从原来的通过 BVI 持有发行人股份变更为直接持有发行人股份,去掉了以前为了上市设置的多层中间的股权架构,这也是红筹回归 A 股的常规操作。

这次的股权转让前后,相关股东持股比例没有任何变化,就是完全平移,这样的操作既可以解释实际控制人没有变更之外,也可以省略很多商务审批、发改备案、税务风险以及外汇管理的相关要求。关于这种完全平移的股权操作,在某些案例中有一个非常形象且时髦的词:**镜像操作**。

2. 其他一些操作问题

(1)壳公司处理

红筹架构的最大特点就是中间层级的壳公司多,不论是有用的还是没用的,不论是见得了人的还是见不得人的。境内企业上市对于股权清晰有着很高的核查要求,那么红筹回归过程中就需要将曾经的那些壳公司进行全面的清理,以保证实际控制人能够直接控制公司主体。

在审核实践中,企业申报材料之前需要将重要的壳公司注销完毕,一些不是很关键的只需进入注销程序,不一定必须在申报前完成注销。

(2)境外投资者的补偿

前面已经提到企业境外红筹架构一般都需要引入投资者,那么在回归境内上市时一般情况下都需要回购投资者持有的股权,但是单纯回购股权显然并不能满足投资者需求。作为对投资者的补偿,一般情况下国内拟上市主体会在上市之前允许投资者定向增发。这一点，从现有的案例来看，应该是得到了审核部门的认可。

(3)信息披露的建议

任何一个红筹架构的成功搭建都集中了很多人的智慧，保证一个红筹架构回归成功同样需要我们的智慧和用心。鉴于红筹架构问题的复杂性，在信息披露上小兵建议最好是单列一节来解释清楚红筹架构从搭建到废止的全过程，这对于我们解释红筹相关核心问题有着非常大的帮助。

二、特殊股权情形

(一)职工持股和工会持股

1. 清理的情形及原因

考虑到发行条件对发行人股权清晰、控制权稳定的要求，发行人控股股东或实际控制人存在职工持股会或工会持股情形的，应当予以清理。

对于间接股东存在职工持股会或工会持股情形的，如不涉及发行人实际控制人控制的各级主体，发行人不需要清理，但应予以充分披露。

对于工会或职工持股会持有发行人子公司股份，经保荐机构、发行人律师核查后认为不构成发行人重大违法违规的，发行人不需要清理，但应予以充分披露。

职工持股会和工会不得作为公司的发起人或股东，其原因主要是：(1)防止发行人借职工持股会及工会的名义变相发行内部职工股，甚至演变成公开发行前的私募行为。(2)根据国务院《社会团体登记管理条例》和民政部办公厅2000年7月6日印发的《关于暂停对企业内部职工持股会进行社团法人登记的函》(民办函〔2000〕110号)的精神，职工持股会属于单位内部团体，不再由民政部门登记管理。在民政部门不再接受职工持股会的社团法人登记之后，职工持股会不再具备法人资格，不再具备成为上市公司股东及发起人的主体资格。(3)根据中华全国总工会的意见和《工会法》的有关规定，工会作为上市公司的股东，其身份与工会的设立和活动宗旨不一致，可能会对工会正常活动产生不利影响。

2. 清理的具体模式

鉴于工会和职工持股会的历史都比较久远,加上当时历史环境和政策复杂,每个地方的处理方式和企业模式都不尽相同,这就导致我们在现在这个时点来思考这个问题时觉得千头万绪不知如何下手。不过,如果仔细思考现有的一些案例,我们可以发现尽管每个案例具体情形都不一样,但是一些核心的脉络和思路还是共通的,并且整个清理过程也并不复杂。

在实践中,关于清理工会和职工持股会持股的问题,小兵认为一般会有两种比较典型的模式:

(1)股权转让的方式,就是工会或职工持股会将股权转让给他人,一般就是转让给公司的大股东或者其他股东,工会或职工持股会将转让股权得来的收益按照持股比例分配给成员,职工持股会一般会注销,而工会是否注销可以看企业自己的需求,工会作为一个职工组织只要不持股,在公司为大家服务还是可以的。

(2)工会和职工持股会将股权直接量化给个人,为了避免出现双重征税的问题,某些案例采取通过确权诉讼以及其他方式将股权直接量化给每个成员,然后再由成员决定是否转让股权。这样既尊重了工会或职工持股会成员的意见,又在税收上会有更多的优惠,并且这样的处理也更加符合事实的本来面目,小兵认为这样的处理是没有任何问题的,只是现实中案例并不是很多。

除这两种经典模式之外,还有一种在实践中不常见但是已经有人在尝试的模式,那就是拍卖。其具体程序是:首先,确认职工股股数、人数及具体持股职工身份;其次,进行股权登记及民政局备案;再次,持股会召开会议,持股职工同意委托拍卖;最后,委托拍卖机构公开拍卖。小兵个人认为这种方式还是很不错的,比较阳光也比较公平,不过拟上市公司的股权都是价值不菲的,一般情况下大股东都不是很情愿拍卖给别人而是在内部消化,这是这个模式的问题。

3. 关注的主要流程

在解决这个问题的时候，一定要注意法律程序的完备和合规，简要总结所涉及的程序主要包括以下几个方面：

(1)详细介绍职工持股会或工会持股的形成背景和过程，这一步非常重要。如果你对这一步的事实了解不清楚、说不明白，那么，你后面的工作做得再好都不一定能够做到完备，因为没有原因、结果的合理性很难判断。

(2)由当地主管部门批复同意撤销职工持股会或工会持股，这是政府的背书文件，是不可或缺的。

(3)召开全体职工大会或职工代表大会就处理方案进行表决，如果说政府背书文件有瑕疵还可以补充确认的话，工会和职工持股会的成员大会表决程序是需要高度重视的，因为处理不好很有可能就会存在纠纷，毕竟人数众多很容易考虑不周，且群众的问题没有小事。

(4)签署股权转让协议或其他处理协议，这里建议进行公证，以增加协议的客观性和法律效力。

(5)取得当地体改办或其他主管部门同意调整的批复。

(6)股权受让方支付股权对价然后按照持股比例分配给职工，定价依据一般为每股净资产或者有少量的溢价，如果这个股权转让价格低于净资产，那么也需要高度关注。

(二)国有股权管理

关于国有资产(包括集体资产，下同)管理的问题，一直是企业上市审核实践中的一个重点和难点。之所以是重点，是因为只要涉及国有资产监管部门都会重点关注，避免损害国家利益、存在国有资产流失的情形；之所以是难点，是因为有关国有资产管理的相关政策和文件错综复杂且没有一个清晰的思路，甚至有的核心文件已经是20多年前的政策到现在都没有更新。此外，国有资产对口管理的部门重合更加剧了对这一问题的判断的难度，如教育部门、科技部门、卫生部门、文化部门、财政部门等都有国有资产管理的权限和职责,有时候一个问题好几个部门都在管但是又好像谁管都不合适,只好在实践中一边问一边办,摸着石头过河。

在国有资产管理上主要有两个核心问题:一是评估问题,因为国有资产变动必须要经过评估,如果评估程序存在瑕疵需要重点关注,这也算是一个程序问题;二是国有资产的变动问题,如股权转让、持股比例发生变动、资产价值变动等,这属于国有资产的实质管理。

1. 资产评估【《国有资产评估管理办法》(2020年修订)(国务院令第91号)】

(1)国有资产评估情形:①必须评估的情形:资产拍卖、转让;企业兼并、出售、联营、股份经营;与外国公司、企业和其他经济组织或者个人开办外商投资企业;企业清算。②可以评估的情形:资产抵押及其他担保;企业租赁。

(2)国有资产评估机构:①国有资产管理行政主管部门和行业主管部门不直接从事国有资产评估业务。②持有国务院或者省、自治区、直辖市人民政府国有资产管理行政主管部门颁发的国有资产评估资格证书的资产评估公司、会计师事务所、审计事务所、财务咨询公司,经国务院或者省、自治区、直辖市人民政府国有资产管理行政主管部门认可的临时评估机构,可以授受占有单位的委托,从事国有资产评估业务。

(3)评估结果:①资产评估机构对委托单位被评估资产的价值进行评定和估算并向委托单位提出资产评估结果报告书。②委托单位收到资产评估机构的资产评估结果报告书后,应当报其主管部门审查;主管部门审查同意后,报同级国有资产管理行政主管部门确认资产评估结果。③经国有资产管理行政主管部门授权或者委托,占有单位的主管部门可以确认资产评估结果。

2. 产权登记【《企业国有资产产权登记管理办法》(国务院令第192号)】

县级以上各级人民政府国有资产管理部门按照产权归属关系办理产权登记。国有资产管理部门根据工作需要,可以按照产权归属关系委托政府有关部门或者机构办理产权登记。

(1)占有产权登记:企业应当依照《企业国有资产产权登记管理办法》向

国有资产管理部门办理占有产权登记。国有资产管理部门向企业核发的国有资产产权登记表,是企业的资信证明文件。

(2)变动产权登记:企业发生下列变动情形之一的,应当自变动之日起30日内办理变动产权登记:①企业名称、住所或者法定代表人改变的;②国有资本占企业实收资本比例发生变化的;③企业分立、合并或者改变经营形式的。

(3)注销产权登记:企业发生下列情形之一的,应当自各该情形发生之日起30日内办理注销产权登记:①企业解散、被依法撤销或者被依法宣告破产的;②企业转让全部产权或者企业被划转的。

从目前法规体系来看,处理国有股权变动问题的主要法律依据包括《国有资产评估管理办法》(国务院令第91号,2020年修订)和《企业国有资产产权登记管理办法》(国务院令第192号)。结合已有的部分案例,我们可以总结一下国有股权转让时的简要程序:(1)企业内部决策程序;(2)国有股权转让方案进行备案;(3)清产核资并编制资产负债表;(4)进行资产评估;(5)主管部门对评估结果进行确认;(6)根据评估结果确定转让价格(不得低于90%);(7)在产权交易所进行公开交易;(8)主管部门对交易核准确认;(9)签署交易合同并备案;(10)及时办理产权变更登记。

3. 管理权限下放的新政策

需要重点强调的是,近几年,对国有资产的管理逐步由审查放宽至备案,包括管理权限也在逐步下放至地方管理部门。因而,对于IPO涉及的国有资产管理事项,到底是审核制还是只需要备案,到底是需要哪一级部门的管理,都一定要找到相关的政策要求,明确批复部门是否有授权的权限。**此外,国有创投公司出资取得发行人股权的行为,无须取得国有资产管理部门批准。**

在兰剑智能的案例中,根据2000年5月19日财政部颁布的《关于股份有限公司国有股权管理工作有关问题的通知》的规定,地方股东单位的国有股权管理事宜一般由省级(含计划单列市)财政部门审核批准,地方国有资产占用单位设立公司和发行A股股票,由省级财政(国资)部门国有股权管理。根据中编〔1994〕1号文件和中编发〔1995〕5号文件的规定,济南市属于副省级城市,享有省级计划决策权和经济管理权,济南市财政局有权对发行人整体变更设立股份有限公司的行为作出批复。

如果国有股权管理存在程序上的瑕疵,基本处理思路是:(1)找到当时的法律依据,是不是违反相关规定,是否一定需要审批或进场;(2)就算是程序上存在一定的瑕疵,但是价格是合理公允的,不存在国有资产流失的情形;(3)国有企业以及省级国资委出具了确认文件,这个文件一般会是最有力的证据。

(三)国有企业员工持股

1. 基本概念

(1)国有企业是指国有独资企业和国有控股企业,具体是指各级国有及国有控股(含绝对控股和相对控股)企业及其授权经营单位(分支机构)。

(2)职工持股、投资不包括国有控股上市公司实施股权激励以及企业职工在证券市场购买股票。

2. 持股范围

(1)国有大中型企业主辅分离辅业改制,鼓励辅业企业的职工持有改制企业股权,但国有企业主业企业的职工不得持有辅业企业股权。国有大型企业改制,择优选取投资者,职工持股不得处于控股地位。国有大型科研、设计、高新技术企业改制,对企业发展作出突出贡献或对企业中长期发展有直接作用的科技管理骨干,经批准可以探索通过多种方式取得企业股权,符合条件的也可获得企业利润奖励,并在本企业改制时转为股权。

(2)职工入股原则限于持有本企业股权。国有企业集团公司及其各级子企业改制,经国资监管机构或集团公司批准,职工可投资参与本企业改制,确有必要的,也可持有上一级改制企业股权,但不得直接或间接持有本企业所出资各级子企业、参股企业及本集团公司所出资其他企业股权。科研、设计、高新技术企业科技人员确因特殊情况需要持有子企业股权的,须经同级国资监管机构批准,且不得作为该子企业的国有股东代表。

3. 严控关联往来

(1)关联企业是指与本国有企业有关联关系或业务关联且无国有股份的企业。

(2)严格限制职工投资关联关系企业;禁止职工投资为本企业提供燃料、原材料、辅料、设备及配件和提供设计、施工、维修、产品销售、中介服务或与本企业有其他业务关联的企业;禁止职工投资与本企业经营同类业务的企业。

(3)国有企业剥离出部分业务、资产改制设立新公司需引入职工持股的,该新公司不得与该国有企业经营同类业务;新公司从该国有企业取得的关联交易收入或利润不得超过新公司业务总收入或利润的三分之一。

(四)特别表决权的设置

《证券法》为了配合注册制的改革,做出了很多有创新性的改变,如红筹架构的上市、特别表决权的设置、代表人诉讼制度的确立等。尤其是申报科创板的发行人,因为很多都是高新创新企业,本来都是要在境外上市的,因而在股权架构设置方面更加具有创新性和复杂性。

关于特别表决权的设置,应该是直接颠覆了以前证券法设置的"同股同权"的基本理念,算是很大的一个进步和创新。当然,在设置特别表决权方面,科创板上市规则也作了明确的规定,目前来看标准还是比较高的:(1)对于发行人来说,必须是科技创新企业,并且估值要超过 100 亿元,或者最近一年收入不低于 5 亿元且估值不低于 50 亿元;(2)对于授予者来说,获得特别表决权的必须是有重大贡献、对发行人有一定管理权限的人。

此外,关于特别控制权只是一种决策权力,跟实际的股份数量以及收益权没有直接关系,最终在股份交易的时候,还是一股一个价格,跟特别表决权没有任何关系。

设置特别表决权一般就是为了控股股东、实际控制人的控制地位,那么另外一个问题就是一个人控制公司然后如何保护中小投资者利益的问题。其实,这个问题只能算薛定谔的问题,就算是不设置特别表决权,很多公司的单一股东持股比例也超过 70%,形成一股独大,自然也存在这样的风险。

(五)股东现金分红

IPO 申报前,发行人在报告期内现金分红是没有任何限制的,只要不存在“超分”的情形就可以。当然,如果现金分红的金额过大或者频繁太快,自然会引起公司是否缺钱,是否有 IPO 必要性的争议。当然,注册制 IPO 审核理念下,基本上对于上市是否就是因为缺钱的争论已经形成共识是伪命题。

当然,从财务核查的角度来说,如果报告期内股东存在较大较大的现金粉红光,必然需要关注股东分红资金后续投入和使用情况,是否存在为发行人体外垫付成本或者支付费用的情形,是否存在利益输送的情形等。

IPO 在审期间可以提出现金分红方案,在企业上市前执行完毕就可以,而以前是分红方案执行完毕才可以安排发审会审议。

以前规定在审期间原则上不应提出分派股票股利或资本公积转增股本的方案,而现在可以提出方案,只是需要披露股本变化后最近一期经审计的财务报告。

三、分立合并

(一)公司分立

在 IPO 的审核案例中,公司分立的情形并不是很多见,毕竟很多资产的剥离或者业务的重组,都可以通过资产收购或者股权转让的方式来实现。

关于公司分立,简单总结一下主要关注的事项:

1. 公司分立的原因,一般都是为了突出主营业务将一些辅助的业务剥离,当然也可能存在业务重新规划和战略调整的情形。

2. 公司分立的会计处理,会计准则并没有明确的规定,只是在特殊税务处理方面有一些规定。关于公司分立,其实也并不复杂,从会计处理的角度不过就是原来一起核算的资产和负债,现在要通过几个不同的主体分别核算而已,只是按照怎样的标准和比例去拆分,是需要明确界定的。

3. 关注公司分立相关财务指标占被分立公司的比例情况。一般情况下，都是拆分为一个大的和几个小的，这种情况下也不要求公司运行多长时间才能 IPO。但是，极端情况下，如果是一个公司拆分为体量差不多的两个公司或多个公司，那么可能就会导致主营业务发生重大变更，因而需要运行两年或者三年才可以申报 IPO。（这个可以跟企业合可以同样的考量标准）

4. 公司分立其实跟减资的逻辑类似，因为会减少注册资本，所以需要通知债权人，但是无须取得债权人的同意，只需要履行债权人公告的程序就可以。当然，有些案例存在分立方案调整的情形而没有再履行通知债权人的程序，因而后续发行人还是补足了债权人书面确认的程序。

5. 有些公司分立只带走了资产而没有负债，因而会关注到这些专有负债后续偿还情况，以及是否存在利益输送的情形。

6. 最后，关于公司分立还有两个小细节与大家沟通：(1)公司分立如果没有通知债权人，那么债权人可以要求公司履行债权或者提供担保，不会影响分立本身的效力；(2)以前存在某些窗口指导意见，觉得只要公司分立就得运行 3 年才可以 IPO，这个标准也是值得商榷的。

（二）换股吸收合并

换股吸收合并的案例在上市公司的资本运作中还是有一些的，甚至也有上市公司换股吸收合并上市公司的案例。在上市公司中，因股价是公开透明的，换股价格和比例也相对比较确定，因而方案也比较容易通过并实现。

在拟上市公司案例中，吸收合并的案例尽管不是特别常见，倒也还是有一些的，毕竟在吸收合并方面有很多税收方面的优势。为什么换股吸收合并不常见？小兵认为，在拟上市公司资产整合过程中，为了避免同业竞争和减少关联交易，一般会这样处理：如果整合对象是独立的资产和业务，那么发行人选择通过股权转让的方式将其变更为全资子公司。如果整合对象没有资产或者资产和业务很少，那么发行人可以选择收购资产然后直接将这个公司注销。如果整合对象有一些资产和业务，同时存在一些其他障碍（如涉及明显的税负成本),那么这时候才可能考虑吸收合并的方式。

在拟上市公司 IPO 的吸收合并方案中,有两种情况:一种是合并方和被合并方股权结构一致的情况,这时候只需要简单进行注册资本叠加然后进行资产转移和账务处理就可以了,当然也可以合并方注册资本不变化。另一种是合并方和被合并方股权结构不一致的情况,这时候就需要测算合并之后合并方的股权结构和持股比例,这也是最标准、最典型的换股吸收合并。

发行人换股吸收合并的案例并不是很复杂,基本操作就是发行人和控股股东确定好换股价格和换股比例,然后确定好控股股东换股之后直接持有发行人股份的比例就可以了。换股吸收合并的决策程序也并不复杂,只要双方股东大会审议通过就可以。需要特别注意的是,吸收合并因为存在法人主体消失的情况,也就是公司注销,所以需要关注公司注销的流程是否完备,是否存在损害债权人利益的情形。

(三)股权上翻

发行人两个股东投资发行人的子公司,原来是计划子公司可以独立 IPO 上市的,现在子公司还在初期阶段,上市几乎不可能,而发行人又要准备上市了,因而两个子公司少数股东就有了要转变为发行人股东的想法。其实,这个想法对于存在子公司少数股东的发行人来说,大概率都会存在,毕竟子公司的股份显然没有拟上市公司的股份更有流动性和价值。

把下面的股权如何“翻到”上面来,其实最简单的方式就是换股,少数股东以子公司的股份对发行人出资。只是,实践中很多市场监督管理局根本就不认可股权出资的方式,无法办理工商登记,因而也会出现少数股东先减资再增资,少数股东先将股份转让给发行人然后少数股东再以转让款对发行人增资等方式。

关于这种股权出资的方式,程序上并不复杂,决策也很简单,最核心的问题就是换股的价格和子公司股份的价值。关于子公司股份的价值,可以进行评估确定价格,而发行人股权出资的价格,一般跟外部投资者的价格保持一致

（市场公允价值）。

四、新设上市主体

（一）是新设还是等待

是新设还是等待，很多人在面对一些历史沿革较为复杂甚至是有实质性障碍实在是迈不过坎的项目的时候，往往要接受这样的纠结和考验。历史问题一定要甩到报告期之外，那么等待需要等待完整申报期；如果另起炉灶，忘掉过去重新开始大不了也就是等一个完整的申报期。于是，很多人决定，与其在一堆历史烂账里掰扯 3 年，不如在一个小清新的没有任何历史瑕疵的公司里大干 3 年。在复杂的历史问题面前不去苦思解决方案，至少是没有穷尽一切的解决方式的可能，而去拍板决定新设上市主体，很多时候证明并不是最佳选择。

新设上市主体是不是就能一劳永逸、一了百了呢？小兵持否定的态度。从目前的一些案例来看也是的确如此，就算是新设，曾经老公司的历史旧账或许会淡化一些但是并不一定会解决全部的本质问题。这个因素先不谈，是不是新设公司 3 年之后就能顺利上市呢？显然 3 年时间肯定忙活不过来，往往新设的公司也需要等待 3 年以上甚至很久的时间才能上市。当然，我们也不可否认，在中介机构已经进场之后新设的公司在申报期内的规范运行和合规合理的处理上是有保障的，在后续的审核过程中也会有一些优势，但是这样的优势并不是那么明显。

这里，小兵跟大家交流一个观点：**企业 IPO 之路有很多选择，就算最终成功了，但是企业选择的是不是最优最合理的方案，是不是在时间和金钱成本上最有竞争力的方案，是非常重要的。**毕竟，对于任何一个问题的解决和方案的选择，都有沉没成本和时间价值，不仅要保证 IPO 成功，还要保证以最优的方案实现目标，这才是中介机构工作的核心价值。

（二）不支持新设的理由

由上文可知，小兵的观点比较明确，新设上市主体是最后实在没有退路的下下策,在做出这样的决定之前一定要充分论证是否还有其他解决问题的可能性,只要有一点可能并且能够在3年之内把这个问题解决,那么就不要去动新设公司的心思。

从审核实践来看,非常纯粹的新设上市公司最终首发上市的案例并不是非常普遍,或许也从一个侧面证明中介机构在认证新设上市主体可行性和机会成本上的谨慎态度。为什么小兵不支持新设,核心的理由如下:

1. 监管机构对于拟上市企业历史沿革问题的态度已经发生了重大变化,已经多次强调要淡化历史问题的审核,历史的问题历史看,一些历史沿革的瑕疵只要后续做了修正或者补救并且保证没有潜在法律风险或者纠纷,一般都不会构成首发上市的实质性障碍。

2. 新设公司往往在3年之后不一定能及时上报材料,因为这期间涉及资产整合和业务转移的诸多问题;此外,新设公司也不一定就能完全规避旧公司的问题。比如:老公司有纠纷举报,就算新设公司举报问题同样也是上市的实质性障碍;职工持股的问题比较麻烦,就算新设公司老公司作为控股股东也同样会受到重点关注,等等。

(三)审核关注要点

如果新设公司,那么,需要关注哪些问题呢?实践中目前存在的案例给了我们很好的思路和提示,小兵总结重点关注的问题主要如下:

1. 资产转移。新设公司购买老公司的厂房、设备、存货、产成品等资产,小兵建议厂房、设备等固定资产可以以评估值购买,原材料存货可以以账面价值购买,半成品或者产成品可以采取成本加成的方式购买;资产整合除购买之外,也可以以增资的方式加入,不过新设公司一般都是老公司的股东照葫芦画瓢再同样设一个新公司,增资的方式无非就是股东拿钱买老公司的资产再增资新公司,看起来并不是很合情合理,所以采用的并不是很多。

2. 业务承接。关于新设公司与老公司的业务承接和转移问题,新的合同肯定由新公司来签,但是老的合同一般也只能继续由老公司来履行,但是老公司经营性资产都卖给新公司了，所以新公司需要向老公司销售部分产品以帮助其完成合同，这就构成报告期内比较重要的关联交易。

3. 新设主体原因。要关注没有用老公司作为上市主体而新设公司的原因，需要关注老公司是否存在出资不实、股东纠纷以及违法违规等行为。新设的原因在新设之前一定要想好，尽管往往不是最真实的原因，但是也要说得过去。另外，老公司的历史沿革和合规经营同样会被重点关注。

4. 老公司的处理。对于老公司处理的方式，注销或者成为单纯的投资性公司都可以，重要的前提就是老公司与新公司不能有任何的同业竞争可能或者其他的业务往来。

（四）“3 年”的准确含义

关于公司设立满 3 年的准确含义，实务界已经非常明确，小兵这里再总结一下：法律意义上的 3 年就是 36 个月，而会计上的 3 年是 3 个完整会计年度。最具体的例子就是，上市条件中股份公司设立满 3 年是指满 36 个月，而会计期间的“三年一期”是指完整 3 个会计年度加一期。

那么新设上市主体的项目方案中，就可能存在这个问题，即 36 个月和 3 个完整会计年度的冲突，也就是公司设立已经满 36 个月但是会计上却不是完整的 3 个会计年度。这种情况下公司是符合上市条件的，不过财务数据却存在很大的不可比性，因为很可能这时候公司会横跨 4 个会计年度，而有两个会计年度是不完整的。

这种情况该如何理解，尽管有人认为财务数据不具有可比性并不损害上市条件，但是“三年一期”完整会计年度以及财务数据可比性也应该视为是企业上市的基本条件，小兵建议这两个“3 年”条件还是要尽量满足。**在科创板审核中心的审核问答指引中，关于“3 年”有一个明确的指导性的观点：IPO 审核中，运行 3 年指的是 3 个完整会计年度的概念。**当然，这样的规定只是一种指引，主要也是从企业更加规范和便捷直到企业 IPO 的角度出发。

五、整体变更

整体变更涉及的常规性问题确实没有什么探讨的必要,但是工作实践中时常出现的一些与整体变更有关的特殊的问题,在带给我们疑惑的同时也让我们不得不重新思考这个最“简单”的问题。

(一)问题的起源

关于整体变更这个说法的出处非常明确且唯一,就是《首次公开发行股票并上市管理办法》第8条和第9条的规定:发行人应当是依法设立且合法存续的股份有限公司;发行人自股份有限公司成立后,持续经营时间应当在3年以上;有限责任公司按原账面净资产值折股整体变更为股份有限公司的,持续经营时间可以从有限责任公司成立之日起计算。

该规定包含以下几层意思:(1)境内申请首次公开发行并上市的主体必须是股份公司;(2)该股份公司的持续经营时间应该在3年以上;(3)如果不到3年,那么就是有限公司按照账面值整体变更为股份公司。

(二)整体变更的性质

目前公司法规定了股份公司设立的两种基本方式:一种是发起设立;另一种是募集设立。那么,整体变更属于哪一种方式呢?小兵认为,整体变更既不是《公司法》第77条规定的募集设立,也不是同条规定的发起设立。其实原因很简单,仔细研究整体变更的处理原则,发现其与哪一种方式都靠不上。

那么如何理解整体变更,我们姑且认为是除发起设立和募集设立之外的第三种股份公司设立方式。小兵尝试对整体变更做一个简单的定义,那就是:为了使企业满足“持续经营3年的股份公司”的基本上市条件而做出的一种特殊性政策约定。正是因为其特殊,解决此问题并没有明确的方向,最后只能告诉自己,因为制度特殊所以在这类问题的解决上也可以特事特办。

既然整体变更非发起设立也非募集设立,那么公司法有关这两种方式的规定就不能适用于整体变更。尽管如此,由于整体变更就那么一个称呼而没有任何细则的规定,而由于新公司法之前的一些规定的指导,中介机构在实务中创造性地适用了股份公司发起设立和募集设立所有的规则,也算是万无一失。

(三)整体变更的基本程序

根据 IPO 审核实践中的具体操作以及小兵的经验,现总结有限公司整体变更为股份公司的简单操作流程,仅供参考:

1. 确定审计基准日,由具有证券期货资格的会计师事务所出具审计报告。

2. 同时以审计基准日作为评估基准日,由具有证券期货资格的资产评估机构出具资产评估报告。对于是否一定需要评估报告,各地市场监督管理局仍有不同的操作,证监会对于该问题倒是关注得不多。对于评估报告的规定可以参见注册资本管理办法的规定。

3. 发起人签署发起人协议,根据原有股权比例分配净资产额,同时作为股份公司的股本。

4. 会计师事务所出具验资报告,就各发起人的出资进行审核验证。

5. 召开股份公司创立大会即股份公司第一次临时股东大会。一般会审议通过公司章程等文件,同时会选举股份公司第一届董事会和监事会。

6. 在创立大会召开 30 日内到市场监督管理局申请设立登记。

(四)整体变更个税问题

1. 基本原则

《公司法》以及《首次公开发行股票并上市管理办法》规定整体变更是以公司截至基准日审计的净资产折股,余额计入资本公积。那么净资产一般就是实收资本、资本公积、盈余公积和未分配利润。根据相关规则,实收资本和资本公积转增为股份公司股本不需要缴纳个人所得税,盈余公积和未分配利润需要按照分红标准缴纳个人所得税。**这里需要特别说明的是,资本公积只**

能是股本溢价形成的资本公积才可以不缴纳个人所得税,而其他资本公积需要缴纳个人所得税。

主要的规则依据比较典型的如下:国家税务总局《关于股份制企业转增股本和派发红股征免个人所得税的通知》(国税发〔1997〕198号)、国家税务总局《关于盈余公积金转增注册资本征收个人所得税问题的批复》(国税函发〔1998〕333号)、国家税务总局《关于原城市信用社在转制为城市合作银行过程中个人股增值所得应纳个人所得税的批复》(国税函〔1998〕289号)。

2. 实践处理原则

个人分红付息需要缴纳个人所得税并没有什么争议,但是整体变更时股东只是将分红转增为注册资本并没有实际取得现金,根据税收的可行性基本原则,在整体变更时要求股东缴纳个税合法但并不合理。

因此,在实践中除小部分企业缴纳了个人所得税之外,很多企业采取了缓缴的方式,并且承诺在股东股权转让套现之时缴纳个人所得税。目前,对于个人所得税缓缴的问题,一般有两种基本方式:一种是当地税务部门已经出具文件明确可以缓缴,这种情况只需要发行人提供公开发布的税务文件就可以了;另一种是税务部门没有明确缓缴但是可以一事一议,如果发行人能够取得税务部门同意缓缴个人所得税的权威批复文件,股东也可以缓缴。

3. 个税计算依据

(1)基本案例

由于公司法规定公司折股数量只要不高于经审计净资产就可以了,因而出于各种考虑,很多发行人在折股时折股比例都比较低,那么就会出现根据什么标准计算个税的问题。

比如:某企业实收资本500万元、资本公积200万元、盈余公积300万元、未分配利润500万元。在不考虑其他因素情况下,折股之后股份公司股本可以如下确定:

A. 股份公司股本同样是500万元,如果整体变更之前有限公司股本足够大,那么股份公司股本可以与有限公司相同,这时候显然股东并没有个税义务。

B. 股份公司股本为 700 万元,这个时候就有两种争议的处理方式。第一种理解为有限公司净资产中,先拿实收资本转增股本,然后再拿资本公积转增股本,这样的话就不涉及利润转增股本的情形,因而不存在纳税义务。还有一种理解,那就是除实收资本之外,其他净资产需要统一考虑折股问题,这样的话剩余 200 万元股本就需要在资本公积、盈余公积和未分配利润之间按比例分配,从而个人需要就盈余公积和未分配利润部分缴纳个税。

C. 股份公司股本为 1000 万元,这个时候实收资本和资本公积转增股本显然不够,那么注册资本显然存在纳税义务,不过如同 B 分析的那样,两种思路同样会存在不同金额的纳税义务。

(2)小兵观点

小兵认为,上述两种纳税思路可以由纳税人自己选择,只要明确一个最核心也是最关键的问题:没有履行纳税义务的盈余公积和未分配利润不得变动纳税成本,并且会被重点格外关注。

此外,还有一种情形需要探讨:以上述案例为例,如果股份公司整体变更股本就是 500 万元,剩余净资产计入资本公积,然后再以资本公积转增股本,这个时候个人是否需要缴纳个人所得税。这里有两种观点:第一种观点认为,不需要缴纳个人所得税,因为这里的资本公积属于整体变更时资本溢价形成的资本公积,资本公积转增股本不需要纳税。第二种观点认为,需要纳税,因为这里的资本公积是由盈余公积和未分配利润转化而来,如果这种情形没有纳税义务,那会存在很明显的税务漏洞并且永远不可能在弥补。**小兵同意后一种观点,税务部门要对这个问题进行专门研究并且通过类似"穿行测试"的方式对整体变更时盈余公积和未分配利润的结转和变化情况进行监控,并且不因为科目的变动而免除纳税义务。**

①只有资本溢价形成的资本公积才免税

根据会计准则规定,形成资本公积的会计事项还是很多的,如资本溢价、接受现金捐赠、拨款转入、外币资本折算差额、可供出售金融资产等。规则规定,只有资本溢价形成的资本公积才能够在转增股本时免税,其他资本公积不行,也就是只有股东出资时超过注册资本的部分才免税。

之所以如此规定,应该有一定的道理,小兵以公司注销时的股东纳税义务做一个说明。公司注销时,股东取得注册资本时是没有纳税义务的,但是取得其他资产时是有纳税义务的,而股本溢价形成的资本公积由于是股东自己投入的,就算是以后转增股本由股东取回没有纳税也不存在税务流失的情形,毕竟只是股东取回自己曾经投入的资产。如果允许其他资产转增股本也可以免税,那么完全可将全部资本公积转增注册资本,而在最后注销时也没有纳税义务,从而规避了这种纳税义务。

②对股份制企业的理解

在转增股本个税的相关规则中,提到了“股份制企业”的字眼,于是某些地方税务局认为只有股份公司才能够适用相关规则,有限公司并不适用。对此,小兵并不这么认为,**规则中的“股份制企业”是历史上特定背景下的一种称呼,并非特指公司法规定的股份有限公司,因而整体变更个税规则只是限定股份公司适用没有任何依据和道理。**

小兵最后还要建议,既然整体变更涉及的个人所得税问题还有这么多不明确或者有争议的地方,那么还是希望税务部门能够尽快整理相关规则以及观点,能够出台一个具体详细的适用指引,以真正地解决问题。

(五)整体变更其他特殊情形

1. 整体变更能否评估调账

(1)整体变更可以调账

会计准则规定,持续运营的公司是不能对净资产进行评估调账的,因为这违反了会计准则最基本的“历史成本”原则。当然,规则只是适用于持续经营的公司,如果是新设的公司自然可以评估,如常见的净资产出资问题。在审核部门的观念里,整理变更视同净资产出资设立新公司的一种行为,因而整体变更时是可以评估调账的,当然这视同新设需要运行三个完整的会计年度。

(2)评估折股但不调账

还有一种情形值得注意,虽然出具了评估报告并以经评估的净资产进行了折股但是并没有调账。当时发行人的评估报告是为了增加注册资本而准备的,并且中介机构解释当时的折股虽然有评估报告并根据评估净资产进行了折股,但并不是整体变更真正意义上的折股,所以后来做了修正,重新根据审计报告进行了折股并调整了相关财务指标(主要是注册资本和资本公积)。中介机构评估不调账的解释思路应该是可以认可的,当时根据评估报告进行了折股不过是折错了资本公积的金额,调整回来对发行人的影响并不会严重。

2. 整体变更同时是否允许股东变动

很多观点认为,整体变更属于一种特定的法律行为,并且是一个时点事项,因此在这个时点上不允许股权发生任何变动。不过,从现有的案例来看,在特定情形下整体变更同时进行股权变动并没有完全禁止。

(1)整体变更同时新股东债转股和现金增资

从一些案例的情况来看,整体变更同时其他股东现金增资或者小规模的股权转让还是可以允许的。当然,此时的股权调整一定要一目了然且不宜过多,以免被质疑股权的清晰性和稳定性。

(2)整体变更解决股东人数限制问题

某些公司股东超过了50人但是没有超过200人,在有限公司阶段为了防止股东人数超过上限,一般会通过股份代持的形式解决。那么,在整体变更的时候,能不能在同一时间点将股份代持的问题解决,同时将股份公司股东直接变更为50人以上?这个思路如果能够得到认可那么对于解决很多公司股份代持问题还是很有效的,如只需要签署股权转让协议,同时全体发起人签署发起人协议,然后进行工商变更就可以了。小兵认为应该认可这样的处理,只要能够保证股东的股权不存在纠纷也不存在出资不实的情形,能够以最简洁的方式解决历史问题,理应得到尊重和鼓励。

3. 整体变更的审计评估

根据相关规则,整体变更需要进行审计、评估是非常明确的。但是,如果因为对规则理解不清楚或者疏漏在程序上存在一些瑕疵该如何理解呢?

(1)审计基准日和评估基准日不一致的问题

在银行磁体的案例中,发行人本来以7月31日作为改制基准日进行了审计和评估,后来觉得7月至9月盈利状况比较好,为了多折点股份,所以把改制基准日临时调整到了9月30日,同时解释评估报告有效期一年且这两个月肯定是挣钱了,所以评估报告没有重新出具。就是因为这样一折腾,才出现了最终审计基准日和评估基准日不一致的情形。

(2)整体变更没有验资报告

整体变更是首发上市制度中一项特定的制度设计,股份公司发起人以经审计的有限公司净资产进行出资,也正是因为如此,一般情况下根本不会存在出资不实的情形。验资报告的核心功能在于验证发行人注册资本的真实性和充实性,如果这两个核心内容在实质上不存在风险和瑕疵,那么验证这两个内容的形式存在一些瑕疵是否就会构成重大障碍呢?如果审计机构出具了验资专项复核报告且中介机构对该事项发表明确意见,个人认为该问题不会构成首发上市的重大障碍。当然,公司法修正案已经不再要求出资提供验资报告,那么验资报告的形式问题就不再那么重要了,证监会的审核理念也会随之调整。

(3)分期出资没有完全到位是否可以整体变更

有限公司分期出资尚未全部到位是否可以整体变更,小兵认为没有问题。有人可能觉得会存在出资不实的情况,但是在公司法的规定下,股东不论是在有限公司还是在股份公司的类型下出资责任并没有发生变更,股东在期限里还有按照约定持续出资的义务,在有限公司下没有出资不实那么在股份公司下也不能有这样的怀疑。当然,如果是因为别的原因出资不实的话就另当别论了。

(4)存在未弥补亏损是否可以整体变更

部分申请首次公开发行股票的企业,在有限责任公司按原账面净资产值折股整体变更为股份有限公司时存在未弥补亏损,或者整体变更时不存在未弥补亏损，但因会计差错更正追溯调整报表而致使整体变更时存在未弥补亏损。

此类发行人可以依照发起人协议，履行董事会、股东会等内部决策程序后，以不高于净资产金额折股，通过整体变更设立股份有限公司方式解决以前累计未弥补亏损，持续经营时间可以从有限责任公司成立之日起计算。发行人可以在完成整体变更的工商登记注册后提交发行上市申请文件，不受运行36个月的限制。

发行人应在招股说明书中充分披露其由有限责任公司整体变更为股份有限公司的基准日未分配利润为负的形成原因，该情形是否已消除，整体变更后的变化情况和发展趋势，与报告期内盈利水平变动的匹配关系，对未来盈利能力的影响，整体变更的具体方案及相应的会计处理、整改措施（如有），并充分揭示相关风险。

保荐机构、发行人律师应对下述事项进行核查并发表意见：相关事项是否经董事会、股东会表决通过，相关程序是否合法合规，改制中是否存在侵害债权人合法权益情形，是否与债权人存在纠纷，是否已完成工商登记注册和税务登记相关程序，是否符合《公司法》等法律法规规定。

（5）整体变更导致出资不实如何处理

这一问题主要存在于以下情形：因整体变更时的审计报告做得不够审慎，在进行申报审计的时候进行了重要的调整，导致在审计基准日时点上净资产已经低于折股的注册资本。

这种情形在新《公司法》规定的净资产折股比例较低的情况下已经不再容易出现，除非出现重大的会计政策变更（如某些案例中研发费用资本化调整的问题、固定资产折旧政策调整等）。如果是旧《公司法》规定的根据净资产1:1折股的情况，那么出资不实的情况还是很容易出现的。之所以这个问题并没有大规模发生，主要是整体变更审计基准日可以是每个月月末，而申报审计的时点一般是年末，有可能是半年末，季度末的已经很少，因而审计时点与审计基准日重合的机会并不大，所以就是有问题也发现不了。**这也是在**

IPO 实践中,整体变更基准日一般并不选择年末或者季度末,而是经常选择某个月末的原因。

(六)整体变更的制度设计对于 IPO 没有任何价值

从国际惯例来看,IPO 的发行人不一定是股份公司,甚至有的国家都没有区分有限公司还是股份公司。

我们规定 IPO 的发行人必须是股份公司也没有什么错,并且还有一定道理,毕竟我们认定有限公司是"人合性质",而股份公司是"资合性质"。我们要求 IPO 的企业必须是股份公司,目的是要求股份公司执行更高标准的公司治理规范和内部控制制度,提前让公司以相对公开严格的标准进行"热身"。

整体变更这个说法或者制度设计,只在 IPO 的《首次公开发行股票并上市管理办法》里有规定,证券法没有规定,公司法也没有规定。为什么要设计这个,其实当初的目的很直接,即整体变更可以保证公司从有限公司变更为股份公司,可以连续计算业绩。

可是,小兵突然之间明白了,发行人直接从有限公司变更公司形式成为股份公司,然后后续按照股份公司的相关制度运行,这种情况下会计核算基础也是连续的,业绩自然可以连续计算,也能满足上市主体是股份公司的要求,为什么就一定要整体变更呢?

整体变更也引起了实践中很多问题,比如:

1. 公司法规定的股份公司设立形式有且只有两种:一种是发起设立,另一种是募集设立,整体变更哪一种都不是,于是我们整体变更的时候既签署发行人协议也召开创立大会,奇怪不?

2. 整体变更个人所得税的问题,很多人认为整体变更视同利润分配是需要缴纳个人所得税的,利润分配只是一种形式,股东没有拿到真金白银啊,于是实践中就有股东为了缴纳个人所得税四处借钱甚至走到卖房子、卖汽车的地步。税法也有基本的原则,只有实现了收益有了纳税的基础才有纳税的义务啊。

3. 当然,也有人有不同意见,说整体变更之后未分配利润确实没了啊。整体变更为什么要净资产折股,净资产折股之后为什么要把所有者权益的科目做了调整,这样做的意义到底是什么,是不是符合国际惯例?

4. 这就提到了关于通过整体变更解决未分配利润为负的问题。这个本来就不是问题,因为整体变更实践中才出现了争议。未分配利润为负的真相只有一个,那就是企业是亏损的,或者亏的钱比挣的多,因而是负数。要解决这个问题,也只有企业以后挣了钱来弥补这个窟窿,并且也只有这一条路。有人说做大资本公积可以解决这个问题,资本公积做大了可以解决净资产为负的问题而不是未分配利润为负的问题,这是完全不同的两个问题。整体变更后未分配利润为负确实没有了,凭什么说不合规?现在可以了,科创板规则创新还允许以整体变更的方式解决未分配利润为负的问题,并且不存在运行时间的问题,看似解决了问题其实是掩盖了问题。

回过头来想一想,要是没有整体变更这个制度,是不是上述问题就都能解决了?或许这个制度真的是牵绊多过好处了。

第四节　影响股权稳定的因素

一、股权质押

(一)是否影响控股股东和实际控制人持有股份的清晰

提到可能影响股权稳定性的因素,那么首先想到的自然就是股权质押,因为资产因第三方权利的存在而存在不确定性非常好理解。关于股权质押,首先我们必须承认这是一种在企业经营和商业运作中非常正常的一种融资方式,按理不应设置过多的限制,应该放开空间尊重股东自主的原则。

《首次公开发行股票并上市管理办法》第13条明确规定,发行人的股权清晰,控股股东和受控股股东、实际控制人支配的股东持有的发行人股份不存在重大权属纠纷。那么问题就是，股权质押是否导致违反第 13 条的情形呢？

股权质押到底可能会造成怎样的一些结果呢？小兵认为主要有两个层次，这里总结如下：(1)股东可能会存在巨额到期不能偿还的债务，这可能会导致股东在上市之后为了自己的债务而侵占上市公司的资产，还有可能构成违法违规行为；(2)如果说第一个层次的结果我们还有点"以小人之心度君子之腹"的猜测，那么股权质押最明显的影响就是可能影响股权的稳定性，如果股东到期不能偿还债务，股东就需要易主，那么直接影响到控制权的稳定和实际控制人的变更，从而直接不符合 IPO 的基本发行条件。

(二)基本审核要求

发行条件要求发行人的控制权应当保持稳定。

对于控股股东、实际控制人支配的发行人股权出现质押、冻结或诉讼仲裁的，发行人应充分披露相关信息；同时充分核查发生上述情形的原因，相关股权比例，质权人、申请人或其他利益相关方的基本情况，约定的质权实现情形，控股股东、实际控制人的财务状况和清偿能力，以及是否存在股份被强制处分的可能性、是否存在影响发行人控制权稳定的情形等。

对于被冻结或诉讼纠纷的股权达到一定比例或被质押的股权达到一定比例且控股股东、实际控制人**明显不具备清偿能力，导致发行人控制权存在不确定性的，则原则上不被允许。**

对于发行人的董事、监事及高级管理人员，或者小股东所持股份发生被质押、冻结或发生诉讼纠纷等情形的，只需要充分披露信息，向投资者揭示风险即可。

二、对赌协议

(一)基本概念

尽管对赌协议看起来就是一个非常具有中国特色的名字，不过它的确是一个十足的舶来品。对赌协议的前身就是估值调整机制(Valuation Adjustment Mechanism,VAM),是指投资者(委托方)与融资者(代理方)对于企业未来经营绩效的不确定性“暂不争议”,而是约定根据运营的实际绩效调整企业的估值,从而重新划定双方的利润边界。根据原来的概念,我们可以确定,对赌协议就是对未来不确定估值的一种调整,类似于一种期权的性质。通过条款的设计,对赌协议可以有效保护投资人利益。

(二)主要类型

1. 股权调整对赌

如果满足协议规定的条件就要进行股权的调整,主要调整股权的比例。这是国际投行与境内企业最愿意赌的内容,由于该类对赌涉及股权的稳定性和潜在法律纠纷,明显与 IPO 相关规则相背离。

2. 股权回购对赌

投资者入股之前约定如果在一定期间内不能实现上市或者其他盈利水平的目标,那么控股股东或其他方应该按照约定的价格回购股份,回购价格一般就按一定的利息来计算。有人认为,尽管这看似是将上市或盈利水平作为对赌条件,但这实质上更应该看作一种投资退出的条件,因为没有涉及股权稳定和损害公司利益,倒是可以考虑适当放开。也有人认为,这有点类似于变相借贷的意思,如果利息计算过高可能还会有违规借贷的嫌疑。

3. 优先权

至于优先权,如委派董事和高管的优先权、表决权的优先权、利润分配的优先权等,是不是属于典型的对赌协议尚不明确,不过在投资协议中该类约定还是比较常见的。由于该类约定明显违反同股同权的一般原则以及导致公司治理的混乱和控制权的不稳定,因此,这类对赌协议在没有更好的规范措施加以限制的情况下,还是应该禁止。

4. 现金对赌

关于现金对赌,如果不能满足约定条件需要根据一个模型计算出需要补偿的现金。有人认为现金流转只是股东之间的一些约定,与拟上市公司无关,不应该禁止。反对的观点认为如果对赌的股东没有那么多钱做补偿,可能就会打上市公司的主意,就算不是这样,如果控股股东或实际控制人债务缠身,那么控股股东就有侵占上市公司利益的动机,对公司的生产经营不利。

(三)基本审核要求

《首发业务若干问题解答》(2020年6月修订)明确规定:投资机构在投资发行人时约定对赌协议等类似安排的,原则上要求发行人在申报前清理,但同时满足以下要求的可以不清理:(1)发行人不作为对赌协议当事人;(2)对赌协议不存在可能导致公司控制权变化的约定;(3)对赌协议不与市值挂钩;(4)对赌协议不存在严重影响发行人持续经营能力或者其他严重影响投资者权益的情形。

不过,从IPO审核的实践来看,一般投资机构还是会跟发行人签署对赌协议,而股东作为第三方也会参与对赌,如果发行人IPO申报成功,对赌协议也会随时终止。为什么会这样?因为投资机构一般更看重发行人履行对赌协议的能力,而控股股东对于对赌协议的保障能力不足。

对于IPO申报之前不符合要求的对赌协议,应该全部无条件终止,且双方确认对赌协议自始无效。如果认可报告期内对赌协议的有效性,那么发行人就需要根据协议相关内容确认相关金融负债。关于对赌协议确认自始无效的问题,有人认为违反合同法基本规则,有人认为不符合会计准则要求。上述观点都很有道理,目前来看这样的处理方案和监管要求也是一种综合考量下的权宜之策。

如果取消对赌的协议在财务报告出具日之后的,需补充提供协议签订后最新一期经审计的财务报告。

对赌协议还有一种很常见的对赌方式就是约定发行人IPO上市的期限。IPO申报之前可以终止对赌协议,但是如果某个期限上市没有成功,那么对赌协议自动生效。关于这种附条件的对赌协议,是否可以在IPO审核的过程中被接受从而保留,目前来看还是不允许的,且有越来越严格的趋势。

三、股份代持

如果提到影响股权清晰稳定的因素，股份代持应该算是最普遍的一个情形，据不完全统计，大概会有三分之一的上市公司曾经存在股份代持的情形。尽管你的理由可能已经足够充分，但是从目前审核实践来看，股份代持问题必须在上市之前清理完毕。至于原因，自然也是再简单不过：股份代持可能导致股东之间的纠纷、潜在纠纷或者其他方面的法律风险，不只导致发行人股权不稳定，甚至会引起举报或上访等群体事件。

（一）股份代持的原因

就算你在上市之前已经清理了股份代持问题，那么也需要给曾经股份代持的行为一个合理的解释，从历史上的理由才能判断你如今解决的思路是否合理。实践中关于股份代持的理由还是很多的，总结如下：(1)股东人数超过法律限制，必须将部分股权由一个人代持；(2)有些人的股东身份不愿意暴露，所以股权由一些人代持；(3)有些人出资时不符合股东资格，先由其他人代持等自己身份合规后再实际持有；(4)对员工的股权激励，老板为保险起见就先都放在自己名下代持以方便控制；(5)为了互相融资担保或者进行招投标竞争；(6)对法规认识不足，主要是为了工商登记方便。

（二）如何论证股份代持的事实

哪些方式和证据可以证明股东之间存在股份代持的情形？简单来说包括：(1)最直接且有效的证据就是银行流水，通过核查确认真正出钱的人自然就是股份的实际持有人，这个没有争议；(2)双方签署的股份代持的协议，历史上双方认可股份代持的事实；(3)从历史上分红和其他程序上来认可股份实际持有人的情况。

对于银行流水的证据，自然是最直接也是合理的，而股份代持协议只能算是一个辅助的证据，毕竟股份代持协议是可以倒签的。通过历史分红认定股份代持,是典型的通过结果合理推定过程真实的逻辑思路,是可以充分借鉴的。

如果历史上就是没有任何的证据资料来论证股份代持的事实,甚至也没有分红资料(就没有分过红),最后就是事后双方代持人对历史的股份代持的事实作出确认说明且同时签署了股份代持的解除协议,是否允许?小兵的意见是:对于股份代持以及解除的行为,应该充分尊重当事人的意见,只要后续代持事实的认定以及解决的方案能够做得很扎实(如公证、录音录像等),保证后续不存在任何纠纷或者潜在风险,那么小兵觉得是可以被认可的。**至于当事人双方认可的事实是不是当初的真相,从IPO审核的角度来说,已经不那么重要了。**

(三)股份代持的解决思路

股份代持的问题很普遍,其解决思路也没有太大分歧。关于股份代持的解决方式也非常简单,只要名义股东将股份转让给实际的持有人就可以了。至于转让价格,因为是股份代持问题的解决,那么零对价转让是合理的。实践中,有的也会约定一定的价格进行转让,一般解释为对于名义股东代持行为的补偿,只要双方认可没有争议且金额合理,也能够被接受。

从IPO监管实践来看,两种股份代持不同的模式关注重点存在一些差异:

1. 为了规避股东人数限制而进行的股份代持

该种情形下只能通过受让方受让实际股东的有关股权从而解决该问题,那么监管机构关注的问题主要体现在:(1)受让方的背景以及与发行人的关系;(2)股权转让的价格是否合理;(3)股权转让的有关决策程序是否完备;(4)股权转让是不是转让方全部的真实意思表示,是否会存在潜在的风险和纠纷。

2. 不存在股东人数也不超限的情形

这种情形比第一种情形实际情况更加复杂一些,不过解释和解决起来相对要轻松一些，毕竟这种情形并没有明显的违规行为。监管机构关注的重点主要体现在：(1)当初股份代持的背景和真实原因是什么；(2)股份代持清理之后名义股东是否将股权全部转让给实际持有人，是否存在股东退出和新股东受让的情形；(3)股权转让的有关决策程序是否完备；(4)股权转让是否会导致潜在的风险和纠纷。

（四）股份代持的权利义务

股份代持很多时候只是很简单地被理解为一个人的股票名义上由别人代为持有，实际上对于委托人来说，股份代持可以有很多的选择。前面已经提到，股权代表着企业所有权，那么股权就有所有权的四大特性：占有、使用、收益、处分，那么股份代持到底是把哪些权利委托出去了呢？

从目前处理的案例来看，大部分案例应该是实际股东股份代持之后只剩下处置权，其他权利均由受托人行使了，包括重要的表决权和收益权。从相关法律法规来看，股份代持并没有影响实际出资股东的处置权应该是法定的内涵，最高人民法院《关于适用〈中华人民共和国公司法〉若干问题的规定（三）》第 25 条对此有着明确的规定：名义股东将登记于其名下的股权转让、质押或者以其他方式处分，实际出资人以其对于股权享有实际权利为由，请求认定处分股权行为无效的，人民法院可以参照《民法典》第 311 条的规定处理。名义股东处分股权造成实际出资人损失，实际出资人请求名义股东承担赔偿责任的，人民法院应予支持。

股份代持对处置权的处理是法定的没有了争议，其实在小兵看来，股份代持可以更加详细地分析和约定，只有约定具体明确出现纠纷的可能性才会更小。对于股东来说，股份代持可以将股东的一项权利或者多项权利委托给别人行使，这应该是委托人的权利，比如我可以将表决权委托给你，但是我保留收益权，如果公司分红那么钱要给我，并且这些约定也可以在股份代持协议中体现。

(五)公司法司法解释与IPO审核规则不冲突

最高人民法院《关于适用〈中华人民共和国公司法〉若干问题的规定(三)》第24条规定:有限责任公司的实际出资人与名义出资人订立合同,约定由实际出资人出资并享有投资权益,以名义出资人为名义股东,实际出资人与名义股东对该合同效力发生争议的,如无法律规定的无效情形,人民法院应当认定该合同有效。前款规定的实际出资人与名义股东因投资权益的归属发生争议,实际出资人以其实际履行了出资义务为由向名义股东主张权利的,人民法院应予支持。名义股东以公司股东名册记载、公司登记机关登记为由否认实际出资人权利的,人民法院不予支持。

这一条从委托代理的角度对股份代持的稳定进行了明确的法律界定,那就是股份代持情况下,实际出资人尽管没有在股东名册上出现,但是其股东权益应该得到认可和支持,这也符合物权"谁出资,谁收益"的基本原则。**值得注意的是,这里认可实际出资人的权益,并不代表企业上市过程中就允许股份代持的存在,这是一个很大的误区。**

在最高人民法院《关于适用〈中华人民共和国公司法〉若干问题的规定(三)》公布之际,很多中介机构朋友欢呼雀跃,认为这个规则是明确了股份代持的合法地位,也就等同于股份代持在企业上市过程中已经没有了障碍。显然,股份代持的相关权利关系是确定了,但是并不代表股份代持对股权清晰稳定的影响也消除了,既然不能,那么《首次公开发行股票并上市管理办法》中关于股权稳定的条件就仍然可能因为股份代持而不能满足,所以企业上市仍然不允许股份代持存在。

话又说回来,既然规则已经明确了股份代持的权利义务关系,并且法律对相关的利益进行了明确的约定和保障,那么这时候如果股东之间的股份代持能够签署合法有效的代持文件,并对股份代持的相关权利义务关系约定明确,并在招股文件中如实披露并充分提示风险,企业上市过程中股份代持是否可以适当放开呢?小兵认为是有这种可能性的。

（六）股份代持解决是否需要公证

在实践中，我们可以看到很多案例中关于股份代持问题的解决采取了公证的方式，以证明问题解决的客观性和透明度，那么，股份代持解决是否一定要公证呢？

从规则上来讲，并没有股份代持解决一定要公证的任何规定，实践中采取公证无非是中介机构解决问题并规避风险的一种手段，小兵认为这个思路值得借鉴。如果发行人中介机构在股份代持问题上已经尽到了勤勉尽责并且保证不存在重大法律风险，在发表明确意见的情况下，个人认为不进行公证也是可以的。

（七）股份代持是否影响历次股东会决议

关于股份代持问题，还需要关注一个以前没有很多人关注的问题：股份代持事项是否会影响发行人历次增资、股权变动及股东会决议的法律效力。关于这个问题，可以从公司法的规定作出解释，未登记为公司股东的实际出资人不享有公司章程规定的股东表决权；代持期间不影响实际股东作为公司股东享有的股东权利，不会影响公司历次增资、股权变动及股东会决议的法律效力。为了说明股份代持相关股东的权利履行情况，有些发行人还会搜索相关股份代持的司法判决案例作为参考。

（八）股份代持的情形相关当事人不配合确认是否允许

关于股份代持的问题，常规的解决思路就是找到当事人，了解清楚历史情况，然后大家一起商量好怎么解决。毕竟企业都要上市了，股份确权好了，大家都有蛋糕分，谁都不会跟钱过不去。

如果有人就是不配合，如果通过相关的历史资料，股份代持的事实还是比较明确，理由比较充分，那么没有当事人的确认文件也可以直接发表意见。比如：发行人股东委托代持的银行流水是完整的，相关的资料和证据可以形成逻辑闭环。在这种情况下,如果因为时间久远甚至因为其他原因,代持方不愿意出具相关的任何确认文件,也不接受律师和保荐机构的访谈和函证,也是不影响 IPO 审核的。

在注册制的审核理念之下,审核机构对于这种私法领域的问题,既关注双方的合意也尊重客观的证据,没有完全依赖双方的确认函,将其作为认定事实的依据,这有点类似于刑法上的"零口供"标准。从某种意义上来说,这样的审核理念还是有很大的进步,值得坚持。

在纳微科技(688690)案例中,对于历史上的股份权益的代持问题,在确权阶段所有人基本上积极配合签了协议,唯有一个自然人股东不配合、不露面。此人算是发行人的创始人股东,如果将持有发行人的权益全部计算在内,也是超过了5%,因而不论是从形式上还是实质上,这个股东都算是发行人的重要股东。**对于发行人的重要股东,自然需要重点核查并且要保证不存在任何纠纷,这是 IPO 审核的红线。实际控制人以及其他关联方作为申请人就其实际享有权益的发行人股份在公证处办理提存公证。**提存是原《合同法》中的一个概念,一旦提存成立,那么债权债务关系终止。关于提存公证的具体细节,大家可以仔细阅读信息披露的相关资料,小兵认为还是说得很清楚的,最核心的就是:**公证处将股权受让方的有限合伙相关资料全部提存,只有实际权益人才能申请获得相关权益。**在中控技术(688777)案例中,发行人通过仲裁方式解决股份代持的问题,也是一种比较巧妙且可以借鉴的思路。

四、特殊股权情形

(一)"明股实债"到底应该如何界定

在 IPO 审核实践中,对于明股实债的问题总是有很多讨论,但是到现在很多问题也没有明确的结论。例如:明股实债该如何界定、怎样进行会计处理、如何签订相关协议、IPO 是否允许明股实债的存在等。

简单总结来说,明股实债在实践中也有两种比较典型的情形:

一种是政府主导的投资基金,投资的目的就是帮助区域内的企业解决问题做大做强，投资的目标就是基金的保值增值，并不以获取超额的回报为目标。在这种情况下，尽管也会做工商变更，登记为股东，但是后续股份的回购且获得固定的收益是一个确定的事项。

另一种是市场化的基金，那么也是以借款的形式先把资金借给企业，但是等满足一定条件的时候，投资方有一次选择权，可以选择转为股份还是回购股份获得固定收益。在转为股权之前，也是债权投资，但是在签署协议的时候会以股权投资的名义进行。

当然，上面提到的明股实债的第二种情形，只能算是股权投资的一种过渡状态或者权宜之计，并不是典型的明股实债，而第一种情形才是最典型的方式。关于会计处理，第一种情况发行人均作为金融负债处理，并且计提和支付了对应的利息。在审核的过程中还关注到这是否属于政府补助，显然这样的投资跟政府补助没有直接的关系。

（二）股权纠纷诉讼

在 IPO 的过程中，跟人有关的问题都是最难解决的，因为人是有思想有诉求的，当然也是有私心的甚至是可以被人利用的。在 IPO 审核过程中，跟人有关系的需要处理的事情还是比较常见的，如社保和公积金问题、工作待遇问题、安全事故的处理等问题。当然，这里最常见的也是一般影响比较大的就是股权的纠纷。

很多人尤其是企业家会有一种错觉，觉得企业既不是国有企业也不是集体企业，那“我的股权就是我的个人资产，我想给谁就可以给谁，我想怎么处理就怎么处理”。也就是因为这样的一种错误思想，在 IPO 审核实践中经常会出现一些需要去重点解释的股权转让的行为，同时也就存在一些纠纷和诉讼的情形。股转转让的价格一定要合理，不然就可能存在利益输送的情形，同样股权转让在形式上也要完备，不然同样会存在纠纷和争议。

1. 股权纠纷的类型

关于股权纠纷的情形，在实践中主要有这样一些层次和类型，具体为：

(1)完全就是没有任何证据的纠纷,其目的可能就是敲一笔竹杠,这种情况下只要当时的相关程序合规、文件齐备、股权转让真实合理,那么一般不会有什么问题。

(2)典型的光脚的不怕穿鞋的情形,这种情况常见于历史沿革比较复杂且股权问题历史比较久远的发行人。那时候公司规范意识不强、工商管理制度不完善,这种情况下关于股权的事实真相已经很难有人论证,说白了就是纠纷双方谁都没有充足的证据来支持自己的主张,但是一个是白丁一个是IPO的发行人,很多情况下是发行人就算有很大概率赢的纠纷也会选择息事宁人。

(3)确实存在一些问题的股权纠纷。比如,股权转让协议的签字存在代签的情形,存在股份代持的情形,或者存在一些其他的利益安排。说白了,就是一些股权转让最后假的成了真的或者真的成了假的的情况。

(4)集体资产量化或者股东人数较多需要进行确权的情况下,可能满足70%的IPO审核标准但是存在确权不充分的情形,那么这些小的股东如果存在纠纷也需要重点关注。

2. 重点关注事项

关于股权转让的问题,目标就是保证股权清晰稳定,保证不存在股份代持,不存在纠纷或潜在纠纷。从核查的要点上,一个是转让的价格,另一个就是价款的支付,具体需要注意以下事项:

(1)股权相关文件的签字一定要本人签字,务必不要为了省事而找人代签;

(2)股权转让的价款支付一定要明确,最好保留相关银行转账凭证,务必不要现金支付或者通过第三方支付或者收取的情形;

(3)不要轻易进行口头约定,一些利益的约定一定要通过协议进行明确;

(4)明确熟悉工商管理等规则制度,不要约定的相关条件违反相关法律法规导致失效;

(5)在相关用词方面一定要明确具体,不要出现模糊的词汇以免引起误解,造成不必要的纠纷;

(6)在进行股权的相关操作上,必要的时候可以录音录像保留完整的证据,同时可以对相关的文件进行公证以保证效力。

(三)股份继承

从现有的审核案例来看,小股东因继承发生变化一般并没有构成首发上市的实质性障碍,这里需要关注的只是程序上的一些细节问题:

1. 这里的小股东必须是对公司股权结构和公司治理没有重大影响的股东,该种变更不会导致控制权的变更以及影响到股权的稳定性。

2. 小股东去世后如果继承人比较多,那么一定要注意继承之后股东人数不要超过法律规定(股份公司 200 人,有限公司 50 人)。

3. 股份继承时,部分继承人可签署协议放弃继承权或者转让给其中的部分继承人,如有的案例就是由于继承人过多可能超过股东人数红线而约定仅有部分继承人继承。

4. 股份继承时为了防止潜在纠纷可以由公证处出具公证文件,目前现有案例均履行了这样的程序。

(四)股份分割

这里我们讲到的股份分割特定为因婚姻破裂而导致的。单纯从规则的角度来讲,离婚与继承都是导致股权变动的重要因素;不过从其他的因素考量,如果说继承有些被逼无奈而令人同情的话,那么离婚的感情分则就不会那么多了。

也正是由于这个原因,离婚和继承的股权变动在审核理念上也有差异,主要体现在报告期内如果重要股东因离婚而导致股权变动,则审核标准要比因继承而发生股东变动严格很多。

《首发业务若干问题解答》规定:**申报后,通过增资或股权转让产生新股东的,原则上发行人应当撤回发行申请,重新申报。**但股权变动未造成实际控制人变更,未对发行人股权结构的稳定性和持续盈利能力造成不利影响,且符合下列情形的除外：新股东产生系**因继承、离婚、执行法院判决或仲裁裁决**、执行国家法规政策要求或由省级及以上人民政府主导，且新股东承诺其所持股份上市后36个月之内不转让、不上市交易（继承、离婚原因除外）。

如果股份继承和份额涉及实际控制人是否变更的问题，将在实际控制人问题专项论述，这里不再涉及。

（五）减资

增资和减资作为企业经营过程中法定的非常合理的两种注册资本操作模式，在实务中经常能见到的是增资而少有减资，也正是因为减资问题在企业经营过程中并不常见，因此其一旦出现就需要重点关注。这也不难理解，股东持续不断地向企业增加投入可以在保证企业持续健康发展的同时也验证了股东对公司未来发展的信心，而减资带给大家的却是另外一种感受。

1. 减资的程序

从法律规则上讲，减资的程序主要包括以下几个方面：(1)股东大会作出决议；(2)编制资产负债表和资产清单；(3)对主要债权人进行书面通知；(4)在报纸上刊登减资公告；(5)会计师验资之后出具验资报告；(6)工商变更换发营业执照。这是理论上比较完备的一个法律程序，而一些时间比较久远的案例或者没有中介机构参与的案例，往往会存在减资程序不规范甚至是缺失的情形，如程序颠倒、没有通知债权人、没有公告等。一般情况下，小兵认为这样的程序瑕疵并不会构成企业上市的实质性障碍，只要有充足理由能够解释该瑕疵不会对债权人的利益造成损害和影响就可以了。

2. 减资的原因

如果说增资的原因基本上相同的话，那么减资的原因却往往是各自有着各自的不同。总结起来，实践中比较常见的减资的原因主要有以下几种：(1)股东出资且存在分期出资的情形，股东在履行第一期出资义务之后后续的出资义务无法履行从而只能减资；(2)由于连续收购了多家子公司被动增加了注册资本（吸收合并），后来主动进行减资；(3)曾经以盈余公积和未分配利润转增注册资本,后来为了股东不缴税把曾经转增的股本转回去从而减资;(4)股东股权转让在受限期内无法退出,后来通过减资的方式股东退出;(5)公司为了解决工会持股的问题而采取了股份回购的方式从而减资;(6)公司存在出资不实的情形,后来决定通过减资的方式来解决出资不实的问题;(7)有些股东决定退出公司而其他股东又没有资金收购股权,通过减资的方式部分股东退出公司。

3. 注册资本的误区

之所以减资问题在实践中受到很多人的关注,一个很重要的原因就是很多人对注册资本有一个误区,这个误区不仅在企业家中间有,更重要的是在很多监管部门的思维中也有。这个误区就是:公司注册资本的大小直接与公司的实力(包括经营、偿债、融资等各方面的实力)挂钩,注册资本大的公司实力就强,注册资本小的公司实力就弱,而直接忽略了注册资本背后所代表的净资产才是体现公司综合实力最核心的指标。当然,这里也有一个前提,就是这里的净资产不存在造假或虚构的情况下,如果公司刻意通过"应收账款""预付账款"等科目来虚增净资产不在这个考虑之列。

就是因为这个误区,才在实践的招投标中往往会设定注册资本的门槛并且会成为最重要的一票否决的门槛。小兵经常遇到这样的企业,公司有厂房、有设备、有技术、有人员,就是因为没有及时把注册资本做大而在业务合作中经常受到限制。当然,我们也会经常遇到这样的企业,公司没房子、没地、没设备、没人员,结果通过过桥资金和注册公司轻易把自己的公司注册资本搞到亿元以上。两家公司实力如何,自然是一目了然。

当然,我们可以说净资产这个指标在没有进行严格审计的情况下其金额不能确定很容易出问题,而注册资本是经过验资且市场监督管理局认可的,具有法律效力值得信赖。就算如此,就算我们不考虑市场监督管理局虚增注册资本的漏洞,我们也应该考虑部分企业的实际情况,如果企业自动提供审计报告以证明自己的实力,那么这样的实力也应该得到认可。

第三章 商业模式

如果从科创板的试点改革起算，那么注册制已经走过了三年多的时间，制度更加成熟、规则更加完善、框架也更加清晰。不论如何变化，小兵总是愿意将注册制 IPO 审核对于商业逻辑的敬畏作为最重要的一个前提和根基。

对于 IPO 审核来说，首先要做的也是最重要的，就是需要对发行人的商业逻辑进行剖析。无论发行人的商业模式或管理方式有多复杂，关于商业逻辑的基本规律必须得到充分的尊重。从这个角度来说，这是注册制改革的可取之处，也是应有之义。

在注册制审核理念下，IPO 审核更加体现对于商业逻辑的尊重，给予发行人充分自我解释和说明的机会。商业领域的合作和竞争，不论是外部环境和每个企业个体，都是极其复杂且不可复制的，规则再丰富也无法穷尽和涵盖现实中发生的各种情形，这时候我们对于商业规则的敬畏和宽容就显得格外重要。

小兵一直认为，贯穿 IPO 审核的商业逻辑基本是三段论，具体为：企业是可以挣钱的、企业挣钱是经得起考验的、企业未来也是挣钱的。企业的商业模式清晰稳定，才能在行业竞争中保持充足的竞争力，因而才有了讨论企业是否具备持续经营能力的基础。

在 IPO 审核的实践中，一直存在缜密的逻辑关系和数据勾稽都无法应对复杂多变的商业合作环境，瞬息万变的商业市场随时可以将看似天衣无缝的逻辑关系击破且重构。因而,注册制审核下,如何能够充分全面地理解商业逻辑的重要性和复杂性,才是最关键的。目前 IPO 审核要求发行人做到:有基础的商业逻辑合理性、不存在明显的违规行为,以及会计和税务处理不存在任何风险。同样,一些符合商业逻辑的创新事项逐渐被接受,纵然有一些可能存在潜在风险的情形,只要是风险可控,也会被宽容。

IPO 审核中的很多问题,都是从偶然发生到慢慢熟悉,从争议很大到意见逐步形成统一,从没有先例的重点疑难问题成为普遍的典型规则应用,从审慎判断严格要求变成只需要充分信息披露的问题。**这样的一个过程,是对于一个问题认识和解决的正常路径,不思考不解决放任问题存在与只想着匆匆赶路从不反思回头看,是对待问题的两个极端,都是不对的。**

第一节 经销模式

考量和判断一个企业,很重要的一个维度就是经营模式,经营模式是一个企业的核心,也是企业能够持续稳定发展的重要保证。经营模式主要分为采购模式、生产模式、销售模式三个板块,有的重视研发的企业还会强调一下研发模式,而经营模式中相对更加重要的是销售模式。小兵一直讲,现在的市场几乎都是买方市场,一个企业最核心要做的就是将产品卖出去,就算是你技术先进产品优质,但是找不到稳定的客户并且长期保持销售,那么企业经营风险同样是很大的。

目前主流的销售模式基本上就是直销模式和经销模式,这两种是最常见也是最基本的分类。在这两种最基本的销售模式下,可能还会延伸出一些新的具体模式,这些模式其实本质上就是直销或经销模式的一个变形,有的是流程变化、有的是结算方式变化、有的是合作对象变化等。从审核的角度来说,不管销售模式有什么变化或者创新,其实核心关注的要点并没有本质的变更,主要还是关注客户的真实性、销售的价格是否公允、业务合作模式是否合理、业务合作是否能够持续等。

一、销售模式的分类

关于销售模式的问题,是发行人必须明确界定且清楚解释的问题。按照是否针对最终客户,销售模式可以划分为直接销售和间接销售。

(一)直接销售

所谓直接销售,就是发行人的客户直接来使用和消耗从发行人处采购的产品,发行人与客户直接商谈业务合作,包括产品型号、数量、价格、交货期以及品质要求等所有的信息。

(二)间接销售

所谓间接销售,其实主要就是经销模式。当然,实践中间接销售的情形也越来越多样且不断演变,有些形式是经销模式的演变,有的可能也不算是传统意义的经销模式,因而现在不能将经销模式与间接销售模式直接画等号。

二、经销模式的分类

经销模式,分为代理式销售和买断式销售。

(一)代理式销售

代理销售最典型的,如发行人与商超的合作,一般都是需要商超实际销售之后根据销售的对账单来确认收入,商超只负责提供销售渠道,不提供产品的相关风险管理。

(二)买断式销售

在IPO审核实践中,最常见的是买断式经销模式,就是发行人向经销商提供产品并转移风险后直接确认收入。

买断式经销模式，会因为发行人对经销商的管理和限制不同而存在很大的差异：有的发行人会比较强势，会对经销商制定相关的管理和限制措施，如区分不同的经销商限定销售金额、销售区域的限制、销售价格提供市场指导价格、不允许跨区域销售，甚至有的发行人都不接受退换货等。有的发行人对经销商渠道控制力不强，甚至某种程度上还依赖经销商的渠道，那么经销商可以完全独立于发行人的管理，自主决定采购发行人产品的金额、时机，甚至可以自主决定产品的销售价格。

这两个极端的销售模式都算是经销商模式，只是因为发行人对于渠道的控制力度不同而展现不同的情形。无论是什么情况，都需要重点核查经销商的最终销售情况，同时如果发行人对经销商的控制力度越强，那么跟经销商一起进行业绩操纵的可能性就越大，因而更需要重点防备审慎处理。

也就是因为这个原因，IPO 实践中的经销商核查总是会有一个悖论：**如果经销商很配合发行人的核查，那么说明经销商跟发行人关系不一般。如果经销商不配合发行人的核查，那么发行人又无法证明经销商的最终销售情况。**

三、经销模式的核查思路

根据现有经销模式的经典案例，总结以下几种针对经销模式的 IPO 核查思路：

1. 统计经销商发生特殊变化的金额和比例，判断对于发行人生产经营和业绩影响的重要性水平。

2. 分析经销商发生特殊变化的背景和原因，是否符合行业惯例和基本的商业逻辑，是否属于企业正常的经营决策行为，判断合理性。

3. 分析经销商发生特殊变化是偶然还是稳定持续的，是否可以提高企业的产品竞争力。

4. 将发生特殊变化的经销商与其他类型经销商或者变化前的经销商进行对比分析，分析销售规模、销售价格、销售毛利、净利润等水平是不是存在重大差异，分析这种变化对于发行人经营业绩的影响，是增加了利润还是减少了利润。

5. 分析经销商发生特殊变化对发行条件是否构成实质影响,通过剔除经销商发生特殊变化的业绩影响,分析是否依然符合发行条件。

6. 考察发行人对经销商发生特殊变化是否有完善的内部控制制度,保证对于这类合作交易实施有效的监管。

对于报告期任意一期经销收入或毛利占比超过 30% 的发行人,原则上应按照本规定做好相关工作并出具专项说明,未达到上述标准的,可参照执行。那就是只要有经销模式就要出具专项说明。

四、经销模式最终销售的核查

(一)经典核查悖论

在 IPO 核查中,对于经销商最终销售的核查情况,一直是一个有争议、有难点的重点问题。尤其是,当发行人的收入主要通过经销模式实现,且经销商数量众多规模不大的时候,是否实现最终销售必然成为一个重点关注问题。

关于这个问题,小兵发表过一个观点,就是买断销售情况下,应该将每一个经销商作为一个独立的主体看待,发行人与经销商的交易就是完整的交易,收入的核查也应该限于发行人和经销商买卖双方。这当然从规则上没有问题,但是可能太过理想化,现实中很多因素还是决定了经销商配合发行人业绩粉饰,甚至造假还是有很多渠道和空间。

关于经销商最终销售的核查,假定必须执行,那么,最终销售的核查比例是多少,应该采取怎样的核查手段,核查手段受限的情况下如何替代?这些问题现在还只能是各个项目自主判断,不管是监管机构还是行业惯例都还没有一个相对明确的标准。

此外,关于经销商最终销售情况的核查,就是一个经典悖论:(1)经销商是独立的经营主体,就不会配合发行人进行相关的核查,尤其是查财务报表、进销存数据甚至是银行流水,这是企业的商业机密,凭什么告诉你,那么,如何保证核查到位和数据的权威性?(2)如果经销商非常配合最终销售的核查,怎么都配合，是不是跟发行人存在关联关系，销售的真实性同样不值得信赖？

（二）核查主要方式和标准

在龙迅股份的案例中，对于经销商客户的核查还是比较常规的方式，核查比例还是很到位的，回函比例最高超过 90%，而访谈的比例最高可以达到 80%，可见核查工作还是付出了很多努力。这里，我们重点关注的是关于经销商最终销售的核查，保荐机构主要取得了 90% 以上经销收入的进销存数据，从而来核查产品的最终销售情况。我们无意去评判这样做的合理合规性，只是学习这种情况下对于最终销售核查的一些方式和思路。

通过本案例，我们主要借鉴和学习的核查方式如下：

1. 通过函证的方式确认经销商的进销存数据，没有回函地穿透核查，最终实现获取经销存数据的经销商的收入比例最高接近 98%。

2. 对经销商的终端客户进行访谈，了解相关的销售和交易情况，访谈比例超过 30%，这个比例也相对比较高了。

3. 获取发行人与部分终端客户的沟通记录或者相关的凭证，以及对部分终端客户进行外围相关信息的检索和核查。

4. 将取得的经销商进销存数据中采购发行人产品的情况与发行人产品销售记录进行匹配，存在部分差异也能够合理解释。当然，这样的差异显然是合理正常的，就单单一个统计口径，双方就不可能完全一致。

5. 关注对于取得进销存数据真实性如何保证以及核查手段。没有取得进销存数据的 2% 的最终销售核查，也采取了替代程序。这意思是对经销收入 100% 实现了最终销售的核查。

6. 对于偶发性的，签署了产品包销合同的经销商，重点进行走访和其他核查程序，保证实现最终销售。这种类型的合同只有两个客户且金额不大，因而也没有重点关注。如果这样的类似包销合同占比较大，那么可能对于经销商最终销售的核查会是一个很大的挑战。

(三)走访核查的具体标准和要求

在英科新创的案例中,对于走访的执行程序值得我们借鉴学习。关于经销商的核查,最核心的程序自然是走访和函证。关于走访,项目组的执行情况如下:

1. 报告期内共对162家经销客户进行了访谈,其中,对于境外客户以及因疫情影响无法现场走访的客户采取视频访谈的形式,共访谈27家,其他135家客户采用现场访谈的方法,各期访谈经销收入均超过60%。

2. 样本收入规模覆盖情况。对经销商按照500万元以上、100万~500万元、50万~100万元、50万元以下做了分层,验证各个层级的经销商都做了走访,未有仅访谈一层级经销商的情况。

3. 样本区域分布覆盖情况。走访样本中的经销商覆盖境内8个大区,境外6个地区,可以充分覆盖发行人产品销售的地域特征。

4. 特殊经销商样本选取:将报告期内新增的规模较大的客户、使用发行人商号的经销商及发行人前员工任职或持股的经销商全部纳入核查范围。对于特殊关系经销商,对其进行走访、函证,并选取该等经销商的5家终端客户进行访谈,根据重要性取得该等经销商中收入占比为85%以上的经销商进销存数据。

五、居间模式

随着商业合作越来越复杂,产业链分工也越来越精细,销售承担越来越多的职能,逐渐成为独立的行业和模式,也分享着产业链越来越大的蛋糕。销售模式,也逐渐裂变出一些其他的说法和具体形式,如渠道商模式、贸易商模式、中间商模式等。

关于销售推广需要当地有资源的渠道协助的时候,除可以形成经销销售的模式之外,还有一种典型的是居间模式。从最近一段时间的IPO审核实践来看,居间模式销售的情形也有了几家案例,居间费用的金额也超过了2000

万元,显然目前审核标准对于这种销售模式也有了一定的接受。

关于发行人向自然人提供市场推广费或者销售服务费的情形,在以前的IPO审核中基本是谁都不敢逾越的雷区,审核实践中也基本上不存在。当然,IPO审核中不常见,并不代表以前企业中没有这种情况,只是说明以前的审核思路与具体的商业逻辑有很大冲突。

最近两年的IPO审核实践中,这样的市场推广费的案例多了,论证的思路和证据也越来越完备,包括推广人身份、推广人负责内容、推广费确定标准、支付金额跟销售金额的逻辑关系等。小兵觉得完善这样的思路是好事情,有些事情只要是合法合规的商业合作,就应该大大方方说出来,而不是被逼着藏起来甚至做了很多“技术处理”。

六、供应链模式

在有些案例中,还有一种供应链管理公司的模式,其实本质上也是经销模式的一种变化,只是不同参与者承担的职能有了重新分配而已。其具体情形为:发行人与最终客户直接进行业务合作的谈判,包括产品的调试、前期的推广、采购价格和数量的主要条款商谈等。等真正发生交易的时候,发行人与其他第三方进行合作,发行人对第三方签署合同交付产品收取价款,特殊情况下发行人可能还会按照要求直接将产品运输至最终客户要求的地方。

存在这种情况的深层次商业背景有很多,简单总结有以下几种:(1)客户采购的产品是一个总集成的产品,需要诸多供应商提供,客户只需要向一个供应商采购集成之后的产品,那么发行人就需要向集成商提供产品;(2)客户是全球采购,出于效率考虑会有专门的供应链公司负责整个采购;(3)发行人的销售在某些区域需要当地一些专业人士的协助,必要时就需要通过地方这些渠道来“走货”,从而形成了形式上的经销模式。

关于供应链管理负责销售的情形,审核中关注的要点包括:(1)发行人直接发货给最终客户的情况下,为什么要间接销售?发行人向供应链公司发货是客户的要求而不是发行人可以自主决定的。(2)发行人跟供应链公司的销售价格是否自主决定,价格存在差异的原因。(3)供应链公司的最终销售情况,这个应该还是相对比较好核查的,毕竟都是公开透明的采购和合作关系。(4)供应链销售与直接销售毛利率差异情况,尤其是供应链销售毛利率还要高的情况。在这种情况下,供应链公司应该不承担更多推广和销售的职能,因而分享的收益也不会很高,所以同一种产品供应链销售和直接销售毛利率会低,但是差距也不会很大。并且,发行人客户有境内的品牌客户,还有国际知名客户,那么毛利率差异因为产品品质和客户层次不同而有很大差异,从而覆盖了供应链的毛利率差异,那也是很合理的。

发行人销售模式叫什么名字不重要,重点是在信息披露方面要详细描述发行人产品销售的流程、合作模式、权利义务转移节点、款项支付等内容。从财务核查的角度,重点关注销售是否真实、合理,是否符合基本商业逻辑。

七、勾稽关系与商业逻辑

不论是对于企业自身生产经营的判断,还是对于IPO审核问题的理解和方案的设计,我们都不能忽略一个最底层的逻辑:任何模式下的商业合作,都是利益的一种重新分配,都是可以把账算清楚的。如果账明显算不清楚甚至是糊涂的,解释再多的商业逻辑合理性都没有任何意义。**商业逻辑从本质上来说,就是大家合作一起怎么做大蛋糕然后如何分配蛋糕。**

IPO审核遵循的基本上也是这样的一个基本理念,因而审核中我们也会看到很多财务数据跟非财务数据的对比以及逻辑关系的对应,这种分析对比就需要关注企业的经营模式问题。判断和衡量发行人的财务指标是否合理,是需要跟发行人的经营模式紧密联系来分析的,脱离经营模式去分析财务数据是没有任何意义的,甚至有时候会得出错误和误导性的结论。在实践中,不同的经营模式完全会出现截然不同差异巨大的财务数据和财务指标,关于这个问题,已经说过很多次了。

尽管我们一直强调合理性,但是还需要注意,就是合理性会时常存在被打破和重构的过程。也就是说,任何严密的逻辑关系都没法完全覆盖复杂的商业竞争环境和各式各样的商业因素，商业竞争和模式的多样性很容易就可以将我们原本认知的基本逻辑关系全部打破又重新构建。这个问题是我们在研究 IPO 的时候需要去格外强调的。我们要研究并且重视逻辑关系及其合理性，但是如果我们发现了不合理以及显然不符合逻辑关系的情况，那么一定不要着急下结论，一定要去充分寻找背后的因素和可能的情形。

八、其他业务模式简介

（一）快消品销售

快消品行业的发展和成长对于产品的品质有很高的要求，品牌推广也更加重要，当然最重要的还是销售渠道的控制和覆盖。对于消费者来说，对快消品的需求是刚需，对品牌有一定的依赖，但更重要的是消费者可以随时看到你的产品，随时便捷及时采购到产品。

对于发行人来说，最重要的销售模式还是经销模式，甚至很多商超的渠道，也是要通过经销商来间接实现铺货的，因而发行人对经销商存在很强的依赖性。也就是这样的一个原因，发行人对经销商制定了很强的激励措施，主要包括市场推广专项补助、专项返利和搭赠三种。

关于市场推广专项补助，其本质上是一种销售折让的情形，这里界定为销售折让也是说得过去的。当然，推广专项补助针对的是一些特定的客户，这里的客户就是可以开具专项增值税发票的，那么发行人也可以直接给客户支付费用，这种情况下发行人直接将其计入销售费用。在销售折让的情况下，发行人是可以通过红字发票直接抵扣销项税额的，这是税务局明确允许的。

关于专项返利的问题，这应该是经销商激励最常见的政策，具体的会计处理也比较简单，就是直接冲减销售收入，不过返利的计算标准倒是一个问题。

搭赠也是一种激励措施，如经销商订购 100 箱送一箱相同产品，这与消费者去购买商品“买五赠一”是同样的概念。发行人搭赠的金额随着销售数量的增加是逐步增加的，从某种意义上来说，发行人搭赠数量跟销售数量应该存在某种关联逻辑关系。搭赠的会计处理跟返利和销售折让还是不同的，直接计入营业成本。

(二)客户直接采购重新对外销售

发行人有部分销售收入不是来源于直接销售给终端客户,这些非终端销售的客户主要是一些提供综合服务的企业,这些企业采购了发行人产品会进一步加工,或者跟其他的产品服务绑定在一起再对外销售。从这个角度来说,尽管发行人这些客户并不是最终使用产品的客户,但是从风险报酬转移的角度以及权利义务承担的角度来看,其实跟直接销售是没有任何区别的,在这种情况下也可以认定是直接销售。

(三)经销商服务费

从具体的会计处理来说,发行人向经销商销售产品确认收入,经销商向发行人提供安装服务计入营业成本,而经销商向发行人提供的其他业务,则需要计入销售费用,也就是销售服务费。从资金的流转来说,安装成本和服务费都是发行人收到工程客户支付的货款之后再支付给经销商。

IPO审核主要的关注点也值得我们借鉴:(1)销售服务费形成的原因以及主要的商业合作背景;(2)销售服务费的主要支付对象以及提供服务的主要内容,甚至应该还要关注这样的服务的定价标准和依据;(3)销售服务费与对应的销售收入是否匹配。

(四)电商分销

电商分销模式作为这几年随着互联网销售迅速发展顺势而生的一种带着典型互联网特性的经营模式,一下带动了很多有独角兽特点企业的崛起,也引起了很多人关注。

对于这种模式,我们首先不能否认他的商业合理性,毕竟存在就是合理的,发展就是有价值的。但是,如何正确评价这种模式确实在实践中有很大的争议。有的人认为这种模式很强大,它精确把握互联网的销售规律,毕竟互联网销售是一种颠覆性的完全不同于以往的销售逻辑，要不然为什么那么多淘宝店家只有少数才能发展壮大呢？有的人则认为这种模式对于互联网平台的依赖太强，尤其是对于淘宝和天猫的依赖，发行人只能是依附于这个渠道进行发展而并不能根本改变渠道的运维模式，这样的话渠道的销售策略如果发生任何变化，那么都可能对发行人产生重大不利影响。

小兵认为，这样的模式目前存在是合理的，未来有很大的改制和改善空间，在互联网流量为王的特征下，如果发行人与客户或供应商进行了长期的合作并且一直合作得很好且稳定，那么供应商或客户入股成为发行人的股东，只要在商业合理性上能够解释清楚也不一定构成 IPO 的实质性障碍。

第二节　两　票　制

关于医药行业的两票制问题，已经实施了很多年，多数地区也已经全面落地政策，两票制对于医药企业的销售模式的影响是颠覆性的。关于医疗器械行业的两票制的政策其实也是明确的，但是在实践中实施的效果有些争议，并未在实践中真正全面落地，由此可见，医疗器械行业比医药行业推广两票制甚至一票制的难度更大一些。疫苗跟医药行业存在相同之处，但在行业惯例和经营逻辑上又存在差异，因而两票制对疫苗行业的影响也会存在某些差异。

一、两票制的主要政策

2016 年 4 月 21 日，国务院印发《深化医药卫生体制改革 2016 年重点工作任务》，其中鼓励实行分类采购。综合医改试点省要在全省范围内推行“两票制”（生产企业到流通企业开一次发票，流通企业到医疗机构开一次发票），积极鼓励公立医院改革试点城市推行“两票制”。逐步增加国家药品价格谈判药品品种数量，合理降低专利药品和独家生产药品价格。进一步推进高值医用耗材集中采购、网上公开交易等。

2016年12月26日，国务院医改办会同国家卫生计生委等8部门联合印发《关于在公立医疗机构药品采购中推行"两票制"的实施意见（试行）的通知》，规定在公立医疗机构药品采购中推行"两票制"。该通知要求，综合医改试点省（区、市）和公立医院改革试点城市的公立医疗机构要率先执行"两票制"，鼓励其他地区推行"两票制"。

二、两票制对经营模式的影响

现在只要是医药企业的IPO，必然会关注到两票制的问题。简单来说，两票制是针对以前的多票制来说的，核心目的就是保证医疗流通领域价格的透明，防止医药价格的多层加价。从这个角度来说，两票制对直营模式的医药企业是没有任何影响的，而对于经销模式的企业则是本质的影响。现实情况是，对于医药企业来说，除非是一些特殊的产品，基本上会采取经销模式。

（一）从经销商到推广服务商

在以前的经销模式下，医药企业可以低价将产品销售给经销商，经销商负责后续的全部市场开拓、售后服务等所有的工作，这样就进行了风险的彻底隔离。现在两票制的情况下，经销商也只能开一次票，那么销售环节的价格也就透明了，以前通过各种票据方式进行费用处理的空间就没有了。从这个角度来说，以前经销模式的天然优势瞬间就没了，这种情况下医药企业通过经销模式进行风险隔离的目的也就达不到了。因此，医药企业又开始考虑将经销模式调整为配送商模式。在这种模式下，发行人本来应该在流通领域消化的各种形式的销售费用就只能由发行人本身来体现，这对于任何一个医药企业的IPO审核来说，都是一个不小的挑战。

从最近通过IPO审核的一些发行人公开披露的信息来看，我们能够很清晰地勾勒出两票制对于医药行业经营模式的影响。两票制对医药企业的影响主要体现在：

1. 两票制下，公司将继续负责生产，但产品销售不经由经销商流通，而是由发行人直接销售给配送商，由配送商直接销售至医院。在此过程中，区域渠道开拓、市场和学术推广活动由原经销商或发行人筛选的专业医药咨询公司（推广公司）承担。经销商的收入模式从过去赚取发行人和配送商之间的药品购销差价，改变为通过向发行人提供专业化的销售推广服务赚取推广服务费。

2. 两票制之后导致配送模式的出现，这种模式跟医药行业的直销模式极其相似，从财务指标上来看就是发行人毛利率和销售费用率大幅提高。

3. 两票制下，经营环节中最重要的一个主体推广服务商应运而生闪亮登场，推广服务商一般都是原来经销商的关联方，这样原来经销商是赚差价现在是赚推广服务费。

（二）销售费用真实性的核查

两票制影响的是医药企业的经营模式，反映到财务数据和财务指标上主要就是对销售毛利率和销售费用的影响，因而从财务核查的角度关注两票制问题主要还是关注销售费用的真实性和合理性问题，以及毛利率大幅提高是否真实合理的问题。其具体包括以下几个方面：

1. 核查并说明销售费用的金额、销售费用率以及变动趋势，销售费用大幅增加的原因，是否与销售收入的变动相匹配。

2. 核查并说明毛利率变动的趋势和原因，与销售费用率的变动是否相匹配，综合因素考虑下，发行人的生产经营本质上是否发生重大变化。

3. 核查并说明发行人销售费用的明细、对应的支出对象、银行流水，是否存在重大异常支出情况，是否有相关的单据凭证作为核算的依据。

4. 销售费用支出为会议费用支出的，要关注会议召开的时间、地点、参加人数、会议主题、费用核算等具体情况，是否存在重大不合理情形，是否存在虚增费用的情形。

5. 销售费用支出为市场推广费用的，要关注市场推广的区域、方式、效果、费用核算的依据等情形，是否存在利益输送或者商业贿赂的情形，是否存在虚增费用的情形。关注推广服务商的选取标准,推广服务商服务情况,是否存在关联关系等情形。

三、两票制对医药渠道商的影响

关于两票制对医药行业的影响这个问题,不论是商业模式的影响还是财务数据和指标的调整,都已经不是什么新鲜话题,讨论很多,结论很明确,案例也很丰富。

在以前讨论两票制案例的时候,我们主要还是从医药或者医疗器械行业的角度去考量的,医药企业作为产业链的上游,如何受到两票制的影响,又应该采取哪些措施去应对。在某些案例中,则是关注两票制对于产业链下游也就是销售领域的影响,这是一个相对比较新颖也很少有人关注到的角度。

截至目前,绝大多数省级区划开展了两票制的试点,显然两票制已经不可阻挡。两票制的初衷是好的,可是真的会改变药价虚高以及不让中间商赚差价的历史难题吗?从一些公开披露的数据来看,至少药价高的问题没有受到影响,而中间商赚差价的问题好像也没有什么影响,只是原来直接赚差价现在是通过设立一个专门的推广公司赚取服务费。

我们一直在反思我们所有医药企业的经营模式以及核心竞争力在哪里,我们的企业都是将所有的资源和精力用到市场推广和销售上而不是真正的研发上。这样的困境由来已久,已经不是医药行业一个企业而是一个行业的问题,是整个社会价值导向的问题,这样的一个大是大非的问题,通过两票制显然很难彻底解决。

第三节 创新模式

一、与客户共同设立公司

发行人与客户共同设立公司,展现了一种全新的业务模式和合作思路,这样的思路在目前的注册制审核理念下，逐渐被允许和认可，而不用跟以前一样，很多问题讳莫如深，不知道一个问题的边界在哪里。

如果按照以前的审核政策，发行人重要的客户实际控制人发生了变化，至少是要运营一定的等待期的，而现在基本上只要是能够解释得清楚就可以，这也算是 IPO 审核理念的一个重要变化。

二、与竞争对手进行合作

在商业竞争环境下，没有永远的朋友也没有永远的敌人，只有永远的利益。因而，发行人与竞争对手的合作也不是什么新鲜事。对于竞争对手与发行人合作这样的问题，我们就不应该大惊小怪，这应该属于非常普遍的商业竞争和合作的情形。

其实，关于发行人和竞争对手的合作情形，在一些案例中已经体现出一些比较典型的情形。例如：竞争对手成为发行人最重要的客户、竞争对手入股发行人、发行人与竞争对手一起进行招投标开发客户等。只要坚持利益永远都是公平的这个基本法则，看待这些问题你就不会觉得奇怪，IPO 审核也不应该过度敏感。

三、与前员工合作

关于企业员工独立创业的问题，其实是一个很常见的话题。员工独立创业可以根据员工原来的身份做一个简单的划分，可以简单分为两类：一是技术生产型的创业，就是原来的技术或者生产型员工利用自己的技术或者生产经验独立创业；二是销售渠道型的创业，就是原来的销售员工利用自己积累起来的一些客户资源独立创业进行销售。

对于第一种创业类型，在 IPO 审核实践中还是遇到过一些的，这种创业的企业基本上不会跟原来的企业再保持业务合作关系，反而会存在一些技术纠纷、竞业禁止等方面的问题。也就是说，这种类型的创业一般创业成功了还是很独立的，甚至会对原东家造成很大的竞争威胁，因而会存在一些争议和纠纷。

对于第二种创业类型,原来的销售员工设立销售公司,很多情况下还是跟原东家合作,也就是原来是在企业里拿着销售工资和奖金而现在是自负盈亏。这种情况下,审核实践中还是会重点关注业务合作的合理性的,是发行人对员工掌握的客户资源存在依赖,还是发行人要通过这种方式对员工进行利益输送或者体外资金循环,是我们要重点核查并说清楚的事情。

这里我们讲到的与前员工合作主要就是第二种情形,而第一种情形将会在其他专题中做专门的研究。我们找到的案例有成功的也有失败的,不管怎样还是要提示大家这种情形需要关注的问题以及存在的潜在风险。关于这个问题的核查,其实核心思想就是关注合理性,如果合理性得不到充分的论证和理解,那么IPO审核的风险就会非常大。具体来说,这主要是指:

1. 前员工在发行人处的入职时间、工作经历、主要成果、对公司贡献,以及积累的相关资源情况。

2. 前员工从发行人处离职的原因,离职的程序是否合规,是否存在薪酬、技术等方面的纠纷。

3. 前员工设立公司的时间、其他股东情况、其他股东与发行人以及相关方是否存在关联关系,前员工是不是公司的实际控制人,是否存在股份代持的情形。

4. 前员工与发行人合作的时间、历史、原因,前员工是否还与其他人进行合作,是不是专门与发行人合作设立的公司。

5. 前员工与发行人合作的内容、价格以及变动趋势,主要合同条款是否与其他合作方存在重大差异,是否存在利益输送的情形。

6. 前员工设立公司的经营业绩情况,是否与业务规模相匹配,是否存在替发行人承担费用或成本的情形。

7. 前员工与发行人合作的业务金额与离职之前实现的销售金额是否存在逻辑关系,是否存在囤货的情形,是否实现最终销售。

8. 前员工设立公司与发行人是否存在资金、人员、客户等交叉的情形等。

说实话，最早的时候，对于前员工经销商的担心主要是可能存在员工帮助发行人虚构业绩的风险。现在来看，发行人员工经过在公司的任职，积累了一定的经验，对客户和产品都有了更多的了解，然后就想着去独立创业，继续跟发行人合作，至少从商业逻辑上存在合理性。不过，有一点我们是不能忽略的，那就是：在很多前提因素和条件没有发生变化的情况下，员工在发行人处领取的薪酬跟自己独立创业实现的收益是否具备可比性？当然，也可以解释，自己做老板和给老板打工承担的风险是不一样的，收益自然也不一样。

四、供应链服务

供应链服务是商业分工和产业链切割的重要体现，在某些特殊领域尤其是大宗商品采购销售领域有着独特的价值。简单来说，一方面，它可以利用自己的资源最大限度地整合资源以解决供应和需求的错配问题，实现资源使用效率的最大化；另一方面，供应链服务企业提供资金的垫付，最大限度帮助客户解决了资金成本问题，这也是供应链企业很重要的一个竞争优势，如有的供应链企业如果能取得更低成本的资金，则其行业竞争优势就很明显。

关于这种业务模式，从会计角度来说，一个很重要的问题就是总额法和净额法确认收入的问题。

五、搭售模式

将检测设备免费送给客户或者出租给客户，然后主要靠销售检测试剂获得收益的模式，在体外诊断试剂或者其他医用耗材领域还是非常普遍的，也算是一种行业惯例。实践中，我们将这种模式定义为“搭售”。

“搭售”并不能被理解为捆绑销售或者强买强卖，我们可以这样简单来理解：对于客户来说，发行人免费给的设备可以使用也可以不使用，可以租发行人的设备也可以不租发行人的。就算是用了发行人免费的设备或者租了设备，那么试剂还是可以选择不用发行人的。这种情况下，理论上客户具有完全的自主权，不论是使用免费设备还是采购发行人试剂产品。换句话说，免费试用设备和租赁设备,与采购试剂之间是完全独立的实践,互相没有因果关系,也互相不能影响彼此的判断。

当然,这只是理论上,具体实践中怎么勾兑和操作我们不得而知,不过至少这样的模式在商业逻辑上是解释得清楚的。至少,客户用发行人的机器,再用发行人的试剂,不说是否有互相兼容的问题至少有使用习惯的问题吧?当然,从问题的解释角度来说,发行人在向客户免费提供设备的时候,必须解决兼容的问题,不得存在设备只能使用发行人试剂的情形,这也是关注这个问题的核心,不然就是捆绑销售,如果兼容存在问题那么就剥夺了客户的选择权。

六、价格调整机制

从商业合作的角度来说,产品销售价格调整机制是合理的,也是有存在必要的,尤其是对于这样的企业:原材料占成本的比重很高、原材料是贵重金属或者化工原料等,其价格波动较大、产品的销售毛利率在一个稳定且居间的水平。

在具体的商业合作以及IPO审核的案例中,我们也发现价格调整机制看起来很美好,真正实施的时候却并不那么容易,这最核心的原因自然是买方市场这样一个大逻辑。有些商业合作协议,甲方不认可调整机制;有些合作协议,就算是签署了调整机制,就算是触发了价格调整的门槛,因为各种流程、审批甚至是纠结的因素而导致调整机制没有真正执行。

价格调整机制对于财务指标的影响,主要是影响到毛利率,尤其是价格调整幅度较大的情况下,价格的调整较之原材料和汇率的变动是滞后的,那么自然价格变动会影响到毛利率的变动。

第四节　其他典型模式

一、渠道商

所谓渠道商,说得直白些就是不生产产品只依靠自己的销售渠道通过销售产品赚取差价的一种经营模式，比较常见的如经销商、代理商、汽车4S店等。在传统模式中，渠道商只能是企业的一种销售模式或者某一个客户、产业链的一部分。在渠道商特定模式中，这些企业就成为产业链的主体，并且是创造价值的核心主体。从这个意义上来讲，渠道商较之传统模式确实是一种比较特殊的经营模式。

以渠道作为主要盈利来源的企业在境内上市从未被监管层所禁止，但是从实践来看这类企业上市的并不是很多，至少验证了两个现状：其一，渠道商真正实现独立并充分发挥自己创造价值的功能是一件非常困难的事情；其二，渠道商企业在境内上市较之其他企业需要面临的困难也多很多。

渠道商境内首发上市需要考虑的问题主要有：

1. 关注企业是不是对上下游企业存在重大的依赖性，尤其是对上游产品生产商的依赖性。如果仅靠上下游大客户的施舍而盈利，公司独立性和盈利模式就存在重大缺陷。

2. 关注公司对于渠道整合和控制的能力。已上市的企业均强调自己在渠道过程中提供了增值服务，也就是说，渠道商增值服务的提供是体现其核心竞争优势的关键，如果渠道商在销售过程中不能提供增值服务，那么也就没有创造价值，公司也就不会挣钱。当然，已上市公司都提到了增值服务的问题，不过具体的增值服务是什么，确实很难明确界定。

3. 关于公司在销售过程中是否存在商业贿赂等一些违规行为。在中国的销售渠道商能够真正做大做强，很容易让人引起不必要的联想，这个问题的确需要重点关注。

4. 关注公司销售真实性的问题。这个问题目前在审核实践中并没有过多关注，不过小兵认为这个问题还是需要强调的。既然传统企业如果存在经销模式需重点核查销售真实性，那么本身就是经销商的企业自然也会有调整收入利润的便利和动机。

二、贴牌生产

从商业逻辑上来讲，贴牌生产企业有其存在的合理性和重要价值，并且也有部分企业实现华丽转身逐渐做到了自主研发和自主品牌。对于这类经营模式我们不能戴着任何有色眼镜去判断,而应该从企业经营的本质上去判断企业的盈利能力和发展前景,这样的企业如果能够持续稳定地增长并能发展壮大同样是值得尊敬的企业。从企业上市审核的实践来看,监管理念也遵循了这样的基本原则。对于贴牌生产的经营模式,只要能够将经营模式解释清楚,并且能够在保持稳定持续发展的同时向投资者充分提示风险,贴牌生产的企业上市不存在任何实质性障碍。

(一)主要特征

贴牌生产作为一种特定的经营模式,概括起来,比较直观的特点大概有以下几个:

1. 最直接的表现就是毛利率水平不高。这也很好理解,贴牌生产只是赚取了产品整个价值链中生产或者再加上研发部分的利润,而销售以及品牌溢价部分并没有得到。毛利率不高从另外一个层面也反映出企业的市场控制力和产品竞争力不强,对于下游客户来说被替代性风险较高。当然,对于一些贴牌生产业务做得比较出色的企业来说,这些企业已经在自己独特的领域建立起了业务壁垒和差异化竞争优势,表现出了非常高的竞争力。

2. 客户集中度较高。这也是贴牌生产模式的连带反应,贴牌生产一般都是选择给国际知名企业贴牌,而国际知名企业就那么多家,所以客户集中度高也具有合理性。具体到细节业务问题,客户集中于一家还是几家,客户集中的历史和原因,客户集中是否具有必要性、是否有合理解决措施等,这些问题的不同回答也会直接影响到不同企业在这个问题上的风险控制能力。

3. 市场竞争环境的应对能力和抗风险能力较弱。如果品牌销售国的产业政策或者质量标准发生变化,或者最终客户的经营策略和发展规划发生变化,那么都有可能对贴牌生产企业造成很大的经营风险。这一点能否做好,也是判断贴牌生产企业能否持续经营发展壮大的一个核心标准。如果发行人能够及时应对下游客户经营策略的变动甚至是政策环境的变动,或者下游客户的策略变化必须要考虑到发行人的生产因素,那么这就说明发行人的市场竞争力和抗风险能力已经基本具备。

4. 贴牌生产与自主品牌发展路径的权衡。作为贴牌生产企业来说,做了那么多年幕后英雄,每个企业必定都有创立自主品牌有朝一日扬眉吐气的决心。如果贴牌企业逐渐开始发展自主品牌,那么企业对两种模式的业务定位和发展规划是怎样的一种安排都可以引导企业选择的发展方向。

5. 收入核查如何保证真实性。知名企业一般都是国外公司,贴牌生产企业服务的客户一般也就是境外客户,那么贴牌生产企业主要是境外销售,而境外销售收入真实性的核查更是中介机构需要重点关注的一个问题。

(二)审核要点

从现有案例来看,中介机构在处理贴牌生产模式的企业的时候还是能够关注到贴牌企业一些特殊风险的,并且也从一些角度进行了分析和解释,总结起来主要有以下几个方面:

1. 发行人采取贴牌生产模式是整个行业竞争特性所决定的,是符合中国企业发展进程的。

2. 发行人进行贴牌生产是为了进行高端产品的研发和生产,而不参与国内自主品牌的低端混乱的竞争。

3. 发行人贴牌生产不单纯是加工生产,还包括提供研发、设计以及其他附加值服务,这种情况下发行人与下游客户是互相依赖的关系而不是单方面依赖,贴牌生产可以实现双赢。

4. 贴牌生产是产业链专业化分工的一种产物,具有发展合理性和必要性,初期发展可能依赖一种品牌,后续服务范围会逐渐扩大,具有持续经营能力。

5. 中介机构还会从竞争优势方面总结出其他模式所没有的一些优势,比较具有共同特征的是:营销渠道优势、客户优势、技术研发优势、出色的成本控制优势等。

三、委托加工

委托加工这种模式在审核实践中并不罕见,主要存在于以下两种情况中:一是轻资产运营的公司,公司核心竞争力是研发和设计同时产品的生产成本并不高;二是传统制造业公司,受制于产能不足而只能将部分产品或工序委托其他企业进行加工。

此外,我们还可以对委托加工进行简单的分类:一种是按照委托加工的方式可以分为带料加工(加工方承担加工的原材料及相关费用)和不带料加工(加工方只承担加工的相关费用);另一种是按照委托加工的内容可以分为委托加工产成品(委托加工的产品直接销售)和委托加工半成品(如某个工序或者某种原材料)。

(一)审核要点

从审核实践来看,委托加工问题还是普遍会受到重点关注,单纯的委托加工模式并没有什么好关注的,关注的重点主要还是跟会计核算和收入真实性紧密相关。关注重点总结起来主要有以下几个方面:

1.委托加工的必要性。之所以关注这个问题,主要还是因为如果委托加工的必要性不充分,那么就会有人怀疑企业拿这件事情做文章。实践中倒也没有哪家企业因为这个事情受到波折,解释起来不过以下几个思路:(1)企业规模小,主要精力要放在核心竞争力和附加值高的产品或者工序上;(2)公司所处区域有着外协加工的天然优势,外协不存在任何障碍和依赖;(3)企业产能不足而订单持续高速增长,只能以委托加工来满足销售需求;(4)企业销售具有明显的季节性,淡季产能足够而旺季产能不能满足需求从而采取外协方式。

2.委托加工的详细情况。发行人需要在信息披露文件中对委托加工的情况做详细介绍,企业介绍得越清楚越能够打消读者对这个问题的疑虑。需要解释说明的问题主要包括:(1)外协加工的产品或者工序都是什么,是不是核心技术或者核心产品;(2)外协企业的基本情况,包括外协企业的股权结构和实际控制人、报告期内外协成本的金额和占比情况、与发行人及董监高等是否存在关联关系或者其他利益安排等内容;(3)发行人外协企业的比例占外协企业全部销售的比例,主要关注外协企业是不是主要就是给发行人一家外协,也算是核查是否存在关联关系的一个方面。

3. 委托加工的定价情况。这个问题在企业上市过程中非常关注,主要关注定价是否公允以及是否通过委托加工来操纵利润。前面提到委托加工主要分为两种基本模式,其定价方式也不同:(1)包工包料,也就是外协企业负责原材料采购,那么外协成本基本上包括设备折旧、人工费用、合理利润及原材料成本等;(2)包工不包料,那么外协成本就不包括原材料成本。此外,还有企业关注到外协加工的财务处理,如果是不带料加工,那么财务处理上会有原材料入库和出库的相关财务处理。

4. 委托加工是否导致技术泄密的问题。这个问题其实还是很关键的,有些外协需要将图纸和有关设计交付给外协企业,技术泄密的风险是存在很大可能性的。企业一般都解释外协的均不是核心技术,就算是外协企业学会了也不会制造出产成品更不会成为发行人的竞争对手。不可否认,一个企业研发出产品、打开销路并建立自己的市场竞争优势并不是一朝一夕的事情,一个竞争对手的出现也不是那么容易的,但是委托加工泄密可能导致的纠纷或者法律风险还是需要在项目运行过程中重点把握的。

5. 委托加工如何保证质量的问题。这个问题较之泄密的问题还是好处理一些,毕竟委托加工也需要货比三家谁家质量好就要谁的。当然,对于这个问题在实践处理中也都费尽了心思,主要是企业通过制定一系列的政策和制度来保证质量,不过制度的具体执行情况无从得知。

6. 委托加工与毛利率的问题。这个问题应该是委托加工受到关注的症结所在,因为委托加工涉及成本核算问题,成本核算涉及毛利率问题,而毛利率问题就直接涉及经营业绩的问题。如果是因为产能不足而外协加工,那么实际上就是把本该由发行人实现的收益转移给了外协企业,这可能会导致发行人毛利率略低于行业平均水平。还有一种情况是,发行人可以通过委托加工将某些产品的生产成本降低,提高发行人的毛利率从而影响利润,如果某个企业存在委托加工而毛利率还要高于同行业平均水平,那么就需要重点关注原因是什么。

(二)委托加工还是独立购销业务

通常来讲,委托加工是指由委托方提供原材料和主要材料,受托方按照委托方的要求制造货物并收取加工费和代垫部分辅助材料加工的业务。从形式上看,双方一般签订委托加工合同,合同价款表现为加工费,且加工费与受托方持有的主要材料价格变动无关。实务中,发行人由客户提供或指定原材料供应,或向加工商提供原材料,加工后予以购回,应根据其交易业务实质区别于受托/委托加工业务进行会计处理。两者区别主要体现在以下几个方面:

1. 双方签订合同的属性类别,合同中主要条款,如价款确定基础和定价方式、物料转移风险归属的具体规定。

2. 生产加工方是否完全或主要承担了原材料生产加工中的保管和灭失、价格波动等风险。

3. 生产加工方是否具备对最终产品的完整销售定价权。

4. 生产加工方是否承担了最终产品销售对应账款的信用风险。

5. 生产加工方对原材料加工的复杂程度,加工物料在形态、功能等方面变化程度等。

由发行人将原材料提供给加工商之后,加工商仅进行简单的加工工序,物料的形态和功用方面并没有发生本质性的变化,并且发行人向加工商提供的原材料的销售价格由发行人确定,加工商不承担原材料价格波动的风险。**对于此类交易,通常按照委托加工业务处理,发行人按照原材料销售和回购的差额确认加工费,对于提供给加工商的原材料不应确认销售收入。**

由客户提供或指定供应商的原材料采购价格由双方协商确定且与市场价

格基本一致，购买和销售业务相对独立，双方约定所有权转移条款，公司对存货进行后续管理和核算，该客户没有保留原材料的继续管理权。产品销售时，公司与客户签订销售合同，销售价格包括主要材料、辅料、加工费、利润在内的全额销售价格。对于此类交易，通常应当按照实质重于形式原则，**以控制权转移认定是否为购销业务处理，**从而确定是以总额法确认加工后成品的销售收入，还是仅将加工费确认为销售收入。

第四章 业务独立

对于 IPO 发行人来说，最核心同时也是最低的门槛就是独立性，应该看作一个非常基础、非常全面且不可轻易突破的要求和标准。在以前的审核规则中，我们一般都强调“五独立”，分别是资产独立完整、业务独立、人员独立、财务独立和机构独立。不论审核理念和审核标准如何变化，不论是企业自身的生产经营还是审核关注要点，从个人的角度来说，“五独立”中的核心要求就是资产独立完整和业务独立。换句话说，就是与发行人生产经营相关的全部资产和资质都要纳入上市主体内，同时发行人应该完全具备独立参与市场竞争的能力，这也是保证企业持续经营能力的核心。

我们说资产独立完整和业务独立是两个最核心的独立要求，这两个标准是相辅相成的，说的基本上就是一个意思。资产独立完整是为了企业能够正常地生产经营并参与竞争，如果企业的资产或者资质不完整，那么企业的业务独立性也就无从谈起了。一个理想的企业业务体系，一般都要求具备采购、研发、生产和销售几个体系。当然，目前商业竞争越来越激烈，从而也导致商业分工越来越细化，现在来看很多企业可能已经不再追求完整的业务体系了，有的企业擅长研发、有的企业优势是销售等。

从 IPO 的审核情况来看，对于业务体系的审核也会尊重商业发展的基本规律和企业自我战略规划的诉求，只要能够保证企业经营持续和盈利能力稳定就可以。比如，我们最常见的以下情形：

1. 有的企业销售体系完全依赖于经销商，产品销售全部是经销的模式，这种情况下发行人就是没有销售体系，也没有多少销售员工。

2. 有的企业可能产品研发会跟其他的科研院所或者别的企业合作一起开发，开发完之后进行产权归属以及收益的约定，也就是将研发工作委托给更加擅长的单位。

3. 有的企业将不是核心的生产环节或者产品委托给外部企业加工生产，也就构成了我们常见的委托加工的生产模式。

4. 对于采购，其实也会存在这种情形，那就是发行人会委托一家或者几家公司帮助发行人在全国甚至全球范围内进行采购，发行人的供应商就类似于集中采购的角色，这种情况下发行人相当于将部分采购职能转移给了其他企业。

从上述分析来看，企业经营模式中的任何一个环节都可能存在缺失或者委托给别人的情形，这种情况下只要保证缺失的不是核心环节或者产品，能够保证发行人生产经营的稳定性，保证持续盈利能力的稳定性，那么一般情况下不会构成 IPO 审核的实质性障碍。反之，如果存在核心资产的缺失，那么还是要重点关注的，如一家医药研发生产企业，发行人的生产是与其他企业合作进行的，并且生产批件也是在其他企业手里。

随着 IPO 注册制审核理念的逐渐深入和改革的进一步深化，在 IPO 审核的具体标准和要求方面，对于发行人独立性要求有了更多的尊重和宽容，很多问题都体现出跟以前完全不同的审核理念和要求。这样的变化，在公司业务独立性方面体现得更加明显和典型。因而，在本章，我们将重点分析影响和涉及公司业务独立性的诸多因素和核心关注要点，必要的时候也会讨论其他方面独立性的问题。

第一节　同业竞争

在注册制审核的理念下，有些审核标准在放宽、降低甚至直接取消，有些审核理念却一直坚持且持续收紧。对于同业竞争问题来说，有些方面在坚持高标准，有些维度也是做了很大程度的让步，从而让这个问题变得有点复杂。

注册制下，对于同业竞争的审核既有放松，也有更加严格的地方。从目前的审核标准来看，同业竞争不再是绝对的红线，允许企业根据实际情况论证是否属于重大不利影响的同业竞争；此外，对于亲属同业竞争的限制也是非常明显地更加宽容和尊重事实。从另一个层面来看，对于同业竞争问题的论证和解释，要求从实质重于形式角度解释不存在同业竞争的情形：**不能单纯以经营范围判断，不能简单以区域划分，需结合主营业务收入、主要产品、技术来源、资产权属、客户供应商、销售渠道、人员往来等进行判断。**

同业竞争问题一直是IPO审核的基本红线，不存在同业竞争既是拟上市主体具有可持续盈利能力以及核心竞争力的基本条件，也是维护广大投资者利益这一根本宗旨的本质体现。基于同业竞争的重要性和基础性，一般IPO项目开始之初便开始核查同业竞争的情形，更是会在尽职调查时重点关注并彻底整改同业竞争问题，通过并购、剥离等措施重新构建拟上市主体，确保同业竞争不会成为上市的首道屏障。

同业竞争对拟上市主体的影响主要包括两个方面：

一是业务不独立。拟上市主体与控股股东、实际控制人及其关联方存在业务重叠的情形，导致拟上市主体与其关联方未能做到业务分离，容易产生相同的客户与供应商，不具有独立经营的能力，拟上市主体的经营业绩难以保障。

二是存在潜在的利益输送。拟上市主体与关联方从事相同的业务，会产生两种结果：其一，如果存在同业竞争的双方存在关联交易，则会导致存在潜在的利益输送可能；其二，相同的客户与供应商可能会导致拟上市主体与关联方的共同利益受到人为操纵。

一、核查范围和标准

关于同业竞争问题，从核心来讲主要是两个方面问题：一是同业竞争的核查范围，二是同业竞争的核查标准。

（一）核查范围

关于同业竞争的核查范围，以前的标准只要是持股比例5%以上的重要股东原则上都需要核查，现在审核标准基本上是明确的，中介机构应当针对发行人控股股东（或实际控制人）及其近亲属全资或控股的企业进行核查。具体来说就是：

1. 控股股东、实际控制人以及控制的相关企业，这里既要强调控股股东或实际控制人，也要强调“控制”，如果只是参股的企业不对其构成控制，那么也不构成同业竞争。

2. 如果是控股股东和实际控制人的关联自然人，那么主要关注控股股东或实际控制人的配偶、直系亲属（包括配偶、父母、子女）以及控制的企业是否与发行人构成同业竞争。我们可以严格按照目前的审核标准去判断发行人是否存在同业竞争的情形。

（二）核查标准

同业竞争的“同业”是指竞争方从事与发行人主营业务相同或相似业务。核查认定该相同或相似的业务是否与发行人构成“竞争”时，应按照实质重于形式的原则：

1. 结合相关企业历史沿革、资产、人员、主营业务（包括但不限于产品服务的具体特点、技术、商标商号、客户、供应商等）等方面与发行人的关系，论证是否构成竞争。

2. 业务是否有替代性、竞争性，是否有利益冲突，是否在同一市场范围内销售等，论证是否与发行人构成竞争。

3. 不能简单以产品销售地域不同、产品的档次不同等认定不构成同业竞争。

对于控股股东、实际控制人控制的与发行人从事相同或相似业务的公司，发行人还应当结合目前自身业务和关联方业务的经营情况、未来发展战略等,在招股说明书中披露未来对于相关资产、业务的安排,以及避免上市后出现同业竞争的措施。

二、重大不利影响同业竞争

(一)审核要求

以科创板为例(其他板块 IPO 上市参照执行),如存在同业竞争情形,认定同业竞争是否构成重大不利影响时,应结合竞争方与发行人的经营地域、产品或服务的定位,同业竞争是否会导致发行人与竞争方之间的非公平竞争、是否会导致发行人与竞争方之间存在利益输送、是否会导致发行人与竞争方之间相互或者单方让渡商业机会情形,对未来发展的潜在影响等方面,核查并出具明确意见。竞争方的同类**收入或毛利占发行人该类业务收入或毛利的比例达 30%以上的**,如无充分相反证据,原则上应认定为构成重大不利影响。

(二)实践操作

如何理解重大不利影响?这里就从重大和不利两个维度去简单思考:

关于是否重大,这在审核问答中已经有了明确的规定,就是同业竞争的收入和毛利不得超过发行人的 30%。关于这个问题,小兵觉得在目前阶段还是应该更加严格一些,如原则上这个比例不得超过 10%,解释起来可能更加有利一些。

关于什么是不利影响,就是通过同业竞争可能直接损害到发行人的利益,如存在客户竞争管理、原材料供应混同、生产设备共用、产品应用领域一致等。如何解释不存在不利影响呢,自然是论述尽管存在同业竞争潜在风险,但是上下游并不一致,也不存在重合的地方,产品还是存在本质的差异,在具体的产品性能和应用领域存在重大的差别,从而论证不会构成不利影响。

三、亲属同业竞争

(一)核查范围

1. 审核要求重大变化

对于亲属同业竞争问题,最新的 IPO 审核标准是:

(1)如果发行人控股股东或实际控制人是自然人,其**夫妻双方直系亲属**(包括配偶、父母、子女)控制的企业与发行人存在竞争关系的,应认定为构成同业竞争。

(2)发行人控股股东、实际控制人的其他亲属及其控制的企业与发行人存在竞争关系的,应当充分披露前述相关企业在历史沿革、资产、人员、业务、技术、财务等方面对发行人独立性的影响,报告期内交易或资金往来,销售渠道、主要客户及供应商重叠等情况,以及发行人未来有无收购安排。

(3)对于利用其他亲属关系,或者以解除婚姻关系为由来规避同业竞争的,应从严把握,要求在报告期内均不存在同业竞争,且相关企业之间完全独立规范运作,不存在混同的情形。

关于亲属同业竞争的问题,经历了从开始重视,到严格控制,再到现在逐步宽容允许解释的审核标准变化的路径。对照最近两次审核标准的变化,我们可以明显看出对于亲属同业竞争问题审核标准的宽松和宽容(见表 4-1):

表 4-1 同业竞争相关规定

法律法规	同业竞争相关规定
《IPO 审核 51 条问答指引之首发审核财务与会计知识问答与非财务知识问答》(2018 年 6 月 11 日)	(1)控股股东、实际控制人及直系亲属 如果发行人控股股东或实际控制人是自然人,其夫妻双方直系亲属(包括配偶、父母、子女)拥有“同业”,应认定为构成同业竞争。 (2)控股股东、实际控制人其他近亲属 发行人控股股东、实际控制人的其他近亲属(即兄弟姐妹、祖父母、外祖父母、孙子女、外孙子女)及其控制的企业与发行人从事相同或相似业务的,原则上认定为构成同业竞争。但发行人能

续表

法律法规	同业竞争相关规定
	够充分证明与前述相关企业在历史沿革、资产、人员、业务、技术、财务等方面完全独立,且报告期内无交易或资金往来,销售渠道、主要客户及供应商无重叠的除外。 (3)控股股东、实际控制人其他亲属 发行人控股股东、实际控制人的其他亲属及其控制的企业与发行人从事相同或相似业务的,一般不认定为构成同业竞争。但对于利用其他亲属关系,或通过解除婚姻关系规避同业竞争认定的,以及在资产、人员、业务、技术、财务等方面有较强的关联,且报告期内有较多交易或资金往来,或者销售渠道、主要客户及供应商有较多重叠的,在审核中从严掌握。
《关于发行审核业务问答部分条款调整事项的通知》/《首发业务若干问题解答(2020年6月修订)》(2020年6月10日)	(1)控股股东、实际控制人及直系亲属 如果发行人控股股东或实际控制人是自然人,其夫妻双方直系亲属(包括配偶、父母、子女)控制的企业与发行人存在竞争关系的,应认定为构成同业竞争。 (2)控股股东、实际控制人其他(近)亲属 发行人控股股东、实际控制人的其他亲属及其控制的企业与发行人存在竞争关系的,应当充分披露前述相关企业在历史沿革、资产、人员、业务、技术、财务等方面对发行人独立性的影响,报告期内交易或资金往来,销售渠道、主要客户及供应商重叠等情况,以及发行人未来有无收购安排。

2. 核查指引

对于亲属同业竞争而言,如何完整确定亲属的范围和核查的标准,是最基础也是最重要的工作。一般核查过程建议如下:

(1)核查发行人的所有关联方,尤其是亲属控股的公司,了解这些公司是否存在与发行人从事相同行业的情形。

(2)核查与发行人存在业务往来的公司,是否存在从事同行业的情形,如果存在,核查其控股股东是否属于实际控制人的旁系亲属。

(3)实际控制人报告期内的银行账户交易流水中,交易对象是否有旁系亲属,这些亲属是否控股与发行人存在同业竞争的公司。

(4)访谈客户与供应商时,可以了解是否存在实际控制人的旁系亲属从事与发行人同行业的情形。

(二)基本分类

关于亲属同业竞争问题,按照不同的标准,可以作以下分类:

1. 按照形成的原因分类,可以分为派生形成和独立发展两种情形。一种情形是两个企业原来是一起经营的后来通过分家才独立经营的,另一种情形是两个企业自始至终就没有什么关系,就是独立发展的。通过分家形成的同业竞争问题,我们需要更加关注分家的过程以及后续是否会存在纠纷等,这种亲属同业竞争确实也存在更大的风险。

2. 按照业绩规模分类,一种情形是亲属控制的企业与发行人业绩规模相当甚至比发行人还要大,另一种情形是亲属控制企业的业绩规模非常小,相对于发行人来说简直不值得一提。如果亲属控制企业跟发行人规模相当甚至还要大,那么实践中几乎就没有整合的可能,一般情况下,两家企业基本上是独立发展没有关联的。

3. 从是否存在业务往来来说,一种情形是亲属控制企业与发行人存在持续的关联交易,另一种情形是从未发生任何交易。如果是既存在同业竞争又存在关联交易的问题,那么一般建议要将关联交易进行彻底清理,没有第二条路可走。

4. 从是否存在整合可行性分类,一种情形是存在整合可能的情形,另一种情形是根本就没有整合可能的情形。在关注亲属同业竞争问题时,首要的思路还是要关注整合的必要性以及可行性,在这个思路真的无法操作的时候,才有机会去解释同业竞争本身的必要性和商业合理性,从而无须整合。

(三)解释思路

1. 基本解释思路

关于解释的思路,我们可以从以下几个方面说明:

(1)两个企业都是独立运营和发展的,如果以前存在过"分家"的情况,那么分家的过程清晰明确,不存在任何纠纷或潜在纠纷。

(2)两个企业不存在客户或供应商重叠的情况,不存在通过相同的供应商或客户进行倒货以及输送利益的情形。

(3)两个企业不存在任何关联交易、资金往来等情形,说白了就是两个企业没有过业务上的交集,以证明两个企业除股东有亲属关系之外,没有任何的联系。

(4)两个企业在人员上也没有交集,更不存在高管或者核心人员互相任职的情形。

(5)知识产权、业务开拓等方面不存在纠纷或潜在纠纷,也不存在任何法律风险。

关注这么多问题,核心就是一点,即说明两个企业其实根本就没有任何关系,就是两个独立发展的主体,只是股东之间有亲属关系而已。

2. 亲属不配合访谈

在注册制的审核理念下,亲属同业竞争问题已经不再是 IPO 的实质性障碍。同时,最新的审核标准已经明确,不是实际控制人直系亲属的其他近亲属的经营行为,不与发行人构成直接的同业竞争行为,只需要进行相应的核查,并不需要进行清理。当然,就算是存在同业竞争,也可以根据新的审核标准论证不属于重大不利影响的同业竞争情形。

虽然不构成同业竞争,但是对这种明显近亲属经营行为的核查还是必需的程序。但是,因为各种原因,近亲属不配合调查、不完全配合调查,甚至就是完全拒绝配合调查的情形也是常见的。这种情况下,如何进行充分核查,替代程序是否完备,也是值得我们重点关注的问题。**如果对方不配合提供任何资料,亲属控制企业的数据无法知晓,那么发行人只能通过自我对比、同行业对比、客户的性质、客户的证明文件以及行业竞争的特性等因素去证明,发行人不会存在通过可能的同业竞争利益输送或者垫付成本的情形。**

第二节 关 联 交 易

关于关联交易的问题，以前的IPO审核标准还是存在关于关联交易比例超过30%会构成IPO实质性障碍的窗口指导的情形，就算不构成障碍，至少也会在审核中重点关注。以前IPO对于关联交易的审核，主要关注交易的公允性，是否存在利益输送的情形。随着注册制的审核持续推进，对于关联交易的问题，除关注公允性之外，更加关注交易发生的背景、原因、发展趋势以及解决措施等。这些关注问题更加体现出IPO审核对于关联交易必要性和合理性的关注。

在注册制审核理念下，中介机构在尽职调查过程中，**应当尊重企业合法合理、正常公允且确实有必要的经营行为**，如存在关联交易的，应就交易的合法性、必要性、合理性及公允性，以及关联方认定、关联交易履行的程序等事项，基于谨慎原则进行核查，同时充分披露相关信息。对于关联交易必要性和合理性的关注，也是注册制审核理念下对于商业逻辑尊重的另外一个角度的体现。

一、关联方认定

发行人应当按照公司法、企业会计准则和中国证监会的相关规定认定并披露关联方。

要核查关联交易首先要知道什么是关联方，然后是关联方的识别，因为上市规则、公司法以及企业会计准则的规定不尽相同。在现实操作中通常是投行按照证监会规定、律师按照公司法规定、会计师按照会计准则规定先各自识别出关联方，然后再按照最严格的确定一个统一的最终关联方清单，关联方的识别还需要注重“实质重于形式”原则。根据“实质重于形式”原则（兜底性条款）确定的法人或自然人，是指证监会、证券交易所或上市公司根据“实质重于形式”原则认定的其他与上市公司有特殊关系，可能或已经造成上市公司对其利益倾斜的法人或自然人。

关联交易核查最致命的风险莫过于未能识别出来关联方及其交易,因此关联方的识别尤其重要。我们除了要知道关联方的范围,还需要一定的识别手段,这些手段除了常规的填写调查问卷、调取工商档案,还有一些网络核查手段,如通过微信端的企查查或者百度去搜索查询。

(一)规则差异

从关联方的认定范围上有上市规则与会计准则的差异,但是一般IPO都是从严认定,一般不会出现明显的关联方识别上的问题。下面我们对企业会计准则第36号与上市规则对关联方的界定进行比较(见表4-2):

表4-2 企业会计准则第36号与上市规则对关联方的界定

序号	比较项	企业会计准则第36号	上市规则
1	单位主体描述	对于单位主体,一般采用“企业”进行表述	采用“法人或其他组织”进行表述
2	关联方是否包含子公司	包含	不包含
3	关联单位的确定	采用控制、共同控制或重大影响的概念进行描述	一般有5%以上股份的明确界定,也采用“直接或间接控制”等概念进行描述
4	关联自然人的确定	采用“关键管理人员”的概念	相关单位的董事、监事和高级管理人员
5	关系密切家庭成员的界定	未明确界定范围,指在处理与企业的交易时可能影响该个人或受该个人影响的家庭成员	明确界定范围,包括配偶、年满18周岁的子女及其配偶、父母及配偶的父母、兄弟姐妹及其配偶、配偶的兄弟姐妹、子女配偶的父母
6	潜在关联方和历史关联方	未规定	明确规定:过去12个月内或通过协议、安排在未来12个月内,存在示意图中所列关联自然人情形的,仍被认定为关联方
7	是否有兜底条款	未规定	明确规定:根据“实质重于形式”原则还可以确定其他关联方

（二）如何识别可能未披露的潜在关联方

1. 重大或非常规交易的交易对方曾经与发行人或其实际控制人、关键管理人员等存在关联关系。

2. 重大或非常规交易的交易对方的注册地址或办公地址与发行人或其集团成员在同一地点或接近。

3. 重大或非常规交易的交易对方的网站地址或其 IP 地址、邮箱域名等与发行人或其集团成员相同或接近。

4. 重大或非常规交易的交易对方的名称与发行人或其集团成员名称相似。

5. 重大或非常规交易的交易对方的实际控制人、关键管理人员或购销等关键环节的员工姓名与发行人管理层相近。

6. 重大或非常规交易的交易标的与交易对方或发行人的经营范围不相关。

7. 重大或非常规交易的交易对方与发行人的实际控制人、关键管理人员等存在特殊关系，这种关系可能使后者能够对前者施加重大影响，但从形式上看两者不构成关联方。

8. 发行人仅能向注册会计师提供极其有限的与重大或非常规交易的交易对方相关的信息，注册会计师通过互联网也难以检索到相关信息。

9. 交易对方长期拖欠发行人的款项，但发行人仍继续与其进行交易。

10. 交易对方是当年新增的异常重要的客户或供应商。

二、关联交易必要性和公允性（合理性）

对关联交易需把握两个维度和两个标准。两个维度即对关联交易的重大依赖（独立性）、关联交易非关联化（财务真实性），两个标准即必要性和公允性。

发行人应披露关联交易的交易内容、交易金额、交易背景以及相关交易与发行人主营业务之间的关系;还应结合可比市场公允价格、第三方市场价格、关联方与其他交易方的价格等,说明并摘要披露关联交易的公允性,是否存在对发行人或关联方的利益输送。

(一)典型情形

从 IPO 审核实践的角度来看,发行人存在关联交易的情形主要有两种典型的情况:一种情况是是否影响到发行人独立性的关联交易,也就是发行人是否对关联方和关联交易存在重大依赖。另一种情况是可能影响到发行人财务真实性的关联交易,也就是发行人是否通过不公允的关联交易进行业绩调整,或者将关联方非关联化的形式对业绩进行调整。

从 IPO 审核的角度来看,关联交易的两大特性会削弱业绩规模与公司核心竞争力以及可持续盈利能力的强关联性。这主要包括以下两个方面:(1)关联交易的公允性,这是发行人就关联交易需要重点论证的内容,包括价格公允性,以及交货期限、风险转移、货款收付等其他合同条款的公允性;(2)关联交易的必要性,这是因为部分公司核心竞争力欠缺,需要通过关联交易保持业绩的稳定增长。这两方面都会导致公司的核心竞争力不足以及可持续盈利能力欠缺,从而难以保障公司 IPO 成功后的业绩水平。

(二)核查思路

先说关联交易的公允性,也就是关联交易定价与非关联方的定价相对比是否合理。其实,这样的核查思路和逻辑并不复杂,主要是在实践中要找到足够的数据样本来进行对比,以充分论证关联交易价格的公允性。如果关联采购的价格远低于非关联交易价格或者关联销售的价格远高于非关联交易价格,那么就需要重点关注是否存在通过关联交易调整业绩的情形。当然,如果发行人历史上存在关联交易价格不公允的情形,那么可以对关联交易进行规范,可以将价格进行调整并实际支付相关费用,或者不支付而将相关的费用影响的损益计入非经常性损益,以保证发行人业绩的真实性。

再来说关联交易的必要性。小兵一直觉得，关于关联交易的必要性有一个悖论存在：如果要论证发行人对关联方和关联交易不存在依赖，关联交易是可有可无的，那么，为什么不清理呢？如果要论证关联交易对发行人非常重要不可缺少，那么，是不是发行人对关联交易存在重大依赖呢？也就是因为关联交易的必要性问题在实践中很难有一个合理完备的商业逻辑来进行解释，所以在实践中报告期存在关联交易的案例也越来越少。

在现有的关联交易审核案例中，都关注到了关联交易的必要性和公允性问题，并且发行人也都为此进行了充分的解释。更加需要关注的是，尽管发行人报告期内存在关联交易，但是都有一个关联交易明确的解决和减少的措施，报告期期末关联交易不是已经解除就是金额和占比都在大幅下降，要有一个明确的解决措施和有效的解决结果。

关于关联交易的必要性，关联交易占收入或成本的比例达到多少就会被重点关注呢？这里也没有一个明确的答案，从审核的案例来看，10%和5%可能都是一个比较敏感的界限。关于公允性，关联交易和非关联交易价格差异在多少范围之类是可以接受的呢？这里也没有一个明确的答案，从审核案例来看，差异在3%以内可能会更加被认可。

三、关联交易超过30%

（一）关联交易对公司竞争优势的伤害

在公司的日常经营中，关联交易某些情况下是难以完全避免且是具有必要性和商业合理性的。尤其对于初创期的公司，关联交易可以保障公司的稳定经营，迅速积累资本和扩大规模。关联交易对公司的运营主要有以下几大优势：一是销售和采购规模稳定，可以保证公司的正常生产或者销售，保障公司的经营业绩；二是采购或者销售价格比较稳定，且便于协商；三是货款支付与收取较为灵活，有时可以因经营周转需要而延长付款期或者缩短收款期。

当然，从另一个监管层面来讲，企业关联交易的这些优势并不利于公司提升核心竞争力及可持续经营能力。从理论上来讲，一个有着充足核心竞争力以及可持续经营能力的公司并不需要依赖关联交易的这些优势。也就是说,即使没有关联交易,公司的业绩也可以保持稳定增长,市场份额也可以稳步提升,从而具备持续盈利能力。从这个角度来讲,关联交易越少或减少关联交易依赖的时间越早,就越能说明公司核心竞争力及可持续经营能力很强,也就越有利于IPO的审核。

(二)关联交易占比超过30%不是IPO实质性障碍

由于历史原因或者行业特有因素,一些发行人的关联交易不可避免,甚至关联交易占比会非常高(某些案例超过50%),这就需要论证公司拥有严格可行的内控制度以及目前关联交易的必要性,并在一定期间内可以减少或避免关联交易的发生。除此之外,还可以结合反面论证,如详细论述公司的核心竞争力以及可持续盈利能力。

对于控股股东、实际控制人与发行人之间关联交易对应的收入、成本费用或利润总额占发行人相应指标的比例较高(如达到30%)的,发行人应结合相关关联方的财务状况和经营情况、关联交易产生的收入、利润总额合理性等,充分说明并摘要披露关联交易是否影响发行人的经营独立性、是否构成对控股股东或实际控制人的依赖,是否存在通过关联交易调节发行人收入利润或成本费用、对发行人利益输送的情形;此外,发行人还应披露未来减少与控股股东、实际控制人发生关联交易的具体措施。

四、参照关联交易披露的交易

公司法、企业会计准则、上市规则都对关联方的范围进行了界定,尽管范围存在些微差异,不过目前中介机构对于关联方的认定基本上保持了一致口径,那就是三个规则规定的最大范围的关联方范畴。

关于IPO企业财务真实性的核查,要求越来越严格,范围也越来越广,对于关联方的核查也是到了无边无际、无穷无尽的地步。中介机构可以根据审核要求将关联方的核查范围扩大化,但是有了关联方就有了关联交易,那么,这些不是典型关联方发生的交易是不是关联交易呢?

在实践中,会存在这样的情况,就是根据最严格的关联方认定的标准,某些情况下也不能认定为是关联方和关联交易,但是根据“实质重于形式”原则,这样的交易可能又会对发行人的生产经营产生直接的影响。

如果这样的交易不单独披露并且不强调的话,那么很可能会对信息披露带来重大的误导性陈述,这就形成了参照关联交易披露的其他关联交易的情形。中介机构还是严格按照“三大规则”对关联方进行界定和核查,但是如果在关联方之外还有重要的交易,可能会对发行人产生重大影响,那么就在关联交易的“其他交易情形”中进行披露。这算不算是一种对于审核政策应对的折中方案,我们不得而知。

五、租赁控股股东资产

从 IPO 审核标准和规则的要求来说,在注册制审核要求下,发行人租赁控股股东相关房产作为经营场所,或者控股股东将部分商标、专利授权发行人使用,只要金额和比重控制在一定范围内,对于发行人的生产经营不构成重大不利影响,发行人对于上述资产不存在重大依赖,那么一般不构成 IPO 审核的障碍。在以前的审核标准中,对于租赁控股股东的资产或者专利授权,基本上是不允许的。

如果发行人租赁控股股东、实际控制人房产或者商标、专利来自控股股东、实际控制人的授权使用,保荐机构和发行人律师通常应关注并核查以下方面:相关资产的具体用途、对发行人的重要程度、未投入发行人的原因、租赁或授权使用费用的公允性、是否能确保发行人长期使用、今后的处置方案等,并就该等情况是否对发行人资产完整性和独立性构成重大不利影响发表明确意见。

需要注意的是,如果发行人的主要厂房和机器设备都是向控股股东租赁的,或者发行人的核心商标、专利都是由控股股东授权的,那么很可能会论证发行人相关资产的完整性存在瑕疵,从而影响 IPO 审核的标准:一是生产型企业的发行人，其生产经营所必需的主要厂房、机器设备等固定资产系向控股股东、实际控制人租赁使用；二是发行人的核心商标、专利、主要技术等无形资产是由控股股东、实际控制人授权使用。

关于租赁控股股东房产的问题，其最核心的问题自然是比例，这里一般会有以下几个口径的计算：(1)公司租赁控股股东的房产面积占全部房产面积的比例；(2)公司关联租赁房产产生的收入占全部收入的比重；(3)公司关联租赁房产产生的利润占全部利润的比重；(4)公司关联租赁房产产生的生产成本占全部营业成本的比重。我们可以这样来理解，关联租赁房产产生的收入和利润比重越低，说明相关房产对发行人越不重要，这个比重还可以跟房产口径的比例对比，如果收入和利润比重都超过了房产口径的比重，那么说明关联租赁的房产是公司的核心资产、盈利来源。其实，看起来这几个口径的统计很热闹，其实仔细想想也没有太大的意义。对于发行人来说，不管怎样租赁控股股东的房产都属于重点关注且敏感的事项，如果不是重要的核心资产，怎么会租赁，更不会租赁了控股股东的房产来产生很少的收入和利润，那更是没有必要。

六、关联方的转让

（一）关联方解决方式

在 IPO 的审核过程中，发行人对于可能引起同业竞争或关联交易的关联方的处理基本上就三种方式：纳入上市主体内、注销关联方、将关联方转让给无关第三方。从实践的情况来看，如果是关联方生产经营规模很小且注销不会影响发行人的生产经营，那么注销关联方就是最常见也是最便捷的处理方式。如果关联方生产经营规模比较大，且纳入上市主体可以更加丰富发行人的业务模式和产品，那么可以选择纳入上市主体。值得注意的是，不论业绩规模大还是小，实践中都可以选择将关联方转让，但是又基本上没有采取这种方式解决这个问题的。

为什么在实践中一般都不会建议采取转让给第三方的方式来处理关联方

呢？主要有两个方面的原因：(1)在IPO准备阶段对于关联方的处置时间会有比较急迫的要求，在这种情况下要找到合理的受让方是比较困难的，就算是找到了可能也会在价格等方面不合理。(2)如果是通过这种方式解决关联方问题，那么需要在很多方面来论证关联方转让的合理性和真实性问题。从目前IPO审核案例中涉及股权转让清理关联方的案例来看，基本上只要涉及这个问题都会被重点关注。正是因为这种将关联方处置给无关联第三方的方式很容易被重点关注并质疑，并且就算是真实转让有时候都需要费很大力气才能说得清楚，所以这种方式在实践中并不常见。

(二)转让合理性的核查

关于关联方的转让，合理性和真实性是相辅相成、相互验证的两个核心点。更重要的是要关注转让的合理性，只有合理了才能论证真实性，如果看起来就是不合理的，那么真实性也就无从谈起了。关于合理性，至少要从以下几个方面来说明：

1. 受让方的基本情况以及受让股权的原因。我们要关注到受让股权方的从业经历、目前的企业经营情况、后续对于受让股权企业的运作计划等，至少应该说明受让方真的有意愿和必要受让关联方，并且也有能力和资源后续运营好这个企业。在实践中，我们竟然发现一个科技公司的股权受让方为农民或者纺织工人，这样的股权转让可能就会存在很大的疑问。

2. 股权转让的价格确定依据以及价款支付情况。在商业合作中，一个企业不论资产状况还是经营现状只要是在一个正常的商业交易中都应该有一个公允的价值。如果企业的转让价格偏低或者尽管价格公允但是价款不能及时支付都需要重点关注股权转让的真实性。

3. 关联方转让是否存在刻意规避相关情形的问题。比如，会关注到关联方报告期内是否存在违法违规行为、是否存在环保义务或者其他社会责任，发行人通过股权转让来规避这些义务和责任。

4. 关联方转让之后的经营情况。在实践中，我们也曾看到发行人将关联方处置给看似是无关联第三方其实就是代持,然后关联方处置之后也不再经营等上市之后发行人再来处理。关联方受让之后在客户和供应商、资金往来以及经营业绩方面是否存在重大变化也需要重点关注。

5. 关联方转让之后与发行人是否还存在业务往来或者其他往来。转让之后如果还与发行人存在业务往来或者资金往来,就需要重点核查转让的真实性。

七、关联交易决策程序

除了关注关联交易的必要性和公允性,在审核实践中还会关注到关联交易的决策机制和决策程序、关联交易报告期的变动情况、关联交易解决的具体措施以及有效性、实际控制人对于解决关联交易以及避免关联交易所做出的承诺等。

发行人应当披露章程对关联交易决策程序的规定,已发生关联交易的决策过程是否与章程相符,关联股东或董事在审议相关交易时是否回避,以及独立董事和监事会成员是否发表不同意见等。

八、识别与错报

(一)关联交易的识别

如何辨别未被识别的关联交易:

1. 交易金额重大,或为发行人带来大额利润。

2. 交易发生频次较少且交易时间接近于资产负债表日。

3. 交易价格、交付方式及付款条件、结算方式等商业条款与其他客户或供应商明显不同。例如,对其他供应商采用票据结算方式,而对某一新增供应商采用现金交易,或者采用多方债权债务抵销方式进行结算。

4. 付款人与销售合同、发票所显示的客户名称不一致,或收款人与采购合同、发票所显示的供应商名称不一致。

5. 与自然人发生的重大交易或非常规交易。

6. 与同一客户或其关联公司同时发生销售和采购业务。

7. 交易规模与交易对方的业务规模明显不符。

8. 合同条款明显不符合商业惯例或形式要件不齐备。

9. 实际履行情况与合同条款明显不符。例如，未按约定日期发货或未按结算期付款；商品发运目的地为关联方营业场所所在地，而非合同约定的交货地点。

10. 交易形成的款项长期以债权债务形式存在，购销货款久拖不结。

11. 不合常理且对财务指标具有实质性影响的大额政府补助，如补助款项用途不明、未附有任何条件的补助，其真正来源可能是关联方。

12. 交易涉及在没有发行人帮助的情况下不具备物质基础或财务能力完成交易的第三方，为发行人提供担保或发行人为之提供担保。

（二）关联交易的错报

除了关联交易的识别问题，我们需要特别注意关联方的舞弊风险的识别与应对。那么，关联交易通常都有哪些错报呢？

1. 超出发行人正常经营过程的重大关联方交易。超出正常经营过程的重大交易，特别是临近会计期末发生的、在作出"实质重于形式"判断方面存在困难的重大交易，为发行人编制虚假财务报告提供了机会。

2. 存在具有支配性影响的关联方导致的关联交易。管理层由一个或少数几个人支配且缺乏补偿性控制是一项舞弊风险因素，而关联方借助对发行人财务和经营政策实施控制和重大影响的能力，通常能够对发行人或管理层施加支配性影响。即通常家族型企业或者一股独大型企业更易发生财务造假。

3. 管理层未能识别出或未向注册会计师披露的关联方关系或重大关联方交易导致的重大错报风险。通过关联交易非关联化或者故意隐瞒实质上的关联关系而发生关联交易，极有可能是发生财务造假的主要手段。

4. 管理层认定关联方交易按照等同于公平交易中通行条款执行而可能存在的重大错报风险。实务中，某些发行人对公平交易的理解存在误区，即简单认为如果交易价格是按照类似公平交易的价格执行,该项交易就是公平交易,而忽略了该项交易的其他条款和条件(如信用条款、或有事项以及特定收费等)是否与独立各方之间通常达成的交易条款相同。因此除交易价格公允性外,其他交易条款也需要关注。

九、核查与论证

保荐机构及发行人律师应对发行人的关联方认定,发行人关联交易信息披露的完整性,关联交易的必要性、合理性和公允性,关联交易是否影响发行人的独立性、是否可能对发行人产生重大不利影响,以及是否已履行关联交易决策程序等进行充分核查并发表意见。具体体现在:

1. 核查关联交易的构成,报告期内的占比,并评估关联交易的必要性,未来是否持续发生,进一步降低关联交易的措施,对财务报表的影响、存在的税务风险。

2. 核查关联交易定价依据,价格是否公允,毛利率情况是否存在异常,关注是否存在独立性问题。

3. 核查报告期内发行人发生的异常交易,以及新增客户尤其是交易量大毛利率高的客户是否为隐匿关联方交易,必要时需要进行现场走访。

4. 对关联交易的决策程序以及内控措施进行详细核查,是否存在规范的内控制度以及规范关联交易的措施是否有效。

5. 了解发行人是否还存有其他潜在关联交易或者需要按照关联交易标准进行披露的相关交易。

第三节　重大客户(供应商)重大依赖

从基本商业经营和发展逻辑来看,一个企业的经营除受自身的管理和技术水平等诸多因素影响之外,上下游的发展状况及企业对上下游的控制能力也至关重要。换句话说，如果一个企业生产所需的原材料可以任意采购，生产过程精细控制并保证产品高品质，同时产品销售不存在任何“瓶颈”，那么这样的一个企业从理论上讲就是一个近乎完美的企业。

这样完美的企业在实践中可能几乎就不会存在（我国的垄断行业或许可以算作变态的“完美”的企业），以理论上的完美来探讨企业的具体经营问题也属于纯粹的纸上谈兵，毫无价值。每个企业可能都会在某些方面存在一些障碍，这些障碍恰恰是一个企业要发展壮大需要去解决的问题，解决问题的过程也同样是企业成长的过程，因而企业在产供销的某个环节存在一些瑕疵是合理的，也是可以容忍的。那么，如果某个方面存在比较严重的问题呢，至少看起来比较严重呢？这就涉及我们要讨论的重要依赖或竞争问题。

对于上下游的控制，反映的是发行人在行业中的竞争地位，行业地位决定了盈利能力和抗风险能力，抗风险和盈利合并起来就是我们 IPO 审核一直强调的持续经营能力。因而，我们对于 IPO 审核相关问题的关注，其实 80% 以上的因素最终都体现在对经营和盈利能力问题的考量。

一、认定标准

重大客户依赖问题一直是投行实务界一个永恒的话题，每年审核的该类企业很多，有顺利通过的也有惨遭否决的，总归来说成功率相对较高。这很大程度上归功于中介机构对这个问题成熟和审慎的判断，而不能误读为监管机构对于这个问题的宽容甚至放纵。监管机构之所以关注重大客户依赖的问题，主要是担心对单一客户的依赖会影响公司未来的持续经营，如果该客户发生重大变故或有意减少与公司的合作，公司经营将陷入危机，势必会影响投资者利益。因此，针对重大客户依赖问题的解决就应该从此处入手。

什么是客户重大依赖呢，什么样的重大依赖是安全的而哪些又是不被认可的呢？总结起来，判断公司是否构成重大客户依赖主要把握两点：其一，是互相依赖还是企业单独的依赖；其二，如果是单独依赖，那么依赖的是谁？

（一）单一客户收入或毛利占比超50%

发行人来自单一大客户主营业务收入或毛利贡献占比超过50%的,表明发行人对该单一大客户存在重大依赖,但是否构成重大不利影响,应重点关注客户的稳定性和业务持续性,是否存在重大不确定性风险,在此基础上合理判断。

对于非因行业特殊性、行业普遍性而导致客户集中度偏高的,保荐机构应充分考虑该单一大客户是否为关联方或者存在重大不确定性客户,是否为异常新增客户;客户高度集中是否可能导致对其未来持续盈利能力存在重大不确定性的重大疑虑,进而影响是否符合发行条件的判断。

当然,这里需要强调的是,并不是超过50%就不能上市或者低于50%就可以上市,我们只能理解如果超过这个标准问题会变得更加复杂、严重和敏感。此外,小兵更愿意认为并没有一个明确固定的定量标准可以去回答这个问题,不过也有一些因素可以帮助我们去判断和考量重大客户依赖的标准。

（二）特殊行业的例外

对于发行人由于下游客户的行业分布集中而导致的客户集中具备合理性的特殊行业(如电力、电网、电信、石油、银行、军工等行业),发行人应与同行业可比上市公司进行比较,充分说明客户集中是否符合行业特性,发行人与客户的合作关系是否具有一定的历史基础,有充分的证据表明发行人采用公开、公平的手段或方式独立获取业务,相关的业务具有稳定性以及可持续性,并予以充分的信息披露。

按照监管机构的理解,这些企业已经代表了一个行业而不再单纯是一个企业。如果依赖的是小型企业甚至是不知名或者来历不明的企业,那么问题就严重多了,很有可能被人怀疑是关联交易或者利益输送,甚至是企业的经营业绩都存在失真的风险。

此外,国际知名企业是否属于例外情况?四大银行是不是属于例外情况?

从审核实践来看,可以简单理解:(1)四大银行或者市场规模很大的商业银行(招商、民生等)也不属于客户依赖;(2)国际知名巨头企业(三星、博世等)也不属于单一客户依赖;(3)从最近的审核实践来看,一些国际上并非占据相对垄断地位的企业也突破了50%的限制,如迪卡侬、地板的国际知名经销商等。

针对因上述特殊行业分布或行业产业链关系而导致发行人客户集中情况,中介机构应当综合分析考量以下因素的影响:一是发行人客户集中的原因,与行业经营特点是否一致,是否存在下游行业较为分散而发行人自身客户较为集中的情况及其合理性;二是发行人客户在其行业中的地位、透明度与经营状况,是否存在重大不确定性风险;三是发行人与客户合作的历史、业务稳定性及可持续性,相关交易的定价原则及公允性;四是发行人与重大客户是否存在关联关系,发行人的业务获取方式是否影响独立性,发行人是否具备独立面向市场获取业务的能力。

二、审核关注

从审核实践来看,诸多成功和失败的案例告诉我们,重大客户依赖最终影响到的是企业的业务独立性直至持续盈利能力,主要体现在以下几个方面:(1)发行人因为依赖客户而对客户的控制力不够,发行人市场竞争力不够;(2)客户有可能会直接干涉发行人的企业管理和战略规划,导致发行人业务独立性存在瑕疵;(3)发行人会与某客户关系紧密,从而可能存在利益输送行为;(4)发行人的产品销售和持续经营存在重大的不确定性,如果单一客户不再与发行人合作,发行人的经营就会陷入困境。

另外,重大客户依赖的定价公允性也是一个需要重点关注的问题,毕竟小企业面对大企业很有可能被欺负,甚至面临因为价格谈不拢合作关系随时发生变化的风险。这个定价问题,在很多存在客户依赖的企业中并没有引起足够的重视,目前来看在宝莫股份的案例中存在这种情形,中介机构也做了适当的解释。

三、解决思路

保荐机构应当提供充分的依据说明上述客户本身不存在重大不确定性，发行人已与其建立长期稳定的合作关系，客户集中具有行业普遍性，发行人在客户稳定性与业务持续性方面没有重大风险。发行人应在招股说明书中披露上述情况，充分揭示客户集中度较高可能带来的风险。符合上述要求，一般不认为对发行条件构成重大不利影响。

主要解决思路具体体现在以下几个方面：

1. 客户在所在领域的市场份额很大，发行人在下游面对的客户就那么几家，发行人想不依赖也不行。

2. 发行人是客户的优质供应商或核心供应商，说明发行人产品品质过硬、服务到位，发行人和客户是相互依赖的关系，不存在单方依赖。

3. 发行人与客户合作历史久远并建立了稳定的战略合作关系，且未来合作会进一步深化而前景广阔。这种合作关系短期内终止或者改变的可能性不大，这能够保证发行人经营的稳定性。

4. 发行人正在积极开拓产品在其他领域的应用，并积极开发新的客户并且已经初见成效（如最近一期可以将单一客户销售比重降低至50%以下），这能够很好地解决发行人客户依赖的问题。

5. 如果有可能，我们还可以从财务的角度来解释客户依赖不会影响发行人的持续盈利能力和上市条件：（1）剔除单一大客户的因素，发行人的盈利仍旧保持稳定增长且符合发行条件。（2）发行人向单一客户销售产品的价格和条件与其他客户完全保持一致，不会影响基本财务指标。

四、供应商依赖

从理论上来讲，供应商重大依赖与客户重大依赖都属于发行人经营存在不确定的情形，两者在逻辑和机理上存在很多的相同之处，很多问题的解决思路我们可以互相参照。较之客户重大依赖问题，供应商重大依赖的问题在实践中并没有受到过多关注，发行人存在供应商依赖的情况较少，由于这个原因而审核不通过的情况更少。**至于原因，其实也很简单，毕竟市场绝大多数是买方市场，产品可以无法销售，但是采购无法实现只能是在极端情况下才能发生的事情。**从现有的案例来看，尽管部分企业存在供应商重大依赖的问题，但是审核过程中对于问题的关注明显没有客户依赖那么多，也体现了审核的基本思路。

总结审核实践，供应商重大依赖主要存在两种情况，一种情况是供应商比较单一或集中，另一种情况是对原材料品种以及供应产能存在依赖。对于供应商依赖问题，主要也是关注两个核心的维度：是否还有其他的替代商；选择其他替代商是否成本会提高，替代商是不是经济可行的。如果就这一家有货，没有别的替代商，那这个问题也就不用说了。有别的替代商，但是选择替代商可能成本会提高很多，甚至影响到发行人正常的生产经营，这样的话也需要重点关注风险。

（一）供应商单一或集中

供应商单一的情形一般是由以下几种情况造成的：

1. 行业发展特性，公司生产所需原材料上游就那么几家生产，不采购他们的就没法生产了。

2. 企业历史渊源，公司从起步就是采购某几家的原材料，后来就建立了长期的合作关系，没有发生变化也没有必要发生变化。

3. 公司产品全部定位于高端，所需原材料的品质要求高，市场上满足条件的企业不多。

如果是第一种情况，风险还是比较大的，如果供应商经营不善或者不再供应，那么公司的生产经营就会存在问题，一般解释的思路是：(1)这几家供应商都是大企业，产能可以满足整个下游企业的需求，满足公司需求没有问题；(2)公司已经与其建立了长期合作关系，供应商产能不足的情况下会优先供应本公司；(3)公司正在研发该种原材料的替代产品，有望在短期内实现突破。

如果是第二种情况,那么就好办多了。企业目前的状况是可以满足生产需求的,如果合作模式发生变化,我们也可以改变自己的习惯,随时找到新的供应商。当然,这种情况下可能存在一个问题,那就是如果更换供应商,原材料的质量怎么保证,需要有一个合理的解释。

第三种情况有点伪命题的意思,如果真要存在解释思路可以参考第一种情况。

(二)原材料单一依赖

简言之,就是公司产品所需原材料是一种产品且这种产品产量有限,这种情况往往是由行业特点决定的,如药企的药材供应或者化工企业某类原材料的供应等。如果行业有该类特性,那么主要解释行业特点以及保持稳定性和持续性的理由是可以的。如果企业独立于行业的整个模式,那么风险就非常大,很难被认可。

尽管对于这种情形,我们可以列出很多理由作出解释,但这种情况下还是会存在一定的经营不确定性和风险。当然,如果这种原材料尽管单一却是取之不尽用之不竭的,这样也不会有问题,不过这种情况还是比较少见的。

五、客户和供应商双重依赖

我们前面提到了关于客户依赖和供应商依赖的问题,在IPO审核实践中,也存在同时对客户和供应商双重依赖的情形,但是这种情形比较少见。从企业生产经营的角度来说,一个企业可以在销售方面很强大从而淡化对供应商的控制,也可以对供应商有很强的控制力从而淡化对销售的发掘,但是很少有一个企业在同时被供应商和客户控制的情况下还能够保持市场竞争的独立性和稳定的持续盈利能力。从目前的情况来看,存在这种情形比较典型的一种情况就是“B/S”模式。

关于这一问题,我们通常需要关注到两个层次的事项,一个层次关注发行人与这样的客户以及供应商合作的商业本质和合理性，另一个层次关注发行人的收入确认政策是不是符合会计准则要求，说白了还是一个财务真实性问题和一个财务合理性问题。其具体如下：

1. 关注发行人对客户和供应商双重依赖的必要性和合理性。其实，IPO 实践中某些客户同时也是供应商的情形还是存在的，但是如果该客户同时出现在客户前 5 名和供应商前 5 名中或者说交易金额占比非常高的话，还是需要重点关注其业务的商业逻辑和合理性。

2. 关注发行人与客户交易的实质是产品销售还是委托加工。如果发行人的产品附加值很高，发行人向供应商采购原材料之后要经过复杂的加工再销售，那么可能还不会引起关于是不是委托加工的质疑。但是，如果发行人的产品附加值并不是很高，且向该客户采购原材料占产成品成本的比例又非常高，那么对客户的销售行为有可能被质疑这种交易本质就是一种委托加工模式了。

3. 关注发行人向该类客户销售产品的收入确认政策是不是与其他客户的政策完全保持一致，是否存在收入确认不审慎的情形。此外，是否存在发行人采购原材料价款直接通过销售价款来抵扣这样非常不规范的一种财务处理措施，是否可能导致发行人财务报表不能真正反映企业经营实质的情况。

4. 关注发行人与客户和供应商的合作是否能够长期持续，发行人是否对其存在重大依赖。

需要说明的是，在这一特殊的商业模式中，无论怎样去解释其商业合理性和必要性，IPO 审核还是以企业的质地和盈利规模为最终的判断标准，如果发行人盈利能力一般或者刚刚踩过 IPO 审核的业绩门槛，那么审核的难度还是很大的。

第四节 客户(供应商)入股

早在审核制的时代，2010 年前后，关于拟上市公司在上市前引入上下游作为股东的风潮一经兴起就不可遏制。当初,监管机构也体现了"合理即允许"的宽容审核理念,不过,随着 PE 突击入股、关联交易过大无法解决、利息输送隐忧逐渐显现等问题的出现,没过多久监管政策又全面收严并明确因上下游入股问题而否决了一些企业。至此,上下游作为股东问题正式成为一个混乱糊涂的问题,不知道到底能不能做,或者说到底哪些可以做哪些不可以做。

目前,随着 IPO 注册制改革的审核,审核理念和标准都在变化,而关于供应商及客户入股问题,在尊重商业逻辑下,这样的"战略合伙"是允许的,不过关于入股的价格怎么确定、入股前后的交易情况是否有重大差异、带着资源来入股是不是可以等问题都需要我们认真思考。

目前的 IPO 审核案例,尤其是科创板的审核,逐渐形成了阿里系、小米系和华为系等。这些企业不只是自己做大做强了,同时通过在相关产业的投资,间接实现了其他领域的 IPO 上市,不只巩固了自己的产业链体系和生态,也实现了足够的回报。当然,成体系的 IPO 投资和申报案例,自然是跟目前的注册制审核理念变革有着直接的关系,如对于同业竞争和关联交易问题的放松,对于投资时机和价格的理性探讨,对于业务独立性以及商业合作逻辑的充分尊重等。

在注册制审核理念下,如果股东带来的客户资源是确定的且没有任何水分,也经得起核查,同时股东的入股价格也合理公允,这是一个可以思考的问题,现实中,是不是真的都能够那么清楚,说得明白,也是一个问题。

据了解,监管机构未来将会严格核查和控制关于发行人申报之前的突击入股问题,尤其是要控制通过突击入股进行利益输送的情形。监管机构要做出这样的决定,肯定是因为 IPO 审核实践中已经感受到了这样的情形和风险,并且可能还有愈演愈烈的趋势。

一、基本商业逻辑

关于供应商或客户的入股问题,以前基本的审核口径是:如果是先有的业务合作且保持稳定，那么后续的入股是允许的且具有商业合理性，审核的时候要重点关注入股前后发行人与客户或供应商的商业合作条款是否有重大变更，是否存在销售额、销售价格以及信用政策发生重大变化的情形。

目前的注册制审核理念下，我们还需要顺着以前的思路进一步思考以下情形：(1)客户入股发行人之后，发行人向这个客户销售的金额和占比大幅增加，远高于其他客户是否可以？(2)客户入股发行人之前没有产品销售记录，而客户入股之后实现销售且金额大幅增加是否允许？(3)客户入股发行人之后，产品销售价格发生重大变化或者商业信用政策发生重大变化是不是允许？

关于第一种情况，合理的商业逻辑是：客户跟发行人一直都有业务合作，只是比较稳定，因为行业发展以及客户本身的业务发展，发行人与客户的合作自客户入股之后销售金额大幅增加是符合商业规律的，只是一种巧合或者入股与合作增加是相互映衬的商业现象，没有必然的联系。因为看好合作所以入股，因为入股了所以有了更多的合作，这么来看并不违和。

关于第二种情况，看起来更加敏感一些，但是实践中可能也有这样的商业逻辑：发行人的产品要进入客户的供应商体系需要很长时间的互相验证和筛选，这样的时间短则几个月长则几年，经过考验发行人的产品很好，后续会有大规模的合作，于是这时候客户就选择要入股发行人，绑定合作关系。这种情况下，发行人与客户的合作是靠自身实力竞争来的，并不是靠单纯入股得来的，因而也是合理的。甚至可以这么想，凭借自身实力，发行人不仅找到了客户，还拉来了投资。

关于第三种情况，是否具有合理性呢？目前没有看到案例，但是小兵可能想到的合理性在于：行业的变化、客户竞争的变化、发行人产品或者经营策略的变化等。不管怎样，要论证的一个核心理论是：**发行人与客户的合作以及客户的入股是独立的事件，没有必然的联系。**

在注册制审核理念之下，对于很多 IPO 问题的思考和判断都已经突破了原来旧的审核理念和标准，有些甚至就是颠覆。比如：关于专利诉讼的审核标准问题、员工持股平台员工出资资金来源问题、关于同业竞争认定标准问题、关于关联交易的解释口径问题,以及关于客户入股成为关联方且发生重大关联交易的问题。

客户入股发行人,在IPO审核实践中已经成为一个非常常规且成熟的问题。在保证客户入股发行人不成为IPO实质性障碍的情况下,对于这个问题主要关注的事项在于:入股的价格是否合理公允、入股的背景以及发行人与客户的合作历史、发行人入股前后与客户的合作内容和合作条件是否发生重大变化等。

二、审核关注

根据现有的案例,我们也总结了关于客户(供应商)入股重点关注的问题:

1. 作为发行人股东的供应商、客户是否对发行人的生产经营和独立性产生重大影响。

2. 客户入股发行人的必要性及商业合理性,是否系行业通行做法,入股作价的依据及公允合理性,与发行人及其关联方是否存在关联关系。

3. 发行人向其销售、采购的产品定价、数量、收付款政策等在入股前后是否发生变化。

4. 发行人向其销售、采购的产品定价、数量、收付款政策等与其他供应商、客户是否一致,并对比分析采购/销售价格的公允性。

5. 入股客户与发行人合作的历史,从合作开始的历年交易金额、数量以及变动情况。

6. 有无潜在利益安排,是否存在其他特殊条款。

三、解释思路

从商业逻辑上来讲,将发行人合作多年且合作愉快的上下游引入作为股东一起分享企业发展的成果,同时能够进一步稳定发行人的采购和销售,怎么样看起来都是一件两全其美的事情,也不应该受到过多的苛责。注册制下一个新的审核问题值得我们深度思考:投资者的入股以及与发行人的业务合作,应该保持怎样的商业逻辑和合理边界?

1. 入股的上下游已经与发行人建立了长期稳定的合作关系,这种合作是明确的、稳定的、可预期的。如果是上下游与发行人进行业务合作不久之后就入股甚至是入股之后才发生交易则会存在较大风险。

2. 上下游入股之后与发行人的关联交易在可控范围内。有的案例可能是发行人的第一大供应商或客户入股发行人,那么入股之后发行人的关联交易金额会比较大,会影响对发行人独立性和持续盈利能力的判断。

3. 上下游入股之后不影响发行人的独立性和内控制度。如果发行人在上下游的市场博弈中处于劣势地位,那么在上下游入股过程中可能会对这个过程缺乏控制和制衡,甚至上下游入股之后还要参与发行人的生产经营和战略决策。如果存在这种情况,那么需要慎重判断发行人的业务独立性是否存在实质性障碍。

4. 上下游入股不能构成同业竞争风险。这是企业上市的一个基本标准和底线问题,不再多说。

第五节 既是客户又是供应商

如果抛开 IPO 这样一个大的特殊因素和背景,那么任何一个发行人都是整个复杂而又系统且极度精细划分的产业链条中的一个有机组成部分。发行人既可能是某个企业的供应商也可能是另一个企业的客户,这是从产业链的角度来说的。但是,同一个企业既是发行人的供应商也是发行人的客户,这种情况看起来不是那么可能,在实践中还是会存在的,这就要求我们必须承认商业竞争环境的复杂性和多变性。

一、基本商业逻辑

到底是怎样的情况下可能会造成一个企业既是客户又是供应商的情况

呢?一种情况是这个企业的业务范围非常宽广产业链很长,恰巧可以覆盖发行人的原材料和产成品。另一种情况是发行人可能就是这个企业的一个加工厂,在企业的指定下采购并且销售。从某种意义上来讲,就算是第一种情形(第二种不考虑),发行人是否具备完整的业务结构并且独立面向市场竞争也是存在疑问。因而,在IPO审核实践中可能存在既是客户又是供应商的情形,但是一般规模都不会很大,如果规模很大审核风险也会很大。

在一般的商业合作逻辑中,如果大规模存在这种双向合作的情况,那么很容易被监管机构质疑发行人是不是只是一个委托加工的企业,而不是一个独立面向市场竞争的企业。这里说的独立参与市场竞争能力,其实并不复杂,简单来说就是:是否能够选择性价比最好的原材料和供应商,是否能够有运行最好的生产线生产出最优质的产品,是否能够独立开拓出足够多优秀的稳定的客户并且有一定的谈判权和话语权,能否对自己的运营独立承担风险并且获取收益。

在IPO审核实践中,我们已经遇到一些发行人客户同时是供应商的情形了,从审核的角度来看也是得到了监管机构的认可。不过,一般情况下,都是小的客户和供应商是同一家企业的情形,如果是前五大客户和供应商是同一家企业的情形,除非是典型的"B/S"模式,很大程度上会被质疑市场竞争和业务合作的独立性。

二、审核关注

根据最新的审核政策,判断属于委托加工还是独立购销,是否独立签订购销合同以及独立开发票都不是重点考虑因素,还应考虑如下因素:(1)生产加工的复杂程度,是否涉及复杂的工艺,产品变动是否很大;(2)风险报酬是否转嫁,如交易对方既是供应商又是客户的情况下,向其采购的原材料只能专门用于给他生产的产品,协议签署时采购价和回售的价格已经确定,受托方实质上不承担经营风险,作为委托加工比较合适。

对于既是客户又是供应商的情形,主要关注要点如下:

1. 核查并说明发行人既是客户又是供应商的具体情形以及形成问题的具体原因，并了解是否属于相关的行业惯例与企业行为的合理性。

2. 分别详细说明客户和供应商交易的内容、金额、占比以及变动趋势等内容，关注发行人合作的背景和历史，后续是否还需要继续合作，是否有具体解决措施。

3. 说明是独立购销还是委托加工的判断过程和依据。一般从以下四个方面进行判断：(1)实体有提供货物或劳务的责任；(2)实体承担购销前后的存货风险；(3)实体有权利参与议价过程；(4)实体承担了客户的信用风险。

4. 核查并说明发行人与供应商和客户合作的金额占整个收入和净利润的占比情况，是否对该客户和供应商存在重大依赖，是否影响发行人的持续盈利能力和独立市场竞争能力。

5. 核查并说明发行人与供应商和客户的合作条款与其他客户（供应商）之间是否存在较大差异，是否存在利益输送的情形，是否存在调节业绩的情形等。

6. 发行人对于特殊业务合作是否制定了完善的内部控制措施，措施的有效性以及具体执行结果。

第六节　向客户（供应商）提供资助

关于发行人向自己的客户提供各种类型帮助的问题，实践中很多发行人都想过甚至愿意去做，但是又担心会在 IPO 审核过程中不能得到认可，因而都不敢去轻易尝试。从 IPO 审核的角度来说，发行人向客户提供资助，必然引起关于发行人销售收入真实性、与客户是否存在利益输送、是否存在对发行人产生重大不利影响的风险等问题。如果因为向客户提供资助而导致对于发行人销售业绩真实性和合理性的怀疑，也就真的是得不偿失了，因而在 IPO 实践中很少遇到。

有些人还会问,发行人既然可以向客户提供帮助,那么为什么没有见到向供应商提供帮助的。很简单,在目前情况下几乎都是买方市场,发行人不需要依赖供应商,自然也就不会主动提供帮助了。也就是因为这个逻辑,如果发行人向供应商提供金融帮助,必然会引起关于是否对供应商存在依赖的质疑。

一、基本情形

简单总结一下,在实践中发行人向客户提供资助的基本情形有:(1)向客户提供资金拆借,帮助客户进行资金周转;(2)为客户的融资提供担保,帮助企业对外融资;(3)为客户提供融资租赁等类融资行为的帮助;(4)允许客户使用发行人的商号、专利等。

其实,我们比较熟悉的一些销售政策,应该也是对客户进行资助的一些情形。比如:信用政策的调整(如将优质客户的信用周期从3个月调整为6个月)、返点或者积分(如根据客户的销售规模进行不同比例的返点)、帮助客户进行产品的宣传和广告推广(在加盟模式下,发行人替加盟商进行广告宣传)等。只是这些情形已经成为行业惯例,不仅是发行人在采用这样的模式,而且是整个行业都在采用这样的销售政策,那么这样的政策尽管也存在对客户不同的激励措施但已经不那么引起关注了。

二、审核关注

向客户提供资助并不是全然禁止的,其核心还是在于以下三个方面:

1. 资助过程是否公允,如延长应收账款是否收息;为经销商、代理商提供的资助资金是否约定偿还日期以及利息等。

2. 资助过程中利益输送的情形,尤其是对于存在关联关系的经销商、代理商,是否存在豁免债务、无息资金等,这些会导致发行人的利益受损,需要在尽调过程中重点核查并规范。对于经销商、代理商的资助,如果有合理理由并在资助过程中没有使发行人利益受损,是可以接受的。

3. 还有最重要的一个方面就是,既然客户接受了发行人的帮助,那么客户是不是就有了足够的动机来帮助发行人调节业绩呢？换句话说，客户帮忙冲击业绩也是发行人愿意帮助客户的条件之一呢？

三、解释思路

关于向客户（供应商）提供资助的问题，主要考虑从以下方面进行解释：

1. 发行人向客户提供财务资助的时间、发生额、期末余额以及后续规范措施及有效性。

2. 发行人向客户提供财务资助的背景和原因、是否存在关联关系，在商业逻辑上是否存在足够的合理性。

3. 发行人向客户提供的资金的流转链条是否清晰，是否能够进行全面充分的核查，防止资金变相提供给了控股股东以及相关关联方从而形成资金占用，也要防止资金间接流转到了客户或者其他主体那里成为业绩操纵的重要方式。

4. 接受资助的客户向发行人采购的产品的种类以及价格与其他客户是否存在差异，是否存在明显的不同，是否存在通过这种方式调整业绩的风险。

5. 发行人向客户提供资金资助是否获得收益，获得收益的方式以及金额是否合理，如果没有获得那么是否具有合理性。

四、核查步骤

一般来说，核查发行人是否存在向客户和供应商提供资助的情形，主要分为以下几个步骤：

1. 了解发行人的销售模式，对于存在经销模式以及代理商的发行人，需要重点核查其与经销商、代理商的业务往来，包括资金流水、往来账款，是否存在应收账款账龄异常或核销应收账款的情况，以及应收账款与商品的销售情况是否匹配，可以排查发行人是否给经销商、代理商提供财务资助的情况。

2. 了解发行人与前十大客户的业务往来情况，核查内容主要有：（1）销售价格是否公允，是否存在低价销售的情况；（2）是否提供比其他客户更大的现金折扣;(3)是否提供比其他客户更长的信用期;(4)是否存在无因豁免账务的情况。以上情形都存在向客户提供资助的可能,需要了解发生的具体原因,并判断是否具有商业合理性。

3. 对于存在关联关系的经销商、代理商,重点核查签订的协议、销售价格,是否存在不公允的情形;关注往来账款是否存在豁免或者延长信用期的情况。对于关联关系经销商、代理商,是否有提供无息借款,存在担保、融资租赁等。

总而言之,向客户(供应商)提供资助,容易导致发行人销售收入的真实性难以保障,并且存在利益输送可能,从而被质疑销售合理性和真实性。对于存在的不合规资助行为,必须在申报前消除或者合规化。对于存在商业合理性且符合发行人内控流程的资助行为,需要重点解释资助行为是否存在合理的决策程序、资助客户的标准、是否存在违约风险、合理的资助行为一旦解除是否会影响到发行人的可持续盈利能力等。

第七节 其他情形

随着注册制的推行,越来越多的创新商业模式实现 IPO,这也带给中介机构更大的挑战。对于一些创新的特殊的商业模式,除了要增加相应的核查手段,还需要思考商业模式的合理性,探求背后真实的商业目的,核验逻辑的合理性。

面对这些新兴的商业模式,IPO 审核更加尊重发行人自身的商业逻辑,小兵也觉得对于一些由特殊原因形成的问题,只要能从商业合理性的角度解释清楚,不应拘泥于审核条件的条条框框,在尊重真实性和合理性的前提下,我们应该更加宽容和放心。

一、生态圈的业务独立性

随着这两年互联网运营模式的发展和成熟,IPO 审核中也提出了一个“生态圈”的概念。对于在生态圈里成长的企业,我们不能用传统思维去看待,企业关联交易和同业竞争并不一定构成 IPO 的实质性障碍。同样地,这个生态圈也不能被简单看作一个普通的企业,比较典型的生态圈有阿里系、京东系、小米系等。

生态圈的概念可能重构了传统的商业模式和商业逻辑,在这样的改变下,传统的同业竞争和关联交易的考量思维显然已经不合适。比如,最简单的情形:阿里可能投资了很多同行业企业,同时阿里系也是发行人的重要股东且是最重要的客户,这时候,发行人就存在大规模的关联交易和潜在同业竞争的问题。如果放到生态圈去考量,这样的业务模式是存在合理性的,那么同业竞争和关联交易并不一定构成 IPO 的实质性障碍,在注册制情况下更应该如此。

当然,小兵觉得 IPO 审核逻辑永远都是把优秀的企业选择出来上市成为公众公司,那么一个优秀的企业不管怎样必须有一个条件:独立面对市场竞争的能力。企业可能高速发展、可能快速成长、可能收入和利润规模都很大、可能未来也是前途无量,但是我们终究要问:企业实现的这一切是独立努力的结果吗?

二、销售区域集中

关于发行人销售区域依赖的问题,在某些行业可能会相对比较明显一些,如快速消费品行业、园林生态行业、软件配套行业等。这些行业由于市场容量巨大,每个区域都可能会有比较大的需求,发行人通过在周围市场打开局面并迅速发展壮大是符合商业逻辑也是合情合理的。当然,我们也必须要充分认识到,并不是所有的企业在销售区域集中的情况下,满足持续盈利能力条件就能够成功上市的,这还是要有一些前提条件的。

我们必须要明白一个基本的逻辑,那就是:尽管实践中有一定数量的企业不会因为销售区域集中而构成实质性障碍,但是可能有更多的企业会因为销售区域集中而无法上市,也就是说,这个因素对于企业的持续盈利能力还是有比较大的影响的。

分析目前已经成功的销售区域集中而上市成功的案例,我们可以简单总结出一些如何解释这个问题的思路:(1)发行人所处行业市场容量巨大,发行人销售集中的领域市场容量也很大,不仅存量大而且增量会很客观,就算是发行人不去别的地方开拓业务也有很大的发展空间;(2)发行人的技术和产品具有很强的异地复制性,发行人异地市场开拓不存在实质性障碍;(3)发行人在销售集中区域之外的市场开拓已经有了一定的效果,尽管销售占比还不是很高,但是已经体现出了逐年提高的趋势。

三、投资收益占比高

《首次公开发行股票并上市管理办法》对发行人持续盈利能力条件的规定中,要求发行人不得有"最近 1 个会计年度的净利润主要来自合并财务报表范围以外的投资收益"的情形,通常是指发行人最近一个会计年度的投资收益不超过当期合并财务报表净利润的 50%。

对该款限制性要求的把握,不仅关注发行人来自合并财务报表范围以外的投资收益对盈利贡献程度,还关注发行人纳入合并财务报表范围以内主体状况、合并财务报表范围以外投资对象业务内容以及招股说明书相关信息披露等情况。

这一条一直存在争议甚至还曾经发起关于专门的投资公司(PE)能否上市的大讨论。监管部门也曾表态对这一条进行修改,不过到目前规则也没有变化,直到常熟汽饰(603035)这个案例打破坚冰之前,也没有其他案例成功突破这一条的规定。常熟汽饰的案例的确是给了我们很多判断的标准和依据,也在一定程度上直接通过案例的方式解释了《首次公开发行股票并上市管理办法》的这一条规定。当我们还在纠结投资收益占比多高算是主要依赖的时候,这个案例直接将投资收益占比拉升到了 60% 的比例,这也算是 IPO 审核过程中案例改变规则的一个典型的案例了。

在后续出台的 IPO 审核问答中,对于这个问题也是进一步明确了具体的规则和要求。如果发行人能够同时满足以下三个条件,则最近一个会计年度投资收益占净利润比例较高情况不构成影响发行人持续盈利能力条件的情形：

1. 发行人如减除合并财务报表范围以外的对外投资及投资收益，仍须符合发行条件要求，包括具有完整产供销体系，资产完整并独立运营，具有持续盈利能力，如不含相关投资收益仍符合首发财务指标条件。

2. 被投资企业主营业务与发行人主营业务须具有高度相关性，如同一行业、类似技术产品、上下游关联产业等，不存在大规模非主业投资情况。

3. 需充分披露相关投资的基本情况及对发行人的影响。发行人如存在合并财务报表范围以外的投资收益占比较高的情况，应在招股说明书风险因素中充分披露相关风险特征，同时在管理层讨论和分析中披露以下内容：(1)被投资企业的业务内容、经营状况，发行人与被投资企业所处行业的关系，发行人对被投资企业生产经营状况的可控性和判断力等相关信息；(2)发行人对被投资企业的投资过程、与被投资企业控股股东合作历史、未来合作预期、合作模式是否属于行业惯例、被投资企业分红政策等；(3)被投资企业非经常性损益情况及对发行人投资收益构成的影响，该影响是否已作为发行人的非经常性损益计算；(4)其他重要信息。

主板的审核案例已经有了，审核标准也已经明确了，那么，创业板是不是可以参照执行呢？需要重点说明的是，在《首次公开发行股票并在创业板上市管理办法》(已废止)、《创业板首次公开发行股票注册管理办法(试行)》的规定中，并没有规定净利润主要来自投资收益这一发行条件。那是不是意味着创业板对于投资收益占比没有要求呢，显然不是。中科院成都信息技术股份有限公司(300678)案例给了我们理解创业板这一审核条件的一些思路。从目前的关注点来看，创业板对于投资收益问题的关注与主板基本上保持一致，主要还是三大重要标准。不过比较有意思的是，主板可以要求发行人直接论述是否符合发行条件，而创业板需要发行人解释投资收益占比较高的情况下发行人是不是属于“经营同一种业务”这一发行条件，算是对这个问题另外一个角度的间接关注吧。

第五章 合规经营

从保荐制到注册制，IPO 审核按照固定流程和标准审核也已多年。关于企业经营的合法合规性问题，从最初的重点关注问题甚至还有一些讨论和争议，到现在解决思路和处理方案都已经非常成熟且明确固定，很多时候都已经没有了思考的必要。当然，我们也应该看到，合规经营问题也是一个时刻在变化的问题，因为企业的经营环境以及相关的外部监管政策也在随时变化，IPO 审核涉及的合规问题的标准也需要随之更改，如对于环保问题核查要求的放松限制，以及对于经营资质瑕疵问题的进一步尊重商业逻辑等。

就算小兵每次进行系统的 IPO 审核问题分析和整理，每次仍旧会遇到关于企业合法合规性的一些新的问题。随着新证券法的修订，涉及 IPO 合规问题的新的变化主要体现在：

1. 将发行人最近 3 年不存在重大违法违规行为作为企业的上市基本条件之一。

2. 明确将发行人控股股东和实际控制人作为企业合规经营的考察范围。

3. 对于贪污、贿赂、侵占财产、挪用财产或者破坏社会主义市场经济秩序等刑事犯罪的核查标准进一步明确。

第一节　重大违法违规行为

一、审核标准

重大违法行为是指发行人及其控股股东、实际控制人违反国家法律、行政法规，受到**刑事处罚或情节严重行政处罚**的行为。

认定重大违法行为应考虑以下因素：

1. 存在贪污、贿赂、侵占财产、挪用财产或者破坏社会主义市场经济秩序等刑事犯罪，原则上应认定为重大违法行为。

2. 被处以罚款以上行政处罚的违法行为，如有以下情形之一且中介机构出具明确核查结论的，可以不认定为重大违法：(1)违法行为显著轻微、罚款数额较小；(2)相关处罚依据未认定该行为属于情节严重；(3)有权机关证明该行为不属于重大违法。但违法行为导致严重环境污染、重大人员伤亡、社会影响恶劣等并被处以罚款以上行政处罚的，不适用上述情形。

3. 发行人合并报表范围内的各级子公司，若对发行人主营业务收入或净利润不具有重要影响（占比不超过5%），其违法行为可不视为发行人本身存在相关情形，但其违法行为导致严重环境污染、重大人员伤亡或社会影响恶劣的除外。

4. 如被处罚主体为发行人收购而来，且相关处罚于发行人收购完成之前执行完毕，原则上不视为发行人存在相关情形。但发行人主营业务收入和净利润主要来源于被处罚主体或违法行为社会影响恶劣的除外。

5. 最近3年重大违法行为的起算时点，从刑罚执行完毕或行政处罚执行完毕之日起计算。

二、刑事处罚

最近几年，商业贿赂一直是IPO审核重点关注的问题。关于商业贿赂，

IPO 实践中最常见的情况是受贿人被刑事处罚,然后行贿人被牵连,有的被判刑,有的是被协助调查。

关于这种问题的处理,从刚开始的很大争议,到现在基本上也有了明确的思路,当然这跟大的环境支持民营经济的发展有着直接的关系。关于行贿行为对于 IPO 的影响,可以简单理解如下:

1. 在行贿的案件已经判决,且行贿金额相对较小,且监察、检察机关明确不起诉的情况下,不会对 IPO 构成实质性障碍(不论是单位还是个人);

2. 如果是个人构成刑事犯罪被处罚,但是不构成单位犯罪,且行贿的资金来源都是个人,行贿行为也是个人行为,那么也不构成发行人的重大违法违规行为,也不影响 IPO 审核。

(一)审核要点

根据现在 IPO 的审核标准,只要发行人以及相关人员涉及刑事犯罪没有被立案调查、撤诉、决定不起诉,那么都不会构成 IPO 的实质性障碍。某些刑事犯罪,就算是被处罚,只要不影响董监高的任职资格以及不构成发行人的重大违法违规行为,那么也不影响 IPO 审核。

IPO 上市规则不论是对公司还是人员的刑事犯罪行为是否影响 IPO 条件有着明确的规定,但是以前实践中处理的经验不足以及参考的案例不多,导致实践中遇到这样的问题还是会觉得比较头疼和麻烦。

根据现有一些案例的情况,对一些思路简单总结如下:

1. 关于公司涉及刑事犯罪的情形

这个问题如果发生,那么对于 IPO 的影响还是非常重大的:

(1)如果在审查过程中,那么就不允许 IPO,因为这是不满足企业上市基本条件的。

(2)如果已经审理完毕并进行了处罚,如果不是规则所明确的经济类犯罪的类型,则不一定构成 IPO 的实质性障碍,不需要运行 3 年之后申报。

(3)如果其他案件涉及公司,但公司目前还没有进入刑事司法程序,那么也需要对这个问题进行定性并明确发表意见(必要的时候需要外部机构发表意见)。

2. 关于人员涉及刑事犯罪的情形

(1)首先要明确个人的刑事犯罪行为是否跟公司有关系,是否为发行人谋取利益,这是要界定清楚的。

(2)如果人员已经进入刑事审查阶段,则需要关注是否还能够履行公司职责,一般情况下可能会采取离职的处理方式。

(3)如果人员已经被处罚,那么还需要关注《公司法》第 146 条的相关规定。

《公司法》第 146 条是对公司董、监、高任职资格最重要的一个限制和负面清单,是非常重要的规定,不过在 IPO 审核实践中明确涉及违反这一条规定的案例却几乎没有。原因可能也简单,犯罪的不担任董事,董事犯罪的情形不多,又是董事又犯罪的 IPO 更少,三者交集在一起,自然就罕见了。

行贿罪的 IPO 审核要点还有一些很关键的问题,就是发行人是否通过行贿规避了什么规则,是否隐瞒了什么违法违规行为,是否影响到生产经营的合法合规性,是否帮助发行人提高了业绩水平或者减少了损失等。总之,对于行贿罪的判断,最终都要回归到对于发行人自身生产经营的影响,毕竟发行人才是 IPO 的审核主体。

(二)是否谋求不正当利益

关于是否构成行贿罪,最新的刑法规定一直在强调是否谋取不正当利益,并且是否谋取不正当利益成为是否构成行贿罪的一个核心要件。但是,对于企业来说,谋取不正当利益不仅体现在增加收益,而且体现在减少损失,这样的收益或者损失,不仅包括金钱,也包括效益、公平以及规则等。从司法解释的角度来说也是这个理念,就是要从更加宽阔的思路去理解不正当利益的内涵。

此外,我们也要思考,至少一般情况下,行贿都是为了给自己谋取好处,不然谁会白白给别人送钱。当然,实践中利益可能是看得见的也可能是看不见的,可能是现在的也可能是未来的,可能是一次性的也可能是连续的,有些从证据的角度来看并不好那么一一对应而已。

(三)为何强调经济犯罪

从IPO上市规则来看,目前对于实际控制人和发行人的重大违法行为构成实质性障碍的,一类是经济犯罪,另一类就是涉及国家安全、公共安全、生态安全、生产安全、公众健康安全等违规犯罪行为。后一类非常容易理解,可以简单认为这些行为都是罪大恶极的行为,那么,经济犯罪为什么要严格控制?小兵理解的逻辑就是:**经济犯罪背后很可能是企业依靠犯罪行为获得了利益,利益既包括获得收益(如获得客户资源),也包括免除了相关责任或隐藏了风险(如免予处罚或者不用承担更大环保责任)等。**

第二节 业务合规

在注册制IPO审核理念下,在审核标准和要求方面,还有一个非常重要的变化,大家应该关注到,那就是:对于发行人生产经营合规性的宽容和理性评价。这里的生产经营合规性范围很广,包括获得客户的过程是否合规、是否存在应该招投标而没有招投标的情形、是否存在没有资质生产或者超越资质要求生产的情形、是否存在没有审批先建设的情形、是否存在超越批复产能进行生产的情形等。

对于上述涉及经营合规性的问题,在以前的IPO审核标准中,原则上报告期内是不应该存在的,因为这种情形直接被定性为发行人经营不合规,那么相关的经营业绩不值得信赖,因而也就可能不满足发行条件。关于这个问题,尽管发行人出现的瑕疵可能有各种客观理由、背后原因,但是基本上没有突破的案例。当然,这样的审核标准确实也有很大争议,毕竟一些非常优秀的企业因为历史上一些合规事项而不能 IPO,那么的确是一件遗憾的事情,同样也是 IPO 制度设计和执行的失败。

在目前的 IPO 审核标准下,上述提到的问题不再是 IPO 审核的绝对红线,当然也需要满足一定条件:(1)合规瑕疵的发生有特定的背景和原因,发行人不是主动犯错;(2)对于生产经营没有产生重大不利影响,不存在任何环保、安全生产等任何风险;(3)合规瑕疵存在的周期较短、通过瑕疵实现的收入和利润占整个收入和利润的比例较低,情节很轻微;(4)主管部门出具证明,确认相关行为存在不合规的情形,但是不会被处罚;(5)实际控制人承诺,根据相关文件,就算是处罚后果也可控,并且实际控制人会承担罚款等责任。

一、经营资质问题

关于经营资质,至少从商业逻辑的角度来说,一点都不难理解。很多行业的企业都有对口的监管部门,监管部门对企业的监管既有事前管理也有事后管理,事前管理主要就是通过发布相关准入资格证书的方式来实施。某些行业的企业,在经营相应的业务之前,必须取得主管部门颁布的证书才可以正式生产经营,不然就是违规经营,存在重大的风险,从而导致可能不符合基本的 IPO 审核标准。

(一)审核标准

关于经营资质在 IPO 实践中的情形简单总结起来不过就是两种:一种是没有资质经营,说白了就是没有资格之前就已经开始经营了;另一种是超越资质经营,即本来是给你发的 A 业务的经营资质,结果你干了 AA 的业务。当然,可能还有一种情况,就是尽管有资质但是跟发行人现有的业务没有直接关系,有点"浑水摸鱼"的意思,这种情况本质上也属于无资质经营的情形。

其实,关于经营资质的问题,人们在 IPO 的不同阶段都会遇到并探讨这个问题。在以前的审核标准下,基本可以达成共识的就是:如果发行人的生产经营资质存在问题,那么就是发行人的经营合规性存在问题,也就是发行人在报告期内的经营业绩也是存在重大风险的,因而是不符合发行条件的。

注册制审核理念下,这个问题的审核逻辑和标准发生了本质的改变,不是说经营资质的瑕疵或者合规性已经不会影响 IPO 审核,至少这个问题对于企业上市不再是“一刀切”的绝对红线。在汇隆新材的案例中,就存在没有取得环评手续的情况下开工建设的情形,属于典型的经营资质瑕疵问题。关于这个问题,解决思路也基本成熟:(1)后续发行人还是很顺利地取得了环评文件;(2)发行人没有因为环保问题被处罚;(3)主管部门出具了相关的证明文件。在目前的审核理念下,备案环评资质、生产经营资质以及特定的生产许可,在短期内存在空白的情形,只要没有引起重大违规情形且取得了相关的证明文件,是不影响 IPO 审核的。

(二)核查思路

关于经营资质的问题,核查思路主要有以下几个方面:

1. 核查企业所处行业的监管政策、监管规则以及监管部门,了解发行人生产经营是否需要提前申请资质。

2. 发行人取得资质的时间、等级、性质、是否有效期内,资质的相关情况与发行人的生产经营是否吻合,从而判断是否存在无资质或者超越资质经营的问题。

3. 对发行人业务人员以及相关客户进行访谈,确认是否存在无资质经营或者超越资质经营的情形。

4. 发行人如果存在资质瑕疵的情形,需要判断瑕疵产生的原因、时间以及对发行人的影响,瑕疵是否已经彻底消除,是否影响发行人报告期内经营的合规性,是否影响 IPO 发行条件。

5. 对发行人监管部门相关人员进行访谈,确认发行人相关资质取得以及生产经营是否合法合规,是否存在被处罚的风险。

发行人存在强制认证的证书被要求暂停使用的情形,这时候如果严格执行相关规定,那么发行人的生产经营应该是要暂停的。如果继续生产,就是不合规的。

二、招投标行为

关于招投标的相关规则，《招标投标法》《必须招标的工程项目规定》等文件均对必须招标的情形进行了规定。如果发行人的业务属于应该招投标的情形而没有履行招投标程序的，就是违法违规的。正因如此，在 IPO 审核实践中，发行人业务涉及招投标情形的，必然会重点关注且不得有任何含糊。

因为招投标如此重要且规定明确，在 IPO 审核实践中，直到目前为止也没有大规模应该招投标而没有履行程序却成功过会的案例。曾经有案例，就算是取得了客户的认可，也做了很多解释，但是最终还是没有被认可。当然，也有案例是没有履行招投标程序的业务涉及金额和占比很小，占比不超过 5%，同时出具了不存在重大违规行为的证明，还是可以被认可的。

注册制审核下，对于招投标问题仍旧严格把握重点审核，不过对于没有履行招投标程序项目的数量、金额、持续性等影响，更加放松了限制，如果应该招投标而没有履行招投标程序的比例不是很高，一般不构成 IPO 实质性障碍。当然，如果没有履行招投标程序有其他合理商业理由，也是可以被认可的。未履行招投标程序的项目，公司采取了竞争性谈判、竞争性磋商、单一来源采购及商务谈判方式，原因主要包括：（1）项目较为紧急，客户认为采用招标所需时间不能满足其紧急需要；（2）履行招标程序后没有供应商投标或者两次流标的；（3）只能向特定供应商采购或者由特定供应商提供货物和服务；（4）客户方基于前期已采购了发行人的污水处理设备产品和长期合作的基础选择发行人实施水环境综合治理运营项目。

对于未履行招投标程序的项目发行人均取得了甲方的确认文件，确认发行人在承担项目时，遵守了甲方内部决策程序，双方合同合法、有效，不存在无效、可撤销、效力待定的情形，甲方不会暂停项目执行或逾期支付合同款项，不会对发行人的生产经营产生重大不利影响和法律风险。

三、违规分包

在商业合作中,为了保证产品质量、控制风险,以及考虑商业保密等原因,一般都会对分包有严格的限制,甚至很多时候都明确禁止分包。如果存在违法分包的情形,那么它也属于典型的且比较严重的经营违规情形。注册制下,该如何判断这个问题呢?

实践中,违法分包的情形主要有两种:(1)发行人作为分包商不能将业务再一次进行分包;(2)发行人将业务分包给没有相应资质的分包商。

关于再一次分包以及分包给没有资质的分包商,解释的思路如下:

1. 因为项目紧急、位置偏远,项目做不完只能再次分包,位置偏远找不到有资质的公司分包只能找没有资质的。

2. 对于没有资质的分包金额逐年下降,因为项目的执行,也不能一下子就不履行合同了,因而存在持续交易也可理解。

3. 对于违法分包,取得了发包方和业主的确认函,确认没有工程问题,也不违反合同,不会追究责任。关于这个问题,应该还要说明一点,那就是对合同效力没有异议,不会影响发行人的收入确认和正常回款。

对于违法分包涉及的法律责任,某些案例还从民法典以及相关法律法规方面进行了分析,认为存在被发包方解除合同或者被法院认定合同无效的风险,以及被主管部门处罚的风险。当然,作为商事领域的合同,如果合同双方都没有异议也不会提起诉讼,那么合同的有效履行是可以保证的。至于主管部门是否处罚,需要一个证明,需要主管部门有针对性地对这个问题出具文件,确认不会被处罚。

四、超产能生产

在IPO审核过程中,环保和安全问题应该说是最敏感且重要的红线,尽管注册制下的审核对于发行人的很多规范性问题表现出足够的宽容,但是对于一些涉及国家政策和战略的问题还是要审慎处理。类似的问题还有:发行人的经营资质短期内到期没有及时更换、发行人的行业认定标准被强制暂停使用等。

不论是生产资质还是行业标准,不论是核定产能还是经营规范,这些都跟发行人的生产经营直接相关,而生产经营的合规性直接跟环保和安全生产有关系。正是基于这样的逻辑,以前的 IPO 审核中,如果发行人存在这样的问题,一般都认为报告期内的生产经营是不合规的,相关的财务数据也不值得信任,因而不符合 IPO 发行条件。

从目前的审核标准来看,如果发行人只是因为客观原因在短期内存在认定标准强制暂停使用、没有资质经营以及实际产量超过产能的问题,那么只要充分论证根据法律规定不构成重大违法违规行为,且对经营业绩不构成重大不利影响,就不会构成 IPO 实质性障碍。

五、违反合同

凌玮科技案例中,代理销售违反了合同约定,发行人还是采取了积极的解决措施:(1)取得了品牌方在中国总代理的确认函,认为不存在争议,也不会有纠纷;(2)取得了大中华区负责人对于这个问题的确认;(3)模拟测算该事项对于发行人可能带来的影响,假设后续代理销售取消了对于发行人业绩的影响;(4)控股股东和实际控制人出具承诺。

第三节 法律瑕疵

我们总是讲“文无第一,武无第二”,在 IPO 审核实践中,财务问题和非财务问题好像也有点这样的感觉。财务问题很多时候是明确的,是有明确标准和依据的,是真实的还是虚假的也能够看得明白。非财务问题,更多时候并非是非对错的判断,而是一种利益最大化和风险最小化的权衡。

注册制审核理念下,对于很多非财务事项的披露,更像是一种自圆其说的故事会形式的描述,反正我就是按照我的逻辑进行充分披露,只相信证据和逻辑。其实,小兵觉得这样的思维方式也没有错,就算历史上的问题有些许离奇和复杂,但是只要相关当事人都能够充分确认且没有异议,那么监管机构就没有干涉理由。**也就是基于这样的事实,目前我们在很多法律问题上的解释,更多出现了民法典的内容,而民商法最核心的一个原则就是:意思自治。**

一、合同要件及效力

不论是在 IPO 审核中还是在商业合作的实践中,都会讨论一个问题,那就是合同的成立以及生效需要怎样的形式要件。一般情况下,我们看到的合同都是签署双方机构的法人盖章以及法定代表人(授权代表)签字正式生效。那么这里就有一个问题,如果合同只有法人盖章没有签字、只有法定代表人或者授权代表签字没有法人盖章、只有项目负责人或者联系人签字,那么合同是否成立呢?

如果法定要件不齐全,那么这个合同的效力应根据具体情况加以分析:如双方事后确认且认可后续的合同执行且没有明确的纠纷,应当认可该合同已成立。如果是没有法定代表人签字,那么是可以后续确认甚至补签字的。同样地,如果是法人没有盖章,但是法人对合同相关条款是认可的,且后续做了确认甚至补充了盖章,那么也是没有问题的。

还有一个问题,如果形式要件就是不全且也不会补齐,合同会有效力吗?如果只有法人盖章没有法定代表人签字,实践中一般认为合同是有效的,这也符合我国的商业惯例;那么,如果是只有法定代表人甚至就是项目负责人签字而没有盖章的合同,是不是具有法律效力呢?

小兵以前就说过,在注册制理念下,我们有一个原则被充分提及且到了一个很高的程度,那就是商事领域的"意思自治"原则。对于商业合作双方的行为,只要没有争议且互相遵从且没有违反民法典的相关规定,那么应该充分尊重双方当事人意见,而不是拘泥于一些固定的形式和格式。

二、转贷问题

转贷问题在 IPO 审核实践中是非常普遍又有点纠结的一个问题。从规则上来讲,转贷是明显的违反银行借款管理以及贷款通则等规定的违规行为,如果严格执行规则,贷款都是不合规的。从商业现实来说,银行都需要采购合同才能审批贷款,企业需要借款就得按照银行的要求去做,不得已而为之。

从某种意义上来说,转贷行为算是银行业内的一个行业潜规则,只是因为 IPO 的核查要求而被透明化了。寄希望有一天,证券和银行的监管机构,可以坐下来好好谈一谈,要不就是银行不再有这样的潜规则,要不就是银行和证券的监管机构联合出个文件,直接从规则上认同这样的潜规则不违反 IPO 的审核基本标准。

在以前的 IPO 审核中,转贷问题作为严重的财务规范和内部控制有效性的问题,被严格审核且控制标准,要求在申报之前必须全部解决,且需要运行 12 个月甚至更长的时间才能申报。在注册制的审核理念下,对于转贷这类规范性问题已经没有了运行时间的要求,只要求在辅导期内就要开始规范(不能再新增任何这样的不规范的业务),在申报基准日之前全部清理完毕,不能有余额。只要满足这样的要求,就可以满足 IPO 申报标准。

关于转贷,还有一个问题值得探讨:既然转贷的核心是没有真实的业务背景,那么通过银行贷款直接给供应商支付货款的情形应该就是一种委托支付的情形,是有真实的业务背景的,是不满足转贷的定义的,应该就不是转贷。

三、票据违规

票据为商业活动中非常常见的一种支付手段,企业应该有着充分的认识也能够合规使用。总结起来,实践中比较常见的票据违规行为主要有:(1)票据的开具和背书存在违规行为,但是这样的违规行为还是以存在真实的贸易背景为前提的;(2)没有真实贸易背景的开具票据并背书或者贴现,这是明显的违反票据法最基本要求的做法,也是实践中最常见的违规方式;(3)不仅票据开具没有真实贸易背景,连票据都是假的,这就是赤裸裸的财务造假行为,最近有上市公司造假案例用到了这样的方式,不过IPO案例中还没有发现类似情况。

我们目前的票据法是1995年制定、2004年修改的,是否还能够跟目前的商业环境和需求相适应是值得关注的。我们知道票据法规定,票据必须对应真实贸易背景,这是必要的也是必需的,但相关的规定是不是一定限制那么严苛不能有任何变通呢?实践中经常出现一些看似合理却违法的行为,长此以往就有必要反思法律的合理性了。

关于票据问题的核查,主要关注以下方面:

1. 基础情况核实清楚,每一笔票据从缴纳保证金、开具票据、票据背书或贴现、是否具有真实交易背景以及判断依据到后续资金流转等情况,均需要核实清楚。

2. 根据"实质重于形式"原则,核实会计处理及列报是否与实际情况相符。发行人可能在当时违规时不想在财务数据上体现,那么我们核查时必须予以还原,即使形式上看不出是票据融资,也需要真实表述。

3. 分析票据违规对企业财务数据的影响,是否存在关联方为企业承担资金成本的情况。

4. 说明存在的票据违规开具和使用的行为不属于重大违法违规行为,同时请当地中国人民银行给予出具证明,证实公司不存在因违反票据结算方面的法律法规、部门规章及其他规范性文件而受到处罚的情形。

5. 公司出具承诺函,承诺未来强化内部控制,并严格按法律法规的要求执行,同时说明具体整改措施。

6. 控股股东出具承诺函,若公司因上述票据使用问题给公司造成损失,将由控股股东、实际控制人承担。

四、未办理发改委备案手续

发行人存在设立境外子公司没有进行发改委备案的问题,这个备案问题现在逐渐成为IPO审核中一个普遍且重要的问题。这个问题存在很大的现实困局：(1)设立境外子公司的时候并没有任何前置程序要求必须进行发改委备案，没有备案也不影响后续的工商和商务登记手续，关键是主管部门不会主动提醒去做发改委备案；(2)后来发现没有备案是个问题，结果要想去补充备案，根据相关规定根本就没法补充备案；(3)负责这个备案程序的发改委级别很高，一般都是单列市或者省级发改委，这时候让他们出个证明文件确认不存在违规行为那简直就是不可能的；(4)实践中这个事情就是默认的，不备案不影响经营和存续，但是如果要问具体的政策和操作也没法给出明确的答复。

这个问题在实践中还是比较普遍的，到底该如何去理解和解决，解决到什么程度才能符合IPO的条件，是值得探讨的问题。其实类似的问题还有外汇管理登记、外资企业商务备案登记等情形，这类问题最核心的逻辑在于：公司当时的处理是违反相关法律规定的，但是后续各种操作都一路顺畅，没有引起任何不利的后果，公司的生产经营也是一切顺利，没有任何风险。那么，问题在哪里呢？出现这种问题的最核心的原因，就是很多法规更新滞后，以及相关主管部门对规则没有深入地理解和执行。

五、内控制度

公司内控很重要，不是看起来很重要，而是在实际操作中确实很重要，主要是你如何理解这个问题。它的重要性在于其本身存在于企业运营的方方面面、里里外外，也在于其可以对企业的诸多层次产生潜移默化的影响，而不在于领导的强调、下属的重视。

一个企业内部控制的好坏以及完善与否，像极了一个人的气质和修养，更大程度上来自企业发展的理念或者说一种自律的态度，这需要企业长时间的积淀，当然也需要合理完善的制度加以适当的引导。当然，就如同没有谁的优雅气质是被谁逼出来的一样，一种适合企业发展又切实有效的公司治理架构也不是规则能够逼出来的或者领导多讲几次话能够讲出来的。

我们目前对于公司内控的态度以及现实就处在这种尴尬的局面中。企业没有一个水到渠成自我修养的过程,甚至没有最起码的心理准备,结果就在一阵狂轰乱炸之下要求实现“高端、大气、上档次”的目标。结果就是管的人很累,做的人更累,最后实现的目标还是不伦不类,也没有什么实用价值。当然,我们没有远大目标,有基本框架也行;没有基本框架,有个基本理念也行。从这个层次讲,对于毫无修养基础的孩子来说,有时候粗暴一些也有效果。

根据最新的审核标准,对于IPO发行人内控制度的核查和披露要求主要如下:

1. 保荐机构在上市辅导期间,应会同申报会计师、律师,要求发行人严格按照现行法规、规则、制度要求对涉及的问题进行整改或纠正,在提交申报材料前强化发行人内部控制制度建设及执行有效性检查。具体要求可从以下几个方面把握:

(1)首发企业申请上市成为公众公司,需要建立、完善并严格实施相关财务内部控制制度,保护中小投资者合法权益。拟上市公司在报告期内作为非公众公司,在财务内控方面存在不规范情形的,应通过中介机构上市辅导完成整改或纠正(如收回资金、结束不当行为等措施)和相关内控制度建设,达到与上市公司要求一致的财务内控水平。

(2)对首次申报审计,截止日前,报告期内存在的财务内控不规范情形,中介机构应根据有关情形发生的原因及性质、时间及频率、金额及比例等因素,综合判断是否构成对内控制度有效性的重大不利影响,是否属于主观故意或恶意行为并构成重大违法违规行为。

(3)发行人已按照程序完成相关问题整改或纠正的,中介机构应结合此前不规范情形的轻重或影响程度的判断,全面核查、测试并确认发行人整改后的内控制度是否已合理、正常运行并持续有效,出具明确意见。

(4)首次申报审计截止日后,发行人原则上不能再出现内控不规范和不能有效执行情形。

2. 中介机构对发行人财务内控不规范情形及整改纠正、运行情况的核查,一般需注意以下几个方面:

（1）关注发行人信息披露充分性，如相关交易形成原因、资金流向和使用用途、利息、违反有关法律法规具体情况及后果、后续可能影响的承担机制、整改措施、相关内控建立及运行情况等。

（2）关注行为的合法合规性，由中介机构对公司违反法律、法规、规章制度的事实情况进行说明认定，是否属于主观故意或恶意行为并构成重大违法违规，是否存在被处罚情形或风险，是否满足相关发行条件的要求。

（3）关注发行人对相关行为财务核算是否真实、准确，与相关方资金往来的实际流向和使用情况，是否通过体外资金循环粉饰业绩。

（4）关注不规范行为的整改措施，发行人是否已通过收回资金、纠正不当行为方式、改进制度、加强内控等方式积极整改，是否已针对性建立内控制度并有效执行，且申报后未发生新的不合规资金往来等行为。

（5）相关行为不存在后续影响，已排除或不存在重大风险隐患。

（6）中介机构能够对相关行为进行完整核查，能够验证相关资金来源或去向，能够确认发行人不存在业绩虚构情形，并发表明确意见，确保发行人的财务内控在提交申报材料的审计截止日后能够持续符合规范性要求，能够合理保证公司运行效率、合法合规和财务报告的可靠性，不存在影响发行条件的情形。

第四节　行 政 处 罚

一、环保处罚

近年来，从国家战略层面来看，国家越来越重视环保问题，证券监管机构对于上市公司环保问题也非常重视。从企业上市的实践来看，环保问题无小事，如果在项目运行中遇到环保违规行为还要给予足够的重视，并且尽量穷尽核查手段，信息披露结论做背书。核查手段至少应该包括：实地考察环保设备运行情况、走访当地居民、访谈主管环保部门等，而不单纯以违规证明作为判断的依据。

(一)审核标准

从现有的案例来看,环保处罚的金额一般还是比较小的,一般都在 10 万元以下,也存在某些案例超过这个标准的情形。至于环保处罚金额较低的原因,一方面是在处罚之时企业一般会做一些工作保证金额不会太大,另一方面是金额太大的环保处罚或许也是一条红线,一般没人敢触碰。

环保问题一直是国家战略的问题,在 IPO 审核实践中也一直被重点关注,不过从中介机构对于环保问题核查的角度来说,相关的要求却是发生了重大的变化。从某种意义上来说,对于环保问题的核查,从以前的实质核查判断到了目前的强调信息披露阶段。对于环保问题,中介机构可以自主决定核查手段,发表明确意见并进行充分的信息披露。如果遇到疑难的环保问题,可以聘请外部的独立的环保机构出具专业意见作为辅助。**最重要的一点是,目前 IPO 审核已经不再要求发行人必须获得环保部门的环保合规证明文件,当然,环保部门也明确说明不再出具类似文件。**

(二)核查要求

1. 发行人应当在招股说明书中充分做好相关信息披露,这包括:生产经营中涉及环境污染的具体环节、主要污染物名称及排放量、主要处理设施及处理能力;报告期内,发行人环保投资和相关费用成本支出情况,环保设施实际运行情况,报告期内环保投入、环保相关成本费用是否与处理公司生产经营所产生的污染相匹配;募投项目所采取的环保措施及相应的资金来源和金额等;公司生产经营与募集资金投资项目是否符合国家和地方环保要求,发行人若发生环保事故或受到行政处罚的,应披露原因、经过等具体情况,发行人是否构成重大违法行为,整改措施及整改后是否符合环保法律法规的有关规定。

2. 保荐机构和发行人律师应对发行人的环保情况进行核查,这包括:是否符合国家和地方环保要求,已建项目和已经开工的在建项目是否履行环评手续，公司排污达标检测情况和环保部门现场检查情况，公司是否发生环保事故或重大群体性的环保事件，有关公司环保的媒体报道。

3. 在对发行人全面系统核查基础上，保荐机构和发行人律师应对发行人生产经营总体是否符合国家和地方环保法规和要求发表明确意见，发行人曾发生环保事故或因环保问题受到处罚的，保荐机构和发行人律师应对是否构成重大违法行为发表明确意见。

二、税务处罚

因税务问题被处罚的情形还比较普遍，不仅存在因所得税问题被处罚的情形，也存在因增值税问题被处罚的情形，不过一般金额都不会很大。总结起来税务处罚的主要原因有：

1. 发票管理不规范。这主要体现的是企业的财务基本管理问题，常见的情形有以下几种：(1)虚开发票，主要是虚开增值税发票，这种情形在上市实践中并不常见，如果存在一般都是大问题了。(2)收到假发票，这主要是财务管理不严造成的，当然有时候也会防不胜防，主要是在税务稽查中可能会查出问题。当然，也有可能是企业自己拿假发票冲账，被动收到假发票只是一个理由。(3)发票与账务不符，这种情形有可能是财务不规范无意中造成的，也有可能是企业故意犯的错，不管是哪种情形，这也是一种比较典型的税务违规行为。

2. 会计处理不当。这种情况非常常见也很好理解，主要就是在企业上市过程中专业审计机构进行审计时发现审计结果与原始财务数据可能存在出入从而可能涉及税务调整问题，如多计了费用或者是少计了收入、部分业务不申报纳税或者故意隐瞒补贴款或其他非经常性收入不入账等。这些问题很可能涉及税务问题，也有可能被税务主管部门处罚。

3. 其他情形，如未履行所得税的代扣代缴义务等。

对于发行人来说，既然错已经犯下，那么就要充分尊重和执行税务主管部门的处罚决定，该交滞纳金的交滞纳金，该罚款的罚款。对于中介机构来说，

则需要向监管机构和投资者充分说明税务处罚对发行人生产经营的影响:

1. 介绍被处罚的具体原因和背景,是主观还是被动,有没有可以原谅或者酌情处理的因素。

2. 最好该处罚在报告期外或者前期,而如果是上报前的一些处罚则要重点关注,甚至可能不会被允许。

3. 解释被处罚不是公司主观故意造成的而是有客观原因,公司没有故意违反税务规定的行为。

4. 由主管部门专门就有关处罚出具证明,证明公司该处罚不属于重大违规处罚。

5. 中介机构发表核查意见,认定该税务处罚不属于重大违法违规行为,不影响企业的发行上市条件。

6. 如果方便还可以介绍一下公司后续为了规范而采取的一些措施。值得注意的是,由于处罚都是一次性解决的也不会有后续的风险,因此股东承诺的事项倒并不一定需要。

需要特别注意的是,如果就是单纯税收补缴需要交纳滞纳金的情形,则不属于税务处罚的情形。

三、海关处罚

较之其他行政处罚行为,企业在上市过程中遇到的海关处罚情形相对少一些,主要原因可能有两个方面:第一,被海关处罚的情形主要存在于有进出口业务的企业,而这类企业只是全部企业类型的一种;第二,或许也是最关键的原因,就是被海关处罚一般就是较大的事情,不是构成上市的实质性障碍就是不在报告期内而没有披露。

关于企业上市过程中可能存在的违规行为,主要有以下几种情形:

1. 走私行为。走私是一种比较严重的违规甚至违法的行为,如果企业存在这种情形,那么应该是不符合上市条件的。当然,我们在实践中可能会将走私行为或者类似行为界定为违反了海关税收征管规定的行为,毕竟走私主要就是为了偷税。

2. 免税进口的设备违规使用或者转让。规定部分设备进口免收关税的前提条件就是这些设备要在固定的地点并且由特定的主体使用,如果违反了上述的规定,就是违规行为。

3. 保税区材料用于保税区外以避税。国家在某些区域设定保税区,主要是为了鼓励国家对外经济发展,由于保税区政策的敏感性,国家对保税区有着严格的监管,并且保税区不仅是地理区域概念,更是一个经济行为概念。

4. 企业报关时报关手续主观或者客观上出现错误。这种情形会比较多,如报关产品代码与实际商品不符或者报关代码输入错误等。当然,如果这种报关错误的行为是主观行为,那么也是性质比较严重的,因为这种行为也可以变相逃避海关监管。

同其他行政处罚一样,对于海关违规行为也不能单纯以处罚金额作为定性的唯一依据,还是要参考多方面的因素。对于海关处罚解决思路与其他处罚行为并没有大的不同,无非就是:(1)详细解释事情的经过;(2)违规行为存在客观原因;(3)违规行为认定不属于重大违法违规行为;(4)尽管违规但是不构成实质性障碍;(5)采取一些保障措施保证不会再犯错误;(6)股东承诺等。

四、市场监管处罚

市场监管部门是与企业打交道最多的部门,不过在现有案例中有关工商处罚的情形并不多,究其原因主要在于:(1)市场监管部门目前对于企业的监督主要还是在于公司历史沿革的登记和备案,对于企业生产经营的关注并不多;(2)工商涉及的一些不规范的事项,很多都不会跟企业生产经营直接相关,因而并不是很敏感不会格外关注。

对于市场监管处罚的情形,解决问题的思路基本上跟其他处罚是一致的。

一个企业在生产经营过程中要受到诸多部门的监管,除我们最常见的市场监管、税务、土地、社保、环保等部门之外,进出口还有海关和外汇部门,特殊行业经营还有特殊监管部门等。行政主管部门对企业在生产经营过程中的违规行为进行的处罚,一般情况下我们将其认定为行政处罚。

从实践来看,尽管每个行政主管部门都可能对企业进行处罚,且处罚关注的重点和思路都不尽相同,但是发行人和中介机构在对待这个问题的思路上还是有很多相似的地方。遇到这样的问题,我们在处理时应该充分了解事情的前因后果并对发行人上市条件的影响做专业判断。

五、安全事故

国务院《生产安全事故报告和调查处理条例》规定,根据生产安全事故造成的人员伤亡或者直接经济损失,事故一般分为以下等级:

1. 特别重大事故,是指造成30人以上死亡,或者100人以上重伤(包括急性工业中毒,下同),或者1亿元以上直接经济损失的事故。

2. 重大事故,是指造成10人以上30人以下死亡,或者50人以上100人以下重伤,或者5000万元以上1亿元以下直接经济损失的事故。

3. 较大事故,是指造成3人以上10人以下死亡,或者10人以上50人以下重伤,或者1000万元以上5000万元以下直接经济损失的事故。

4. 一般事故,是指造成3人以下死亡,或者10人以下重伤,或者1000万元以下直接经济损失的事故。(注意,这里规定的"以上"包括本数,"以下"不包括本数。)

生产安全事故除根据等级的分类之外,我们还可以这样简单区分:一种是存在人员伤亡的安全事故,另一种是只存在经济损失的安全事故。很显然,这两种安全事故关注点是不一样的。

对于前者事故不仅要关注经济损失对发行人生产经营以及上市条件的影响,更要关注人员伤亡以及后续处理情况;对于人员伤亡,不仅要及时界定责任、商量赔偿并且安抚家属,更要关注问题解决是否明确彻底,是否会存在潜在纠纷或法律风险。关于后者的责任事故,小兵认为主要是规范国有资产安全事故的,因为某些原因而给国家造成了重大损失从而成为事故,如果是私营企业，因为单纯的经济损失而构成重大安全事故有时候确实值得商榷。

关于安全事故的关注要点以及解决思路，并没有特殊的地方，概括起来如下：

1. 将事故的基本情况介绍清楚。坦率地将发生过的事情交代得一清二楚，如发生的时间、地点、原因，当时的人员生产状态等。

2. 由主管部门界定责任主体和处理结果。这次事故是否已经界定了明确的责任主体，关键是本次事故是否根据规定被认定为重大安全生产责任事故。

3. 介绍公司整改情况。公司是否及时地避免了后续的损失，是否根据主管部门调查意见进行了积极的整改，公司是否及时地恢复生产并解决纠纷。

4. 公司的生产经营、财务指标和上市条件不会因为该次事故而受影响。安全生产事故的发生会造成财产损失，同样事故的后续处理也需要付出不菲的代价，这些资金支出有可能会影响到企业的资金流甚至是生产经营的持续性从而影响企业发行上市条件。

第五节 诉讼纠纷

在一个正常的商业社会，商业合作和业务交易非常普遍，如果合作不愉快就很有可能会有纠纷，有纠纷自然就需要解决，那么通过诉讼途径就是一个很重要的选择。从这个角度来讲，诉讼对于一个企业来说再正常不过，那么企业上市过程中遇到诉讼问题再正常不过。

因此，在项目运行过程中遇到企业诉讼的事情完全没必要大惊小怪觉得天都塌下来似的，只需要重点关注诉讼的起因以及这个诉讼可能对发行人生产经营的影响。小兵认为，如果诉讼属于正常商业谈判和业务合作的范畴，那么只要将相关的诉讼事由解释清楚提请投资者注意就可以，不过专利和商标纠纷可能属于比较特殊的情况，因为这两种资产比较特殊，一旦发生变数可能会对公司生产经营产生本质性影响，因而小兵做了专门研究。

一、核查及披露要求

1. 发行人应当在招股说明书中披露对股权结构、生产经营、财务状况、未来发展等可能产生较大影响的诉讼,包括案件受理情况和基本案情,诉讼请求,判决、裁决结果及执行情况,诉讼事项对发行人的影响等。

2. 保荐机构、发行人律师应当全面核查报告期内发生**或虽在报告期外发生但仍对发行人产生较大影响**的诉讼相关情况,包括案件受理情况和基本案情,诉讼请求,判决、裁决结果及执行情况,诉讼事项对发行人的影响等。

3. 发行人提交首发申请至上市期间,保荐机构、发行人律师应当持续关注发行人诉讼的进展情况、发行人是否新发生诉讼事项。发行人诉讼的重大进展情况以及新发生的对股权结构、生产经营、财务状况、未来发展等可能产生较大影响的诉讼或仲裁事项,应当及时补充披露。

4. 发行人控股股东、实际控制人、控股子公司、董事、监事、高级管理人员和核心技术人员涉及的重大诉讼事项比照上述标准执行。

5. 涉及主要产品、核心商标、专利、技术等方面的诉讼可能对发行人生产经营造成重大影响,或者诉讼有可能导致发行人实际控制人变更,或者其他可能导致发行人不符合发行条件的情形,保荐机构和发行人律师应在提出明确依据的基础上,充分论证该等诉讼事项是否构成本次发行的法律障碍并审慎发表意见。

二、诉讼实质影响的判断

尽管注册制下审核部门已经不对实质问题做专业判断,不过作为中介机构,改革之后不仅要做专业判断而且要更加尽责地判断,因为全部的责任都压在了中介机构的肩上。

关于诉讼对发行人实质影响的判断问题,小兵的基本观点如下:

1. 如果是与发行人的生产经营有关的产购销的合同纠纷,那么这样的诉讼只要如实披露即可,因为合同纠纷应该被看作企业生产经营过程中非常普遍的一种行为。如果是已决诉讼,可以不用披露;如果是未决诉讼,只要说明该诉讼对发行人经营业绩的影响就可以了。

2. 如果是商标、专利或者其他无形资产的诉讼纠纷,那么需要关注和思考的问题就复杂得多,在项目运行过程中需要重点关注,并且对于该类诉讼无论是已决诉讼还是未决诉讼都需要关注。未决诉讼需要关注案件最后的审理结果以及这个结果对发行人持续经营的影响,已决诉讼如果结果对发行人不利,那么也需要关注发行人是否有足够的措施和可能来消化不利判决结果对发行人的影响,这甚至会影响到发行人的上市条件。

第六节　募 投 项 目

在 IPO 审核实践中,关于募投项目的监管和审核一直存在一些争议。如果加强监管,那么可能会限制企业的自主经营决策,影响经营效率和盈利能力,与注册制改革不符。如果放松监管甚至取消募投项目的强制设计要求,那么对于募集资金的使用进度、使用效率甚至是合规性又无法保证,从而损害中小投资者的利益。

对于已经上市公司的募集资金的使用情况,小兵没有专门做过统计,不过根据看到的部分案例的印象来判断,上市公司募集资金能够严格按照募投项目进度和规划使用的有 50% ~60% 的比例,而具体到使用效率可能会更加不乐观,实现的效益可能只有项目设计的 30% ~40% 。募集资金最终真正的使用进度和效率严重背离当初的募投项目可研报告,也是对募投项目审核争议比较大的一个重要原因。

一、审核关注

在以前的 IPO 审核中,募投项目的审核关注要点主要在于:项目必要性和合理性、项目所需的相关资质和手续是否完备、项目的实施进度和预测效益、项目的产能以及消化情况等。目前对于募投项目的监管还是在向着更加宽容和理解的方向努力,更加关注募投项目的产业政策、后续产能消化情况。**更加重要的是,对于募投项目所需要的一些手续和资质也不是“一刀切”地必须全部在IPO申报之前到位,如最重要的项目所需土地的审批手续、项目产能的批复文件、节能审批文件等,只要有合理的理由,均可以在审核过程中获得。**

对于募投项目的设计,在创业板开板的时候,曾经有过一段时间的创新,募投项目会涉及专家等人力资源招聘的支出、研发投入的支出、技改项目的支出等,当时也是为了配合创业板企业经营多样性的需求。现在募投项目设计又回归到本来的样子,基本上就是:扩大产能和研发中心,最后再加上补充流动资金。

二、土地出让手续

在注册制审核理念下,关于募投项目土地使用的问题,目前来看还是有了一些放松的痕迹,是不是可以这样理解:只要是履行了招拍挂程序,取得了成交确认书,申报前没有取得土地证书是允许的,需要明确解答“土地使用权是否取得,是否存在合法使用的法律障碍,如未取得,目前进展及取得是否存在法律障碍”。

地方发改委对于涉及建设用地的项目备案,大部分地区最低要求是取得“土地出让招拍挂的中标通知书”,部分地区可拿“建设项目用地预审意见”办理项目备案手续。(用地预审,是指国土资源管理部门在建设项目审批、核准、备案阶段,依法对建设项目涉及的土地利用事项进行的审查。没有对土地所有权归属的法律效力,也就是意味着不保证投资方在将来的招拍挂中获取该处土地)在实际IPO申报过程中,各公司发行人及中介机构对此问题均会采取较为谨慎的态度,对于募投项目建设用地一般采取相对保守的处理方式,即发行人在申报前签署土地出让合同、缴纳土地出让金、取得土地使用权证。因此,取得土地使用权证已经作为IPO申报中的惯例。

豪森股份(688529)案例中,发行人的重要募投项目的土地是在没有履行完毕招拍挂程序的前提下,先进行了相关的建设工作。当然,这里也有两个前提:(1)相关政府主管部门签署了协议书,确认发行人的行为合法合规;(2)发行人在IPO审核过程中取得了土地使用权证书。

三、募集资金置换土地出让金

在目前IPO审核形势下,近三年IPO募集资金用于置换土地出让金的成功案例较少,仅有亿嘉和(603666,2018年4月3日通过审核)一例,在招股书中披露土地出让金的提前支付与后期置换情况,其他如科沃斯(603486)、绿色动力(601330),募投项目中土地出让金均为自有资金投入,未列入募集资金使用范围。从审核角度来看,募投项目是公司实施战略的具体落地,若项目实施用地计划由募集资金来解决,则项目可能存在较大不确定性。

此外,从申报节奏来看,募集资金支付土地款的空间并不是太大,因募投项目是申报前董事会才确定的,到实际申报大约几个月,时间比较有限。若最后未取得土地证,还将导致延期申报。

四、环评要求

募投项目反映企业未来的布局,对企业的盈利预测和战略方向上有很大的影响,也是审核的重要区域。募投项目审核集中在环保情况、土地与场地情况、募投项目的合理性、新增产能的市场分析、盈利预测分析和募投项目经营所需要的各项资质及文件的有效性等问题上,其中募投项目的环保情况的问询是占比最高的。

环评手续的相关规定,主要依据是《建设项目环境影响评价分类管理名录》和《建设项目环境保护管理条例》。

《建设项目环境影响评价分类管理名录》(2021年版)做出新的改变,根据三项原则进行调整:一是聚焦重点,对环境影响大的行业严格把关;二是宜简则简,对环境影响因子单一、环境治理措施成熟、环境风险可控的项目做适当简化调整;三是制度衔接,对可以通过排污许可登记监管的,名录中不再要求填报环评登记表。

《建设项目环境保护管理条例》于 2017 年进行修订,其中第 9 条“依法应当编制环境影响报告书、环境影响报告表的建设项目,建设单位应当在开工建设前将环境影响报告书、环境影响报告表报有审批权的环境保护行政主管部门审批;建设项目的环境影响评价文件未依法经审批部门审查或者审查后未予批准的,建设单位不得开工建设”,在此前规定为“建设单位应当在建设项目可行性研究阶段报批建设项目环境影响评价报告书、环境影响报告表或者环境影响登记表”。

根据法律法规,大方向已经清楚,环评批复不再是申报的必要条件,后续能补上即可。实践中已经有多个案例,都是在申报的时候并未取得环评,在后续反馈问询之际再补充环评。

五、募集资金调整

已通过上市委员会审议的,发行人原则上不得调整募集资金投资项目,但可根据募投项目实际投资情况、成本变化等因素合理调整募集资金的需求量,并可以将部分募集资金用于公司一般用途,但需在招股说明书中说明调整的原因。已通过上市委员会审议的发行人如提出增加新股发行数量的,属于发行上市审核规则规定的影响发行上市及投资者判断的重大事项,需重新提交上市委员会审议。

第六章 资产完整

所谓资产完整,这里主要想表达两层含义:(1)跟发行人生产经营相关的资产都应该纳入上市主体之内,发行人的核心资产应该都保证产权完整;(2)发行人生产经营所必需的核心资产不应该在资质资格、产权归属、利益分配等方面存在重大瑕疵或法律风险。

前文我们已经提到,注册制审核逻辑下,IPO 审核对于发行人独立的要求核心就是资产完整和业务独立,而资产完整是发行人能够有独立参与市场竞争能力的基础和保障。如果没有资产完整,就不会有真正的业务独立,就算勉强实现了业务独立,也是不稳定的、存在重大不确定性的。从这个角度,我们可以更加深入理解资产完整对于 IPO 发行人来说是何其重要。

第一节 房地产

在 IPO 的审核实践中,关于土地和房产瑕疵的问题一直普遍存在,很多情况下也没有构成首发上市的实质性障碍。判断土地房产瑕疵影响大小也需要看,所涉及土地房屋的重要程度,是否为发行人主要生产经营场所,影响发行人的资产完整性,是否会对发行人的生产经营带来重大不利影响。

关于土地和房产问题审核过程中主要关注的要点,总结起来基本上包括以下几点:(1)发行人土地和房产瑕疵产生的背景、原因,是否具有商业合理性;(2)发行人使用瑕疵房地产是否对发行人的生产经营产生重大不利影响;(3)发行人瑕疵房产是否存在被随时拆除的风险;(4)发行人使用瑕疵房产是否存在被主管部门处罚的风险;(5)发行人使用瑕疵房地产对发行人资产完整性是否存在影响;(6)发行人使用瑕疵房地产对发行人经营业绩和财务数据的具体影响;(7)发行人后续对于房地产瑕疵的解决措施和具体规划等。

关于房地产瑕疵问题,有两个问题可能需要单独说明并强调:(1)房地产瑕疵到底什么情况下可能会构成IPO实质性障碍,什么时候不构成呢?这个问题小兵认为并没有一个明确的标准答案,是一个需要发行人自我证明的开放性问题,主要发行人能够证明生产经营的稳定且未来的发展也具有商业合理性,那么一般情况下都会被允许。(2)房地产瑕疵对发行人财务数据的影响。这个问题是目前审核政策下对于房地产瑕疵问题关注的最终落脚点,毕竟不管什么问题最终反映到企业的都是经营业绩问题。房地产瑕疵到底如何影响经营业绩呢?主要可能包括以下几个方面:搬迁的费用、搬迁造成的损失、使用瑕疵房产和正常房产的费用差异(如租金)、消除瑕疵需要付出的代价、其他隐形付出和损失等。

一、集体土地

通过整理分析现有的一些上市公司案例,其实不难发现在企业首发上市过程中关于集体土地的一些问题并不十分复杂,主要就是集体土地的出资和租赁的问题。由于土地问题有着严格的监管制度,这些问题处理过程中都会有政府部门的背书,因而在处理这些问题时只要能够了解事情整个脉络并不违反相关法律规定就可以了。

(一)基本分类

要清楚了解集体土地一些问题的解决思路,那么首先要明确集体土地的分类情况。根据目前的规则体系,集体土地如果从大的范畴划分,主要包括农用地、建设用地和未利用地三类，而农用地又可以分为耕地、园地、林地、牧草地和其他农用地共五类，耕地又可以分为基本农田和其他耕地。

根据目前国家的土地使用和监管政策，集体土地归集体所有，不得任意买卖，且主要由集体组织内部人员通过承包租赁的方式进行使用。集体土地分类就要求土地使用者在使用土地时必须严格按照每个分类不同的要求进行使用，不然就可能是违规行为。

（二）使用方式

集体土地除了我们所理解的农民用以种菜种粮食，在实践规划利用上可能主要有以下几个方面：(1)规模化农业开发，如种植园林植物、粮食、牧草等；(2)工业用地。第一种情况基本上不构成障碍，第二种情况基本上就是违规建筑，需要清理或纠正。

从目前实践来看，企业利用集体土地主要有两种典型方式：一种是发行人与村委会或土地承包经营权人直接签订租地协议后，在该租赁土地上自行建场；另一种是合作建设农户在与村委会或承包人签订用地协议后，按照发行人提供的设计方案投资建场，建成后再租赁给发行人使用。这两种方式在实践中都比较常见，当然管理起来也是截然不同的思路，不过只要程序合规不存在纠纷也不会存在什么重大问题。

（三）审核关注

从现有审核实践来看，企业上市过程中涉及集体土地的问题主要有四大类：(1)集体组织外的人员是否有权租赁集体土地；(2)租赁土地程序是否合规以及是否存在纠纷或潜在纠纷；(3)是否严格按照集体土地的用途进行使用，是否违反了相关土地管理法规；(4)租赁集体土地是否损害了集体组织以及相关人员的利益。

第一种情形在实践中遇到的倒不是很多，主要情形可能就是集体土地约定不得租赁给集体组织以外的人使用。如果存在上述瑕疵的情形，那么首先要做的就是重新理顺租赁关系,如果通过一些措施能够弥补租赁关系的则尽快处理,如果租赁关系无法修复则需要尽快清理并提供补救措施。

第二种情形在实践中属于出现问题最多的一种情形,主要强调租赁协议和租赁程序的合规性,这里又分两种主要情形:

1. 发行人与村民签署土地承包经营权的租赁合同问题。在实践中,一般情况下出于方便管理的目的,都是由村委会作为农民代表来签署协议,那么可能需要关注的问题有:出租合同程序是否合法,农户是否有出租承包经营权的权利,是否符合法律相关规定;土地承包经营权出租合同是否需要主管部门批准或备案等。

2. 发行人土地租赁协议是与法人签订需要关注事项。发行人与一家公司就土地承包经营权签署了流转合同,重点关注到这种流转合同是否合法,以及这家公司取得土地承包经营权时是否存在瑕疵。

第三种情形在实践中也比较常见,不过一般出现这种情形就属于性质比较严重的行为。总结起来,不按照国家规定用途使用集体土地主要有以下几类情况:基本农田被用作其他耕地用途;耕地被用作建设用地用途;建设用地被用作工业用地用途。基本农田是国家耕地保护的红线,不论是什么用途和目的均不得非法占用,多数农业类公司在上市审核过程中,都会被关注是否存在占用基本农田的情形。耕地被用作建设用地也是不可以的,除非改变土地用途,如最常见的农村耕地转变为宅基地的情形,应该由县级政府部门出具相关文件。

第四种情形可能包含几层内涵:(1)集体土地租赁价格是否公允;(2)集体土地租赁是否履行了必要的村民决策程序;(3)集体土地租赁是否存在争议或者纠纷;(4)集体土地是否存在不能一视同仁的情形。

二、违规建筑

根据《民法典》的规定,我国的房地产管理实施审批制,也就是我们常说的需要有“证”,如果没有证,那么说明这个房地产就是违规的,违规建筑也必然不会有“证”。

（一）主要情形

在我国，进行房地产建设是需要主管部门提前审批的，那么我们可以笼统地认定只要是没有经过审批而建设的就是违规建筑，至于为什么没有审批或者审批没有通过，可能会有各种各样的原因，这并不在我们重点考虑的问题之列。

那么，如果要区分违规建筑的情形，可能只有以下两种情形：一种情形是公司自己拥有的建筑是违规建筑；另一种情形是公司租赁的建筑是违规建筑。不过，不论是哪一种情形，都可能会对发行人的生产经营产生不利影响。

（二）解决思路

如果是公司自有或租赁的房产属于违规建筑，那么一般解释或者解决的思路如下：

1. 主管部门出具证明文件，确认所涉房产短期内并不存在拆迁的风险。

2. 由政府出文证明该问题主要是历史原因造成的，而非公司主观故意存在违规行为。

3. 发行人募集资金项目包含建设厂房并已经取得土地使用权，项目完成后公司全部车间将搬至新厂区，根据计划项目将在违规建筑拆迁之前完成。这里值得注意的一点是，募投项目新建厂房完工时间与不存在拆迁风险证明时间最好吻合。

4. 公司周边存在大量的可供租赁的标准厂房，同时公司生产设备绝大部分属于易搬迁、安装方便的设备，公司完全可以在相关部门处罚限期内完成生产线的搬迁，从而不影响公司正常的生产经营。

5. 控股股东承诺如果发行人因为厂房搬迁或者违规建筑拆除等原因而造成损失，控股股东和实际控制人承担全部损失。

6. 就厂房瑕疵问题作出重大风险提示。

7. 保荐机构和发行人律师发表核查意见,目的就是让证监会相信企业不会因为房产问题而影响正常的生产经营。

(三)其他问题

小兵认为,违规建筑问题属于房地产管理部门的问题并不属于证券发行范畴的事项,因此,如果发行人能够对这个问题进行详细披露并提示风险,这个问题不能成为首发上市的实质性障碍,在注册制改革的情况下更是如此。不过,在小兵看来,注册制情况下可能以下问题更会受到重点关注,而这些问题以前并没有引起重视:

1. 违规建筑毕竟不是合规的不受法律保护,如果真的有一天出了问题,发行人就算是不影响生产经营那么也会对经营业绩产生一定的影响,这个损失是否能够估计,如重新寻找厂房的成本、重新建造厂房的成本、生产中断的成本甚至是对公司声誉的影响等。

2. 违规建筑如果是自有的,那么是不是存在不入账的情形,那么固定资产就没有计提折旧,这在一定程度上虚增了利润,这个影响到底有多大,是否能够估计?

3. 违规建筑如果是租赁的,那么,发行人租赁违规建筑的价格是否要比权证齐全的价格低很多,这是不是也在一定程度上影响了发行人损益,这个影响是不是也能够估计?

违规建筑如果不影响正常经营,我们也不必过多苛责,不过关于这个问题对于公司经营业绩的影响却是一个突出的问题,在固定资产或无形资产占比较大的传统制造型企业中,这个问题可能会影响发行人很大程度的损益,从而影响投资者的判断。

三、经营场所主要是租赁房产

(一)几个层次

关于公司生产经营所需房产主要为租赁的情形,可能需要区分几个层次去认识：

1. 某些轻资产运营行业本身就是不需要自有房产的，这些企业租赁房产进行经营符合行业基本规律，如软件企业。

2. 如果行业多数企业经营场所是自有房产而发行人是租赁，那么关注租赁房产比例有多大，如果比例不是很高且不是公司主要的经营场所，一般情况下问题也不大。

3. 如果行业多数企业经营场所均是自有房产而发行人是租赁，且租赁房产的比例很大，那么需要关注租赁房产是否存在瑕疵（如前文提到的违规建筑）、租赁协议是否长期有效（如涵盖产权的大部分时间）、是否约定了明确的违约条款（如果出租方违约需要支付赔偿）、设备搬迁是否便捷（如果周期很长必然影响生产）、设备搬迁是否会造成重大损失以及是否有保证措施（某些设备只要安装之后就不能动了，一动就废了）。如果上述问题能够得到一个合理的解释并充分披露风险，那么这些问题应该也不会构成上市障碍。

（二）租赁控股股东、实际控制人房产

需要明确的是，从 IPO 审核标准和规则的要求来说，在注册制审核要求下，发行人租赁控股股东、实际控制人以及关联方的房产作为经营场所，或者控股股东将部分商标专利授权发行人使用，只要金额和比重控制在一定范围内，对于发行人的生产经营不构成重大不利影响，发行人对于上述资产不存在重大依赖，那么一般不构成 IPO 审核的障碍。在以前的审核标准中，对于租赁控股股东的资产或者专利授权，基本上是不允许的。

根据《首发业务若干问题解答》，如果发行人租赁控股股东、实际控制人房产，需关注并核查以下方面：相关资产的具体用途、对发行人的重要程度、未投入发行人的原因、租赁费用的公允性、是否能确保发行人长期使用、今后的处置方案等，并就该等情况是否对发行人资产完整性和独立性构成重大不利影响发表明确意见。如生产型企业的发行人，其生产经营所必需的主要厂房、机器设备等固定资产系向控股股东、实际控制人租赁使用，应当重点关注、充

分核查论证并发表意见。

关于这部分内容,在关联交易部分有更加详细的论述。

(三)租赁价格问题

如果发行人主要的经营场所是通过租赁得来的,租金问题就可能会是发行人很重要的生产成本,少则几百万元多则可能上千万元,那么租金价格就会成为一个重点关注的问题。

一般情况下,企业通过租赁房产付出的成本显然要比自己建造房产分摊下来的成本高一些,不然就不符合基本商业逻辑。如果租赁价格不满足这个逻辑,那么就可能存在问题,甚至是业绩调整的问题。对于租赁价格的对比,这应该并不难操作,租赁价格可以通过房屋租赁中介取得,也可以通过当地的房屋管理部门取得相关数据。

第二节 商 标 权

一、IPO之前没有商标

公司老板在设立公司之后,一般都会有意识去注册与自己业务相关的商标,因而公司运行多年没有商标注册或者要在申报材料之前注册商标的情形在实务中并不常见。

老板觉得商标对公司的经营很重要,所以很及时地注册商标。同样的道理,在某些行业,企业生产经营对于商标并没有多少依赖性,因而存在发行人对商标没有足够重视也没有及时注册的情形。这些行业如设计行业、建筑行业、特殊制造业等。

对于这些行业来说,客户关注的重点主要是产品的质量、售后服务水平、历史工程业绩甚至是企业家的口碑等方面,对于商标的关注度并不是很高。从目前审核实践来看,企业在申报之前为了稳妥起见,一般都还是主动申请了商标。这种思路还是对的，毕竟商标对于企业来说现在不重要，不代表以后就不重要。作为公司一项重要的资产，等商标重要的时候，如果商标被别人注册，那么对公司生产经营的影响会是致命的。

从现有案例来看，申报之前没有商标并不会构成企业首发上市的实质性障碍，不过需要解释以下几个方面：(1)发行人的主营业务在历史上、现在以及未来短期内不会对商标产生依赖，没有商标业务也会做得很好；(2)发行人的商标审核一切顺利，不会存在注册的实质性障碍；(3)商标注册有着明确的时间预期。

二、商标申请过程中有异议

在实践中还有一种情况，就是发行人在申报商标注册时会遭到其他注册人的异议，有些申请商标可能损害了其他商标的在先权，有些情况可能就是别人的恶意阻拦。

无论哪一种情况，发行人都需要引起足够的重视，自己有充足理由可以注册的，就要积极答辩，如果觉得可能存在侵权风险的，就要及时调整方案重新申请。无论是哪一种策略，小兵建议都不要在这个问题上浪费过多的时间和精力。当然，还有一种情形，就是争议的商标是发行人的"命根子"，不争取不行。但是也需要审时度势，如果实在不行，也需要及时放弃，这个问题会在后续问题中阐述。

三、商标诉讼

在论述这个问题之前，先界定一件事情：商标申请过程中，存在异议企业可以调整方案。因为一般情况下，企业目前并没有以这个商标进行销售。商标诉讼典型的情形是，发行人已经合法注册商标且进行了大规模的销售，这时候其他权利人以商标侵权为由提出诉讼，这种情况下商标诉讼对发行人的影响非常大。

小兵认为，从某种程度上，一个企业商标存在诉讼纠纷，显然要比专利存在纠纷更加敏感、难以处理一些,尤其是在直接向终端客户交易的对商标依赖度比较高的行业。毕竟,专利或许只是涉及某种产品甚至是某种产品的某个环节,而商标很有可能会涉及整个发行人的声誉甚至生产经营。

也正是因为这个原因,从审核实践来看,商标诉讼较之专利诉讼更加罕见一些。有些企业也会因为商标问题无法直接干脆地解决而选择其他路径来打通上市渠道。当然,现有已经成功的案例虽然看起来都有些在刀尖上起舞的感觉,不过对于我们在实践中把握一些涉及商标纠纷的问题还是有很好的借鉴意义。

(一)假洋品牌

这种国内品牌因为涉嫌洋品牌而引起的商标争议,在国内非常普遍也具有典型代表性。尤其在服装等日常消费品领域,国内企业因为各种各样的原因还是喜欢让自己跟国外的企业或者品牌扯上关系。比较典型的案例如卡奴迪路、宁基股份(后改名索菲亚)、凯撒股份、浙江开山等。

在卡奴迪路案例中,国外企业对发行人的主要商标提出了异议,这场诉讼一直打了近8年,直到2011年才有了一个定论。持久的争议且谁也不愿意轻言放弃,这一方面说明争议的商标双方都非常看重,另一方面说明这个商标一旦真的出了问题,那么对发行人的影响可能就是根本性的。好在,发行人的官司最终还是打赢了,但是这并不能完全消除商标的潜在风险。因此,审核过程中还是对这个问题作了重点关注。其关注的是什么问题以及发行人的解释思路主要体现在:

1. 涉诉的商标来源,是发行人自己设计的还是受让别人的,如果真的是自己设计的还好些,如果是受让的就更说不清楚了。本案例发行人是受让的,不过受让方是同一控制下的企业,来源还比较容易查清楚。

2. 商标评审委员会是否还会对涉诉商标做出新的裁定?涉诉商标已经由法院二审得出定论,根据一事不再理的原则,涉诉商标的权属基本是确定的。为了更加说明问题,商标代理机构还出具了关于商标的专项意见,也就是由商标的专业机构来解释这个问题更加具有说服力。这个思路是值得借鉴的,不过在小兵看来,如果针对这个问题能由商标专业律师或者商标主管部门发表意见,更加权威也更加合适一些。

3. 涉诉商标是没问题了,那么,其他相关联的商标是不是同样存在涉诉风险呢? 其实,这个问题问得还是一针见血也比较致命。换句话说,这家企业就跟你耗上了,这个商标不好使,再换一个跟你打 8 年的官司,哪个企业也受不了。中介机构的解释思路是:申请人只是认为发行人商标的鹰的图形侵犯了其在先著作权,并没有对发行人卡奴迪路的商标提出异议,而图形的在先著作权已经裁定没有了争议,所以就不再存在风险。不过,申请人是否有证据可以对发行人卡奴迪路的商标或者其他关联商标重新进行裁定呢? 这个风险还是存在的。当然,对于国内的中介机构来说,这的确也很难核查,但是风险我们还是要关注到的,至少要作为重大风险在招股材料中进行明确提示。

4. 发行人是否曾经进行过“意大利品牌”的误导性陈述? 这个问题属于自然而然延伸的问题,发行人的回复是“没有”,对此中介机构也做了很多核查工作,并且由广州市消费者协会和原工商局出具了说明。当然,发行人在材料中也承认其在工艺和面料上吸收了很多意大利的先进经验并聘请了意大利的高级顾问,那么,这些内容有没有在公司宣传中体现呢? 先进工艺和高级顾问又怎么去界定呢? 显然这并不好回答,也算是发行人打了一个擦边球吧,只要没有新的问题出现也算是暂告一个段落。那么可以思考一下,如果真有涉及假洋品牌的宣传问题该怎么办呢? 如果存在,那么需要越早越干脆地进行清理并解决,解决到位并且把风险控制到位也并非就没有上市的可能。

(二)商标被裁定撤销

在津膜科技的案例中,发行人控股股东许可给发行人使用的商标被裁定撤销。发行人正在好好使用的商标突然之间没了,这涉及商标诉讼另一个层次的问题了。在审核过程中这个问题也被重点关注,其关注的主要问题和解

决思路主要体现在:

1. 争议商标撤销前发行人利用该商标的产品销售情况。这件问题的回答前提很明确,那就是很少,最好是没有,如果很多,这个事情也就没有解释的余地只能是回去推倒重来了。本案例解释的思路很好,即发行人没有单独使用争议商标销售过,使用的是其他商标或者是其他商标与争议商标的组合。其意思很明确,尽管争议商标用不了了,我可以使用别的单独商标销售或者其他组合商标销售。当然,最关键的也不能忘了,就是与涉诉商标有关的销售金额不大并且发行人自争议之后已经逐渐停止了争议商标的使用。在浙江开山的案例中,同样存在类似情况,中介机构的意见为:发行人上述争议商标并非应用于发行人的主导产品,被裁定予以撤销不会对发行人的正常生产经营产生实质性影响。

2. 争议商标撤销前发行人使用该商标是否侵犯了申请人的权利,是否存在赔偿责任以及其他风险?也就是说,既然商标裁定已经认定发行人不拥有商标权利,那么,申请人是否可以要求发行人对以前的销售行为进行赔偿呢?发行人的解释是一种步步退让的策略:首先,工程上没用过争议商标;其次,产品销售上用的是组合商标且客户主要是大型客户一般不会混淆;再次,商标裁定没有追溯力;最后,就算是有追溯力,赔偿金额最高也就 50 万元。小兵认为对于这个问题的解释逻辑上是有问题的,有问题就是有问题,没问题就是没问题,中介机构选择这样的解释逻辑或许也是不得已而为之。可以试想一下,如果申请人真的向发行人提出赔偿申请,那么,这些解释理由是否会成为审判的核心依据呢?另外,中介机构在解释时利用了判决书的一些理由,颠来倒去地不知道说了些什么,做得有些不好。

3. 争议商标撤销对发行人生产经营的影响。对于这个问题的解释还是一个比较好理解的思路,就是工程不使用商标而产品销售的客户主要是大客户,对产品的辨识不一定依赖商标。小兵也想不出更好的解释理由,至于具体的影响到底怎样,只能是发行人最清楚了。不过,中介机构使用的用户购买考虑因素的素材很好,值得借鉴。

四、商标来自授权

以前的IPO审核规则中，是明确不能存在大股东授权使用商标的情形的。不过注册制下，既然发行人的土地、厂房都可以是租赁控股股东的，那么商标租赁也就自然不是障碍。当然，这跟土地、厂房的租赁解释逻辑一样，那就是发行人对于租赁的相关资产并不具有重大依赖，该资产也不是发行人资产的重要组成部分，不影响发行人业务相关资产的完整性。

如果发行人的核心商标、专利、主要技术等无形资产是由控股股东、实际控制人授权使用，那么保荐机构及发行人律师应当重点关注、充分核查论证并发表意见。

五、商标转让

（一）转让价格

从目前来看，因为研发费用资本化的实践困局，商标（包括专利）在企业的账面价值只能是这些无形资产在申请注册过程中的一些费用，并不能包括研发费用。在研发费用这个大头不能作为资产入账的情况下，一些申请费用几乎也就忽略不计，所以实践中商标、专利的无形资产的账面价值一般就是零。

那么转让的时候按照账面价值定价就是零对价，账面价值转让不合理，很多人提出可以评估作价。对于评估作价，成本没有也就不能用成本法，每个无形资产情形没有相同的也就不能用市价法，最后只有收益法可以用。有些专利用这个方法评估还可以，商标根本就没有操作的可能，因为商标本身的未来收益并不好确定，至于商标动辄评估几十亿元甚至过百亿元的价值，那主要还是体现整个公司的价值，这样的结果在企业上市过程中根本无法采用。

综上所述，商标资产转让一般情况下都是无偿转让，不过由于一般都是大股东转让给发行人，因此这种零对价转让并没有任何问题。值得说明的是，专利同样存在这个问题，在专利部分对于这个问题就不再单独说明。

(二)转让程序

关于商标、专利的转让,如果是已经取得权利证书,那么直接是权利人的变更,如果尚未最终取得权利证书,那么就是申请人的变更,这没有任何问题。

关于变更时间问题,如果时间过久那么还会关注到是否存在实质性障碍的问题,这个需要持续关注。在科林环保的案例中,就关注到某些商标转让了 2 年多还未转让完毕的原因。

最后,还需要特别提醒大家的是,**在项目执行过程中一定要持续关注并更新商标、专利的法律状态,以免更新不及时引起不必要的法律风险。**

六、商号

商标的问题大家都非常熟悉也比较普遍,而商号的问题实践中并不多见也比较陌生,关键是我们国家法律体系也没有对商号问题单独进行约束。

(一)概念

商号(Trade Name),即厂商字号,或企业名称。商号作为企业特定化的标志,是企业具有法律人格的表现。商号经核准登记后,企业在经济活动中使用商号开展各种活动,包括签订合同、刻制各种公章、开立银行账户、悬挂字号牌匾以及在广告、商标上使用商号。在很多企业中,商号同时也是公司最核心的商标,这能够保证企业品牌形象的一致性,易于宣传推广。

我国法律对于商号以及相关权利并没有明确的规定,不过《民法典》《企业名称登记管理规定》《企业名称禁限用规则》等对企业名称权有着明确的规定,这应该就是我们这里提到的商号。法律之所以规范商号,不仅因为其可以是识别企业的重要标志,更重要的是它体现了特殊的权利,也是企业一项重要的无形资产。

(二)特征

1. 非时间性。商号不具有时间性,只在所依附的企业消亡时才随之终止。

2. 排他性。商号在同一个行政区划内的相同营业范围里具有排他性。企业只准使用一个名称，在登记主管机关辖区内不得与已登记注册的同行业企业名称相同或者近似。换言之，同一个商号在不同的行政区域或不同的营业范围可以相同或相似。比如：某个企业在山东叫光明乳业，那么也可以有企业在江苏叫光明乳业，或者在山东叫光明钢铁。

3. 人身属性。商号具有人身属性，与特定的商业主体的人格和身份密切联系，与主体资格同生同灭。

（三）商号与商标的差异

商号与商标的关系极为密切，经常一起出现在同一商品上，商号有的情况下可以成为商标的一个组成部分或同一内容，但有时又不是。商号和商标在作用和性质上是有区别的，主要表现为：

1. 商标主要是用来区别商品或服务的，代表着商品的信誉，必须与其所依附的某些特定商品或服务相联系而存在，商标权属于知识产权；商号主要是用来区别企业的，代表着厂商的信誉，必须与商品的生产者或经营者相联系而存在，商号权属于名称权，所以商号权与人身或身份联系更紧密。

2. 商标按照《商标法》的规定进行注册和使用，具有专用权；其专用权在全国范围内有效，并有法定的时效性。商号按照《公司法》或《企业名称登记管理规定》登记注册，同样具有专用权；其专用权在所登记的市场监管机关管辖的地域范围内有效，并与企业同生同灭。

3. 商标权受到商标法的专门保护；而商号权仅比照《民法典》关于法人、非法人组织名称权的保护方法保护。

4. 带有某公司商号标记的含注册商标的商品销售到另一国家时，商标有必要在该国另行注册，商号没有必要另行注册。

5. 企业将自己的商号注册成商标使用时，或将已注册的商标变更登记为企业的商号时，商标和商号就成为同一内容或是其中的一个组成部分。但是很多商号名称不具有显著特征，所以无法注册成商标。

6. 表现形式:按照《企业名称登记管理规定》第8条的规定,企业名称中的字号应当由两个以上汉字组成。即只能用汉字来表示,数字、图形、拼音、英文字母等都被排斥在外。商标的表现形式是复杂多样的,按照《商标法》的规定,文字、图形、字母、数字、三维标志、颜色组合和声音等,以及上述要素的组合,均可作为商标进行注册,有的国家甚至把气味也作为商标注册。

7. 地域和时空的效力范围不同。我国商标权在全国都有法律的效力,按照《商标法》的规定,有效期为10年,但可以无限次地续展。商号权除在国家工商行政管理总局核准的外,其效力一般都限定在省、市、县等一定行政区划之内,但其时空效力却是一次申请,终身有效,只要主体存在,商号权就伴随着企业名称权永远存在。

8. 同一个商事主体只能拥有一个商号,但是可以拥有无数个商标。

9. 商标有自愿注册和强制注册两种,商号一般强制注册;一个商人只能有一个商号,却可以拥有多个商标。

(四)审核实践

实践中,商号允许他人使用主要存在以下两种常见的情况:一种是发行人允许关联方使用;另一种是发行人允许自己的经销商或客户使用。

第一种涉及同业竞争问题,这里不再论述,单说第二种。这种商号许可使用显然是有问题的,这就相当于把经销商被当作发行人一样看待,而经销商明明是独立的法人主体和责任主体,这会很容易形成代理的问题以及利益纠纷甚至是法律纠纷等问题。所以,这种情形在企业首发上市过程中一般是不被允许的。在达华智能和太阳电缆的案例中,都存在发行人允许经销商使用商号的情形,发行人也都进行了详细的解释(并没有强制性清理)。

在注册制审核下,发行人授权客户或经营商使用商号的情形变得更加普遍,在审核实践中尽管有的销售占比还比较高(超过10%),但也没有构成IPO的实质性障碍,可见对于这个问题审核态度和标准的一个变化。当然,我们也需要重点关注以下几个方面:

1. 别人使用商号并不违反相关法律法规,这是底线。

2. 是否有不当利益安排,即核查是否存在关联交易非关联化问题,这涉及是否存在利益输送、发行人财务状况是否真实问题。

3. 经销商使用发行人商号并不损害发行人利益。

第三节 专　利

将企业比作一个人,资产是骨骼,现金是血液,那么知识产权就是灵魂和头脑。一个企业知识产权的情况,不只体现了企业历史的积淀和储备,更展现了未来发展的动力和空间,知识产权是一个企业具有核心竞争力和市场话语权的内在基因和外在表现。我们可以这样讲,一个没有优质知识产权基因的企业,就算它资产足够大、规模足够大,不过也就是一个传统的“巨人”,不一定有更好的发展和未来。

知识产权对于一个企业很重要,那么对于一个企业 IPO 审核自然就更加重要。随着企业知识产权保护意识的提高,在 IPO 审核中,我们也能见到更多的关于知识产权的诉讼纠纷。因而,IPO 审核如何看待知识产权的重要性,以及出现纠纷或者诉讼的时候如何把握审核标准,确实是我们需要深度思考的问题。

一、审核标准变化

小兵对于 IPO 涉及诉讼问题的基本观点是:诉讼是企业生产经营过程中难免的一些摩擦和争议,只要充分披露诉讼的来龙去脉以及对发行人经营业绩和未来发展的影响,一般不构成 IPO 的实质性障碍。

专利诉讼相对于一般的合同纠纷诉讼,还是有一些不同之处,毕竟专利直接影响到发行人产品的有效性以及销售的合规性,严重的时候直接影响到后续产品的生产销售,因而一般会重点关注。

根据以前IPO审核的基本要求,涉及专利的诉讼,必须是已经审结完毕之后才能进行最后的审核程序才能上市,也就是专利诉讼的影响已经全部体现,风险已经彻底清除。在很多案例中,我们看到的关于专利诉讼对发行人影响的分析,也不过是一种技术手段的处理而已。

根据目前注册制的审核要求,在进一步强调信息披露的情况下,涉及的商标专利诉讼,就算是未决诉讼,只要能够披露清楚、说明影响,也不影响IPO后续的审核工作。从这个角度来说,这是目前IPO审核非常重大的一个变化。

二、专利诉讼

(一)诉讼的基本类型

在一个正常的商业环境中,只要有交易就会有纠纷,有纠纷就自然有诉讼,所以诉讼并没有什么大不了的。在实践中,基本的诉讼可以分为以下类型:

1. 与交易相关的诉讼。这应该是企业生产经营过程中最主要的诉讼,也就是企业在采购和销售过程中由于对一些问题的争议而引起的诉讼,如货款支付不及时、货物交付不符合要求等。

2. 与资产相关的诉讼。这主要体现在无形资产上,因为固定资产主要是一个愿卖一个愿买,一般不会有什么纠纷,而无形资产出现纠纷会比较多,一旦出现了一般还会比较严重。比如,某公司专利侵犯了别人的权利、某公司商标注册侵犯了别人的在先权等。

3. 与股权相关的诉讼。这个诉讼实践中并不是很常见,不过只要出现了就是不小的事情,处理起来相对棘手。比如,职工股的清退问题、老股东股权转让的问题、股东意见不合分家的问题等。

(二)专利诉讼审核关注

关于专利诉讼,一般都是发行人作为被告被起诉某项专利侵权,原告一般的请求是停止侵权和赔偿损失。对于专利诉讼问题的判断，我们一般可以从以下几种情形来考量：

1. 发行人可以解释所拥有的专利并不侵权，这可以从以下几个方面应对：(1)发行人具备专利的研发能力，不需要侵权；(2)发行人花费了很多的时间和财力进行研发，具有研发成功的可能性；(3)发行人专利与原告专利有着本质的区别，根本不存在侵权；(4)如果有专利局的专利文件或者裁定文件也可以佐证，专利有法律依据。

2. 如果发行人的某些专利的确侵权或者被判定侵权的可能性非常大，那么解释的主要理由如下：(1)发行人专利众多，涉诉专利只是其中很小的一部分；(2)涉诉专利不是发行人的核心专利，发行人利用该专利的产品销售比重很小，即使以后不使用这种专利生产销售产品也不会对发行人的生产经营带来重要影响；(3)发行人具备较强的研发设计能力，发行人已经研发出更加先进的技术来替代原有的专利，发行人不用老专利可以用新的专利；(4)为了更好地判断诉讼对发行人的影响，某些案例还对未决诉讼计提了预计负债。

在目前的 IPO 审核标准下，对于未决专利诉讼，只要能够合理解释对于发行人生产经营和持续盈利能力的影响，充分提示风险，并且将影响彻底披露，那么一般也不构成 IPO 的实质性障碍。关于这一点，算是注册制下审核逻辑的一个重要的变化。

(三)其他问题思考

在目前专利诉讼的审核实践中也还存在一些问题，小兵简要总结如下，希望可以有一些更加完善的措施加以解决：

1. 发行人解释利用涉诉专利的产品销售比重很小，但是这个销售金额的计算没有明确的依据。如果发行人的很多专利都是用在一种产品上，尽管涉诉专利并不重要，但是只要在产品上使用了，是不是这种产品就应该停止生产和销售，而如果这种产品是发行人比重最大的产品，那么尽管专利不核心但是这样的诉讼对发行人的影响也是非常重大的。

2. 发行人对涉诉专利的解释大多非常专业甚至涉及境外法律和政策,监管机构相关人员是否能够真正理解是个不小的疑问。从目前已有的案例来看,某些案例对于专利诉讼的解释和解决并没有彻底,还是留着很大的风险隐患,但是在审核人员了解并不深入也提不出进一步核查的问题下,我们默认这个问题是合规的。

3. 从现有的审核案例来看,很多案例都是动辄就到了最高人民法院,可见不论是原告还是被告都对某些专利的诉讼极为重视,中介机构对于某些诉讼的解释是否成立甚至经得起推敲,有时候证券监管机构需要得到专利主管部门以及司法机关的专业帮助。

4. 如果涉诉专利真的侵权且这个专利对发行人很重要,发行人会通过向原告许可使用的方式来解决问题,这就变成了另一个问题,就是发行人核心技术的独立性和稳定性问题,显然在涉诉案件中这个问题并没有引起足够重视。

三、专利被主张无效

跟商标类似,作为跟发行人生产经营密切相关的无形资产,专利也会被其他企业主张宣告无效。专利被诉讼无效情形如下:(1)发行人取得专利后,任何人都可以按照自己的理解提供证据主张发行人取得的专利无效,这是专利法给予的权利;(2)发行人向某个企业提出专利侵权诉讼的时候,对方为了证明自己没有侵权,就会主张发行人的专利无效,既然专利无效也就不存在侵权;(3)发行人在上市申请过程中,总是有一些竞争对手或者其他企业恶意进行专利的诉讼或者纠纷。

从专利管理的角度来看,对于发行人的竞争对手来说,主张专利无效的诉讼流程发起应该是比直接主张侵权难度要小得多,因而就可能在实践中导致诉讼泛滥的情况。此外,对方主张专利侵权或者其他纠纷,一般都有重要的证据且确实是为了保护自己的利益不受损害而发起的,而主张专利无效有时候可能就是碰瓷行径。

从这个角度想明白了,那么发行人在解释被主张专利无效的时候也就理直气壮,难度也就没有那么大了。并且前文提到的,容易引起专利无效诉求的情形也非常普遍且具有合理性,并且这样的诉求对于发行人的生产经营的影响也没有本质损害。

关于专利被宣告无效,需要关注的是专利无效对发行人生产经营影响的判断,不只要关注到对于发行人是不是有重大不利影响,还要同时关注到对于竞争对手有重大利好的影响。毕竟专利无效了,那么对于发行人就没有保护了,其他竞争对手就可以合法使用这些技术生产产品了。

四、合作开发

技术合作开发问题在企业上市审核过程中日益受到关注,是从创业板开始的。这个原因也比较好理解,创业板我们姑且理解为主要是具有创新型、成长型的高新技术企业,那么这些企业理应对技术专利存在重大依赖,这些专利技术如果存在权属瑕疵或者其他问题那么就会对发行人的生产经营产生重大不利影响。

(一)鼓励合作开发

术业有专攻,每个人做好自己最擅长的事情,不擅长的委托别人来做或者大家一起合作来做是符合最基本的商业逻辑的。从这个角度来讲,企业在研发能力不能满足要求的情况下,将部分研发活动与别人一起合作进行也无可非议,并且在特定情况下我们还需要鼓励企业与科研院所进行合作,以保证科研院所有更多资源进行研究,也能够促进研发成果最大程度产业化。

当然,这里小兵提到鼓励合作开发,只是在一种理想状态下的假定,而现实中打着合作开发的幌子做了很多损害企业利益的情形也并不少见,这也就是在企业上市过程中,审核部门还需要对这个问题重点关注的主要原因。

(二)审核关注

从审核实践来看,合作开发如果处理不好也会出现一些问题,主要可能会体现在以下几个方面:

1. 合作开发的费用承担没有约定清楚。一般情况下企业与研发机构的合作开发都是企业出钱、机构出人出力,不过一些细节上的问题还是要详细界定清楚,不然会对后面的结果产生重大影响。

2. 合作开发的权属没有约定清楚。前文提到,一般是企业出钱研发,机构研发成功之后将专利申请权转移给企业,企业可能会给研发机构一笔资金作为奖励,这样情况会比较明确。不过实践中也存在专利申请之后双方共同享有权利的情形,那么在其他权益细节没有约定明确的情况下就容易出现纠纷。此外,有些研发成果并不一定通过申请专利的方式体现,而可能是一些诀窍、秘密之类的非专利技术,那么如果约定不明确则出现问题的风险更大。

3. 合作开发技术的收益没有约定清楚。一般情况下,技术所有权在谁的手里,谁就会拥有这项技术的全部收益,但是在实践中可能会因为各种各样的原因而导致在专利权明确的情况下却对专利的收益权做了另外的一些约定,这就很容易出现纠纷。

4. 合作研发机构可能存在的瑕疵。这个问题一般情况下并不会受到太多关注,不过要是出了问题往往就是大问题,这方面的瑕疵主要体现在:研发机构人员的研发可能是职务行为涉及职务发明问题,研发机构的研发成果可能涉及侵犯别人成果的情形,研发机构同时与多家企业进行合作研发同一项技术等。

5. 技术泄密问题。既然要与别人合作技术,那么坦诚相待是必需的,那么企业的一些技术秘密是否会被第三方知晓就成为一个重大问题。尽管很多企业解释只是将一些不重要的技术与机构合作,但是这个风险如何规避却是每个人需要思考的问题。

6. 利益输送的问题。在实践中,存在企业通过技术合作开发的方式以及支付研发费用的途径进行利益输送的情形。这个时候,就要重点核查研发费用的支付情况以及支付依据、研发费用支付是否合理公允、支付对象是否明确、研发机构和研发人员是否具有研发实力等。如果存在以下几种情形,那么通过研发进行利益输送的可能性会增加,需要重点关注:第一种,研发机构以前从来没有进行过研发,与发行人的合作是第一次。第二种,发行人的相关人员出身于这个研发机构,后来发行人又回头与科研机构进行合作。第三种,发行人合作研发的技术与主营业务差距较大,发行人很可能用不到。

7. 业绩调整的问题。如果不进行合作研发,那么发行人需要承担技术研发的所有成本和费用,而如果是合作研发,发行人只是向合作方支付研发费,如果这项支付的研发费并不公允,那么就有可能通过这个方式虚增利润。对于这个问题,主要是核查研发费用支付的真实性和公允性。

(三)解决思路

在处理这类问题时,上文提到的一些风险点肯定是重点关注的问题。此外,还需要注意一下事项的说明和解释:

1. 为什么要进行技术合作开发。这个问题问与不问其实都没什么两样,企业解释的理由一般也就是企业精力不够或者为提高效率之类的原因,企业这么一说别人这么一听也就过去了,注册制改革之后这种无聊的问题应该也不会有人再去问了。

2. 详细介绍合作开发对方的情况。解释对方确实具有技术开发能力且要求对方对技术归属作出明确的确认。

3. 签署协议的主要内容。需要对协议的主要条款进行核查并披露,其实关注的问题主要就是小兵前面提到的协议可能会存在的风险,这也是这个问题在审核过程中重点关注问题。

4. 合同的履行情况,包括技术研发进度、费用支付情况以及专利申请情况等内容。

5. 合同对公司的生产经营影响如何。一般都是解释合作开发的技术均不是公司的核心技术,也就不会对公司的生产经营产生重要影响,即使合作出现意外也不会削弱公司的盈利能力。

6. 如果公司的技术合作开发较多,那么还会关注公司的研发人员和核心技术是否具有独立性,公司治理是否完善。

第四节　非专利技术与商业秘密

专利在实践中非常普遍,在工作中我们研究很多,所以这个问题理解起来还是比较轻松的。关于非专利技术,其实我们在实践中也经常看到,但是由于没有明确的定义和法律规范,因而在认识上存在不同的理解。这里小兵简单整理一下关于非专利技术的内容。

一、基本概念

关于非专利技术的概念,并没有一个统一的说法。目前,通常采用的非专利技术指为制造某一特定产品或使用某一特点的工艺所需要的一切知识、经验和技能,它包括各种工艺流程加工工艺、产品设计、图纸、技术资料、配方、技术规范等秘密的技术知识,在有的情况下,还包括有关管理、商业、财务等方面的内容。

《技术合同法实施条例》(1999 年 10 月 1 日废止)第 6 条规定,非专利技术包括:(1)未申请专利的技术成果;(2)未授予专利权的技术成果;(3)专利法规定不授予专利权的技术成果。

《专利法》第 25 条规定,对下列各项,不授予专利权:科学发现;智力活动的规则和方法;疾病的诊断和治疗方法;动物和植物品种;原子核变换方法以及用原子核变换方法获得的物质;对平面印刷品的图案、色彩或者二者的结合作出的主要起标识作用的设计。

二、主要特征

非专利技术成果应具备下列条件:(1)包括技术知识、经验和信息的技术方案或技术诀窍;(2)处于秘密状态,即不能从公共渠道直接获得;(3)有实用价值,即能使所有人获得经济利益或竞争优势;(4)拥有者采取了适当保密措施,并且未曾在没有约定保密义务的前提下将其提供给他人。

1. 知识性:非专利技术是一种不受法律保护的技术知识,是人类智力劳动的产物,具有非物质属性。

2. 保密性:无论哪一种形式体现的非专利技术,其内容一般都是秘密的,而且对生产具有一定的实用价值。非专利技术是不公开的,是未经法律授权的秘密技术。

3. 经济性:它是可以应用于生产实践并能够产生经济利益的技术知识,这是非专利技术成果能否成为受知识产权法律保护的关键所在,没有价值的技术成果就谈不上保护。

4. 可传授性:非专利技术作为一种技术必须能以言传身教或以图纸、配方、数据等形式传授给他人,而不是依附于个人的天赋条件而存在的技术。

三、非专利技术与专利的区别

1. 非公开性:专利是公开的,因为其专有性受到《专利法》等工业产权法的保护,且其取得专有权的前提之一就是公开技术,以证明其新颖性和创造性。非专利技术具有秘密性质,它不受工业产权法的的保护,因此不能公开。一旦被泄露,便成为公开技术,任何人都可以使用。因此,保持非专利技术的秘密状态对于非专利技术所有人来说至关重要。

2. 不受工业产权法的保护:专利权是受《专利法》等工业产权法保护的,其法律保护明确具体;非专利技术的保护没有专门立法,不受工业产权法保护,主要采用《民法典》《刑法》《反不正当竞争法》中的使用条款加以保护,因此保护程度十分有限。

3. 内容更广泛:专利的技术水平必须达到一定的标准,具备一定的创造性、新颖性与实用性,否则不会被授予专利权。非专利技术水平高低不一,有的完全达到了可获得专利的水平,有的达不到。非专利技术内容更广泛,一切可用于生产的技术知识和经验都可以归为非专利技术。

4. 保护没有地域性:专利只有在申请到专利的国家才受法律保护。非专利技术的秘密性决定了它不受地域限制,无论哪个国家,只要非专利技术处于保密状态,就不会失去该非专利技术的独占权。

5. 保护有严格的时间性:专利有着明确的保护期限,而非专利技术的保护期限完全取决于对它的保密,只要非专利技术所有人能够保密,就可以专有。一些非专利技术可以通过申请注册专利的方式获得专利法的保护,如可口可乐的配方。促使非专利技术所有人不申请专利的原因在于专利保护是有期限的,因此许多跨国公司在某些工业技术上更喜欢通过公司内部严格的规章制度和保密措施施行自我保密,而不是让这些技术秘密公开去申请有时间限制的专利权,以谋求专利法的保护。

四、非专利技术与商业秘密

按照我国《反不正当竞争法》的规定,商业秘密是指不为公众所知悉、具有商业价值并经权利人采取相应保密措施的技术信息、经营信息等商业信息。因此,商业秘密包括两部分:技术信息和经营信息。如管理方法、产销策略、客户名单、货源情报等经营信息,以及生产配方、工艺流程、技术诀窍、设计图纸等技术信息。

非专利技术与商业秘密的联系在于:一方面,非专利技术可以构成商业秘密;另一方面,并非所有的商业秘密都涵盖在非专利技术之中。商业秘密不仅包括那些不能单独形成一整套完整的技术内容、没有专利性、为少数人所知、能应用于生产实践并产生较好技术效益和经济效益的秘密的技术知识和经验,而且包括那些具有专利性,但是发明人不愿公开而未申请专利,可以在工商业中使用并在商业流通中获得利益的秘密。

五、专利申请的悖论

在企业上市的过程中,审核部门和中介机构的理念都是这个企业取得的专利(主要看发明专利)越多好像这个企业的技术就越牛,水平就越高,自然上市的机会也就越大。对于企业来讲,越高端的技术也不愿意主动申请专利,因为只要申请专利就必须公开某些具体的技术细节，如果专利技术保护的政策和措施不够到位，那么可能对企业造成重大不利的影响。

因而，某些时候我们就看到这样一种很奇怪的现象：企业在准备首发上市之前从来不申请专利，觉得高端技术还是好好藏在股东老板的保险箱或脑子里最安全，但是为了上市突出企业技术水平高的形象又不得不去突击申请一些专利。在小兵看来，在我国目前侵权问题不能根本解决的情况下，至少我们不能再以专利多少来衡量一个企业技术水平的高低和是否先进，应该由企业自由选择是以公开申请专利的方式还是非公开保存非专利技术的方式来对自己研发的技术保密管理。

六、非专利技术保护的空白

前文已经提到，企业可以自由选择不公开技术而以非专利技术的方式来对自己的研发成果实施保护，不过问题又来了，我国法律体系上根本就没有对非专利技术保护的独立体系。因而，非专利技术保护目前来看最好的保护方式就是老板的脑子里或者保险箱里。

因为没有法律保护没有安全感，所以老板不敢轻易将自己的非专利技术从脑子里拿出来传播给更多的人，从而一个企业的发展也更加依赖于一个人。很多企业曾去尝试技术的推广和传播，后来的结局往往都不是喜剧，你的核心技术人员拿着公司的技术另立门户是最常见的情形，而这时候非专利权人往往是束手无策。或许可以以侵犯商业秘密、竞业禁止或者不正当竞争的理由去提起诉讼主张权利，不过这种方式不仅不具有针对性且很容易扯皮，对于权利人的保护极其不利。

因此，小兵在这里还是建议要尽快建立一部与《专利法》并行的非专利技术的保护法规，这样才能够让企业家放心地以非专利技术保护自己的研发成果，这样在一定程度上打击了侵权行为。此外，专利权人也会放心地将技术推广传播，从而有利于我国技术的进步和提升。

第七章 劳动人事

关于发行人员工相关的问题，在 IPO 审核实践中可以这样理解：这些问题不会构成 IPO 的实质性障碍，但是具体问题的解决思路确实可以体现中介的专业以及企业的责任。从某种意义上来说，劳动人事问题可以看作最经典的 IPO 审核的规范性问题。当然，在注册制的审核理念下，这部分的内容也有一些调整和变化。

关于竞业限制，目前并没有专门的相关规定，只是在劳动合同法里有一条相关的约定。从经营实践来看，员工离职对于竞业限制的规定也不是很常见，这可能也是跟我们目前的发展阶段和商业环境有关系。当然，最关键的一点是：竞业限制是权利和义务对等的一件事情，公司如果对员工约定了竞业限制的期限，那么就应该给予相应的竞业限制补偿金，如果没有支付补偿金则单纯的竞业限制也是不成立的。竞业限制的期限根据法律规定，最长就是两年。

IPO 审核过程中对于社保和公积金的关注还是有了全新的角度和思路，不知道一些案例是属于特例还是普遍审核政策，不管怎样都是值得我们去关注的。因为这样的一些关注要点，跟我们以前的想法还是存在比较大的差别的。

目前的 IPO 审核对于发行人劳动人事方面的关注点有了一些调整和变化，对于某些不会直接影响到发行条件的问题且存在一些特殊的历史因素或者合理商业因素的问题，是可以在 IPO 申报的时候，承诺在一个期限内解决完成,而不一定需要等解决之后再申报IPO。这可能也是注册制审核跟以前IPO审核理念的不同。

第一节　社保和公积金

发行人报告期内存在应缴未缴社会保险和住房公积金情形的,应当在招股说明书中披露应缴未缴的具体情况及形成原因,如补缴对发行人的持续经营可能造成的影响,揭示相关风险,并披露应对方案。保荐机构、发行人律师应对前述事项进行核查,并对是否属于重大违法行为出具明确意见。

一、社保

为职工缴纳社会保险是《社会保险法》规定的企业的一项重要义务,这项义务是法定的,如果企业违反这个规定就可能构成违法违规行为。从目前来看,企业上市过程中涉及的社会保险的问题越来越少,不过一些比较典型的问题还是值得我们关注的。

(一)审核关注

《社会保险法》规定了基本养老保险、基本医疗保险、工伤保险、失业保险、生育保险等五种明确的社会保险制度,并且明确用人单位应该依法为员工缴纳上述社会保险。

在实践中,上述五种保险受到关注的主要是基本养老保险和基本医疗保险,而其他三种保险由于并不是一种常态化的保险,一般发生的情形比较少,关注的自然也比较少。不过,不能因为关注的比较少,就能够免除企业缴纳保险的基本法律义务,很多企业只给员工缴纳养老和医疗保险的做法从规则上肯定是违规的。

关于养老保险和医疗保险,社会保险法针对农村和城镇分别建立了独立的制度体系。养老保险为新型农村社会养老保险制度和城镇居民社会养老保险制度,可以将城镇居民社会养老保险和新型农村社会养老保险合并实施。医疗保险分为新型农村合作医疗制度和城镇居民基本医疗保险制度。

对于用人单位的保险缴纳义务,用人单位应在成立30日内办理保险登记,用人单位应在用工之日起30日内申请办理社会保险登记。

(二)主要瑕疵

关于社保问题,在企业上市过程中存在瑕疵的情形还是比较常见的,这有各方面的原因,主要就是主观和客观两个方面:(1)对于某些企业来说(初创企业或劳动密集型企业),社会保险费用的确是一笔不小的费用,甚至这笔费用对企业发展至关重要,因而能躲就躲能拖就拖。(2)社会保险目前很多地方尚没有联网没有实现统筹管理因而可能无法累计计算。由于上述两个原因,职工主动缴纳社保的意愿并不是很强,甚至很抗拒。

从目前审核的实践来看,社保出现瑕疵的情形并没有什么多元化,问题还是比较集中,主要体现为以下几种情形:

1. 没有为符合条件的全体员工缴纳社保,这应该是目前最常见的一种出问题的情况。

2. 为员工缴纳社保的时间不符合要求,如按相关规定,用工30日内就应该办理社保登记,而企业可能在用工几年之后才办理登记。

3. 为员工缴纳社保的基数不符合要求,要求按照职工工资水平缴纳社保,而企业以当地平均工资水平甚至是最低工资水平缴纳。

4. 为员工缴纳社保的种类不符合要求,要求为员工缴纳五种保险,而企业只给员工缴纳了养老保险和医疗保险。

(三)解决思路

审核部门对于社会保险问题的关注,无非就是企业是否为全体员工足额缴纳了社会保险,是否存在违法违规行为。对于这个问题的关注,以前审核思路是主板上市企业只要合法合规地按章办事,一般就不会存在问题,而创业板上市企业则关注的要细致得多,可能会关注到缴纳人数、缴纳基数甚至是缴纳时间的问题。至于为什么创业板更加关注社保问题,可能是由于创业板盈利规模相对较小,存在创业板企业通过社保调节利润的情形。

对于社保问题的瑕疵,解决思路也简单明确,主要就是对症下药。针对上述四种可能存在的瑕疵,可以逐一出具针对性的解决思路:(1)如果是缴纳人数不够,那就把没缴的人数补上;(2)如果是缴纳基数不行,那就调整缴纳基数,不过目前实践中企业基本上是按照当地最低工资作为基数缴纳;(3)如果是缴纳时间不够,这个只要后续规范了历史问题不再关注;(4)如果是缴纳险种不够,那就及时补缴其他险种。

对于实践中最常见的社保缴纳人数不符合要求的情形,如果经过解决之后仍旧有部分人员没有缴纳社保,那么需要对这些人员没有缴纳作出合理解释。整理目前一些案例,主要解释如下:

1. 部分员工因自身未及时向公司提供有效证件而导致公司无法及时为其办理社保缴费手续。

2. 部分员工正在与原单位办理社保转移手续,导致公司无法及时为其办理社保缴费手续。

3. 部分员工刚入职,入职后公司尚未为其办理社保缴费手续。

4. 部分离退休返聘人员虽计算在公司员工总数内,但该等离退休人员不属于应参保人员,故公司不应为其缴纳社保。

5. 实习生与公司之间并非《劳动法》和《劳动合同法》所规定的劳动关系,故公司不应为其缴纳社保。

6. 公司生产工人绝大部分是来自农村的农民工,流动性比较大,目前我国的社会保险还未实现全国统筹,领取麻烦,同时个人在缴纳社保费后,个人当月的实际收入会降低,因此农民工没有缴纳社会保险的主观意愿。如果公司强行办理,存在生产工人大量流失的风险。

7. 公司部分员工主动放弃公司为其缴纳社保,并且已经进行访谈保证其承诺是员工个人真实意思表示,不存在纠纷或潜在纠纷。

从目前审核标准来看,发行人最后一年报告期社保缴纳的比例基本上超过了90%。

(四)委托第三方代缴

目前注册制审核下,某些案例出现了发行人存在异地委托第三方机构帮助发行人员工缴纳社保和公积金的情形。对于这个问题,实践中还是有非常普遍的客观诉求,比如有的企业在某些城市可能会有零星的员工驻守,这时候为了缴纳社保和公积金专门设个分公司主体也不一定便捷,于是就有了找人代缴的需求。

从 IPO 审核的角度来看,异地委托第三方缴纳社保的行为还是不合规的,甚至就是违反《社会保险法》的,还是需要通过设立分公司的方式来彻底解决这个问题。但是,我们要反思的是,劳务派遣都允许代付工资和社保,为什么法规不允许代缴社保和公积金的行为呢?

当然,从最新的创业板审核的案例来看,已经有案例允许发行人存在零星的第三方机构代缴社保和公积金的情形,小兵觉得这样的审核理念才是对的。

二、公积金

(一)基本规则

国家机关、国有企业、城镇集体企业、外商投资企业、城镇私营企业及其他城镇企业、事业单位、民办非企业单位、社会团体及其在职职工,应当按《住房公积金管理条例》的规定缴存住房公积金。有条件的地方,城镇单位聘用进城务工人员,单位和职工可缴存住房公积金;城镇个体工商户、自由职业人员可申请缴存住房公积金。

设区城市(含地、州、盟)应当结合当地经济、社会发展情况,合理确定住房公积金缴存比例,单位和职工缴存比例不应低于5%,原则上不高于12%。缴存住房公积金的月工资基数,原则上不应超过职工工作地所在设区城市统计部门公布的上一年度职工月平均工资的3倍。

企业应当自设立之日起30日内到住房公积金管理中心办理住房公积金缴存登记,企业应当自职工录用之日起30日内到住房公积金管理中心办理缴存登记。

(二)审核关注

公积金和社保就像是一对双胞胎,虽然是完全不同的两个制度设计,但是由于都是与员工紧密相关,因而在企业上市过程中往往都是一起来看待。公积金和社保在监管思路和判断上有太多的相似之处,这里就不再详细解释了。公积金与社保不同的是:社保是全国人大制定的规则,属于全国性的基本法律制度,而公积金属于国务院的部门规章制度。也就是因为这个原因,在IPO审核实践中才会有这样一种观点:**社保具有国家强制性,而公积金具有某种福利性质**。从这个角度去考虑,企业上市过程中对于公积金问题的把握相较社保要宽容一些。

对于公积金的监管重点和解释,社保部分描述的内容在公积金问题上同样适用,不过对于公积金缴纳人数比例低的解释,公积金还有一些特定的理由:(1)公司有大量农民工,农民工不愿意缴纳公积金,农民有宅基地也不需要公积金,同时《住房公积金管理条例》也只是鼓励单位为进城务工人员缴纳公积金,并不是强制;(2)公司已经为其提供免费住宿或者发放住房补贴以代替住房公积金;(3)以前还有县级地方政府根本还未成立住房公积金的相关管理机构,往往会出现企业想缴但找不到地方缴的情况。

根据目前IPO审核的实践,发行人最后一年公积金的缴纳比例基本上在70%以上。

(三)进城务工人员是否需要缴纳公积金

IPO审核实践中,被社保和公积金问题折磨得比较厉害的主要是劳动密集型企业,这些企业的职工主要又是进城务工人员,这些人如同前文介绍的原因缴纳社保和公积金的意愿都不是很强烈,因而中介机构在解释这些人员社保和公积金缴纳问题时颇费周折。

对于社保问题,《社会保险法》明确规定需要缴纳,但是《住房公积金管理条例》并没有强制要求单位为进城务工人员缴纳住房公积金,换句话说,用人单位不为进城务工人员缴纳公积金是合规的。

第二节 股 权 激 励

IPO 发行人的股权激励跟上市公司的股权激励还是有着本质的区别,上市公司实施股权激励有着很具体完整的规则,这些规则并不对 IPO 的股权激励适用。

IPO 的股权激励,简单来说,就是发行人允许公司员工以相对优惠合理的价格持有发行人的股权,以做到激励员工的作用。

这样的股权激励并不是一定要有,如有,只需要对股权激励进行充分的信息披露,同时进行详细的核查。

在注册制审核的理念下,关于股权激励问题也有了一些新的变化,主要有:(1)允许发行人带着股权激励期权计划申报 IPO;(2)允许实际控制人向员工提供借款参与股权激励计划;(3)控股股东的员工也可以参与发行人的股权激励计划等。

一、激励对象

我们研究股权激励问题,首先要明确的就是激励对象的范围以及确定的标准和依据,这既是 IPO 审核重点关注的问题,同时也是发行人在涉及股权激励计划的时候需要重点考量的问题。

1. 发行人员工。IPO 的股权激励计划应有的含义就是对发行人的员工做出激励,员工的类型可能包括公司董监高、核心技术人员、对公司发展做出突出贡献的中层管理者或者继承员工、公司服务期限比较久的员工等。在股权激励对象的确定上，基本上是基于员工历史的贡献和考核做出的一个评判，同时通过股权激励的方式，约定员工未来为公司服务的期限以及需要实现的目标。

2. 对公司有帮助的外部人员。在以前的IPO审核标准中，股权激励对象必须且只能是公司内部员工不能是外部人员，而从目前审核的案例来看，如果是对发行人技术研发、生产销售、资本运作、公司治理等方面提供有效帮助的专家顾问，也是可以作为激励对象的。当然，不论IPO审核逻辑如何变化，这样的激励方式如何避免利益输送的风险，是需要持续思考的问题。

3. 发行人控股股东的员工。关于发行人控股股东以及关联方的员工能否作为股权激励的对象，有过很大的争议，至少目前没有明确的规则是禁止的，且已经有案例成功实施了。小兵认为，关联方员工作为激励对象并不违反基本法律的要求，且在实践中有着现实的需求，不应该限制。

4. 实际控制人或老股东的亲友。顾问或实际控制人/老股东亲友以低于股份公允价值的价格取得股份，发行人获取当事人及其关联方服务的，应构成股份支付。实际控制人/老股东亲友未向发行人提供服务，但通过增资取得发行人股份的，应考虑是否实际构成发行人或其他股东向实际控制人/老股东亲友让予利益，从而构成对实际控制人/老股东的股权激励。

二、公允价值

股权激励公允价值直接影响到需要确认股份支付的费用，从而影响到公司损益，因而很重要也很敏感。关于公允价值的确定，实践中一般的方法就是：参考外部投资者入股的价格、同行业市场上企业并购的价格、对企业的价值进行评估等。

从目前审核案例分析来看，以下几项新的原则和标准值得我们思考：

1. 最合理的确认公允价值的标准仍旧是参考企业外部投资者的投资价格，并且确定合理的市盈率倍数。

2. 可以参考市场上企业并购的价格,主要是市盈率倍数在一个合理空间。

3. 单纯的通过对企业净资产进行评估的方式确认公允价值并不一定可取,尤其是在净资产评估基本上没有增值的情况下。

三、股份支付

发行人对员工进行股权激励,必然涉及股份支付的问题,几乎每个IPO案例都会存在这种情况。股份支付需要确认费用并且直接影响到损益,因而是否需要确定股份支付、股份支付费用确定的金额(与公允价值直接相关)、股份支付费用是否需要在等待期分摊等问题,构成了股权激励这个技术问题的核心。

在以前的IPO案例中,实施员工股权激励最大的困难就是:如果员工持有股份的价格太低,那么会涉及金额较大的股份支付费用,甚至直接影响到发行条件;如果员工持有股份的价格很高,且不论股权激励的效果会大打折扣,员工一般很难有足够的资金来认购股份。

IPO审核现在有了新的趋势:为了避免进行股份支付,那么就要求员工持有发行人股份的价格跟外部投资者一样或者在合理的差异内,这样就不存在股份支付的情形,从而也就不用确认管理费用。

这样可以不进行股份支付,但是同样有两个问题:一是跟外部投资者一样价格那么是不是还有员工激励的效果;二是员工可能根本就没有那么多钱来出资。有没有激励效果那是另一回事,毕竟员工看的也是企业发展的未来,更重要的是企业上市之后股价可以翻倍的收益。至于员工的资金来源问题,是我们需要另外去讨论的。

发行人客户、供应商入股的,购销交易价格与第三方交易价格、同类商品市场价等相比不存在重大差异,且发行人未从此类客户、供应商获取其他利益的,一般不构成股份支付。

四、等待期分摊

关于等待期以及股份支付是否需要分摊确认费用的问题,最新的审核案例确定了相对明确的原则：

1. 如果约定了等待期，那么就在等待期内分摊确认。发行人对于职工离职时相关股份的回购权存在特定期限，例如固定期限届满前、公司上市前或上市后一定期间等，无证据支持相关回购价格公允的，一般应将回购权存续期间认定为等待期。

2. 尽管没有确认等待期，但是在某个期限内，约定员工如果离职就要根据原值或者明显不公允的价格收回股份，例如职工仅享有持有期间的分红权、回购价格是原始出资额或原始出资额加定期利息等。这样其实员工在这个期限里并没有确定获得股权激励的权益，存在实质的等待期，因而需要分摊确认。

3. 发行人的回购权没有特定期限，且回购价格及定价基础均未明确约定的，应考虑相关安排的商业合理性。发行人应在申报前根据股权激励的目的和商业实质对相关条款予以规范，明确回购权期限及回购价格。

4. 是否存在等待期，最核心的判断是员工离职收回股份的价格是否公允、是不是市场价格，只要不是公允价格，就说明员工获得股权激励权益存在不确定性，存在实质的等待期。

五、资金来源

员工怎么去筹措持股的资金来源，实践中有以下几种方式：

1. 员工自己有钱，或者向亲戚朋友借钱筹集。

2. 员工向银行借钱，以房子或车子抵押。

3. 员工向银行借钱，由发行人股东或者其他关联方提供担保，员工提供反担保。

4. 员工向发行人股东借钱，股东向员工提供借款。

5. 员工向外部投资者借钱，股东向外部投资者提供担保，员工可以提供反担保，也可以不提供。

在审核实践中，前三种方式是普遍认可和存在的，现在第四种方式也已经有了很多案例，而最后一种方式也成为现实。并且，发行人在吸引外部投资者融资的时候,就跟投资者达成了一个条件,那就是要想投资发行人就必须给员工的出资提供低息借款。外部投资者向增资的员工提供借款也是可以的,并且也符合基本的商业逻辑,至于是不是刻意规避股份支付的问题,那是另一回事了。

六、特殊激励方式

百洋医药(301015)案例中,发行人的股权激励存在两种比较特殊的情况:一种情况是员工持股平台里存在控股股东及关联方企业任职的员工;另一种情况是控股股东集团以及关联方的员工通过持有集团公司股份间接进行股权激励。

1. 对于第一种情况,其实还比较好理解,也符合规则,主要就是集团公司架构下存在多重任职的情形,最典型的如发行人的高管或者中层管理者同时可能兼任关联方公司的董事或者监事。这是符合IPO审核的人员独立性原则的,这种情况下,这些员工同样是发行人的员工,进行股权激励并没有任何不妥。

2. 对于第二种情况,实践中一直是有争议的,那就是发行人股东的员工是否可以作为股权激励的对象,是否可以成为发行人员工持股平台的出资人。具体到本案例,至少认为发行人对股东的员工激励是不违反任何规定的,同样也可以实现激励措施,是可以操作的。当然,也有两个细节问题值得注意:(1)员工并没有在员工持股平台持有股份,而是通过股东间接持有发行人股份;(2)因为股东员工并没有对发行人有贡献,因而也不存在股份支付的情形。对于第二种情况提到的第一个细节问题,**小兵觉得就算是股东员工直接持有发行人股份,也不是本质的障碍。**

七、期权激励

所谓IPO的期权激励,就是发行人在首发申报前制订期权激励计划,并准备在上市后实施的。

（一）基本要求

发行人存在首发申报前制订、上市后实施的期权激励计划的，应体现增强公司凝聚力、维护公司长期稳定发展的导向。原则上应符合下列要求：

1. 激励对象应当符合相关上市板块的规定。

2. 激励计划的必备内容与基本要求，激励工具的定义与权利限制，行权安排，回购或终止行权，实施程序等内容，应参考《上市公司股权激励管理办法》的相关规定予以执行。

3. 期权的行权价格由股东自行商定确定，但原则上不应低于最近一年经审计的净资产或评估值。

4. 发行人全部在有效期内的期权激励计划所对应股票数量占上市前总股本的比例原则上不得超过 15%，且不得设置预留权益。

5. 在审期间，发行人不应新增期权激励计划，相关激励对象不得行权；最近一期期末资产负债表日后行权的，申报前须增加一期审计。

6. 在制订期权激励计划时应充分考虑实际控制人稳定，避免上市后期权行权导致实际控制人发生变化。

7. 激励对象在发行人上市后行权认购的股票，应承诺自行权日起三年内不减持，同时承诺上述期限届满后比照董事、监事及高级管理人员的相关减持规定执行。

（二）信息披露

发行人应在招股说明书中充分披露期权激励计划的有关信息：

1. 期权激励计划的基本内容、制订计划履行的决策程序、目前的执行情况。

2. 期权行权价格的确定原则，以及和最近一年经审计的净资产或评估值的差异与原因。

3. 期权激励计划对公司经营状况、财务状况、控制权变化等方面的影响。

4. 涉及股份支付费用的会计处理等。

（三）核查要求

保荐机构及申报会计师应对下述事项进行核查并发表核查意见：

1. 期权激励计划的制订和执行情况是否符合以上要求。

2. 发行人是否在招股说明书中充分披露期权激励计划的有关信息。

3. 股份支付相关权益工具公允价值的计量方法及结果是否合理。

4. 发行人报告期内股份支付相关会计处理是否符合《企业会计准则》相关规定。

第三节 劳务派遣

《劳动合同法》对劳务派遣问题作了原则性规定，人力资源和社会保障部《劳务派遣暂行规定》对这个问题进行了细化和系统规范。

一、基本规则

在《劳务派遣暂行规定》中并没有对劳务派遣做明确的定义，不过，在曾经的暂行规定的征求意见稿中还是规定了劳务派遣的基本概念：(1)直接劳务派遣，用人单位以经营方式将招用的劳动者派遣至其他用人单位使用，由后者直接对劳动者的劳动过程进行管理的一种用工形式；(2)间接劳务派遣，用人单位将业务发包给承包单位，但对从事该业务的承包单位劳动者的劳动过程直接进行管理的一种用工形式。

劳务派遣用工是补充形式，只能在临时性、辅助性或者替代性岗位上实施：(1)临时性工作岗位，是指存续时间不超过6个月的岗位；(2)辅助性工作岗位，是指为主营业务岗位提供服务的非主营业务岗位；(3)替代性工作岗位，是指用工单位的劳动者因脱产学习、休假等原因无法工作的一定期间内，可以由其他劳动者替代工作的岗位。

用工单位应当严格控制劳务派遣用工数量,使用的被派遣劳动者数量不得超过其用工总量的10%。

劳务派遣单位按照国家规定和劳务派遣协议约定,依法为被派遣劳动者缴纳社会保险费,并办理社会保险相关手续。

二、审核关注

劳务派遣用工模式在企业上市审核实践中还是比较普遍的,审核过程中也引起了监管机构的一些关注。尽管2007年颁布的《劳动合同法》已经以基本法的形式明确了劳务派遣用工模式的基本概念,但对于很多细节问题并没有明确的操作性和指引性,加上这个问题的监管明显是一个“出力不讨好”的苦差事,劳动法规定了这个问题也没有引起相关部门的重视和响应。2007年之后只是有了这个劳务派遣的合法名称,在监管上几乎是一片空白,直至2014年3月1日起实施的《劳务派遣暂行规定》进行了完善。

监管机构主要在是否符合上市条件以及是否损害员工利益等方面对该问题做了适当的关注,主要体现在以下几个方面:

1. 劳务派遣用工的原因:发行人是否要采取劳务派遣的用工方式,是否具有真正的必要性,目前一般都是劳动密集型企业且存在比较明显的产能季节性的公司会比较多地采取劳务派遣的方式。此外,一些辅助性岗位(如保洁、保安)等采取这种方式就更加好理解和常见。

2. 劳务派遣的基本情况:这里主要就是劳务派遣员工的数量、用工比例、工资情况、是否做到了同工同酬等,这也是《劳务派遣暂行规定》中劳务派遣协议需要重点关注的问题。

3. 劳务派遣的社保问题:很多发行人有劳务派遣可以不用缴纳社保的错误观念,尽管错误但还会有很多劳务派遣单位帮助用人单位一起规避社保的缴纳义务,这在上市过程中会被重点关注。从规则上来讲,劳务派遣员工的同工同酬不仅体现在工资福利上,还体现在社会保险的缴纳上,因为社保也是员工福利的重要组成部分。《劳务派遣暂行规定》规定应该由劳务派遣单位为劳务派遣员工缴纳社保,因为他们之间签署的是劳动合同。

4. 劳务派遣协议的签署情况:在这个问题上可能会涉及劳务派遣公司的基本情况、是不是合法设立运营的劳务派遣企业、是不是发行人的关联方等,劳务派遣企业薪酬支付情况,是否存在损害员工权益的情况等,以及双方签署劳务派遣协议是否对劳务派遣员工的权益进行了全面保护,不存在合谋损害权益的情形。

5. 劳务派遣可能还关注的其他问题:(1)劳务派遣不会因为用工短缺而影响公司的正常生产经营,同时劳务派遣员工是非核心岗位员工,公司生产经营稳定;(2)发行人是否存在通过劳务派遣故意压低员工工资从而操纵业绩的情形;(3)发行人支付的劳务派遣费用是否合理公允;(4)发行人是否在劳务派遣过程中存在纠纷或法律风险的情形。

三、劳务分包

《劳务派遣暂行规定》规定了劳务派遣用工比例不得超过10%,但是实践中很多企业对于外部辅助员工的需求还是很大的,那么就出现了用劳务外包的方式来解决劳务派遣的问题,尤其是在IPO过程中,通过劳务外包来解决劳务派遣员工比例超过10%的问题。

对于劳务分包,监管机构关注的审核要点非常具体,主要包括:

1. 发行人与劳务公司采购的金额、占比以及变动情况。

2. 发行人与劳务分包公司是否存在关联关系。发行人与劳务分包公司是否还存在其他的业务合作,尤其是服务和代理业务等。

3. 发行人与分包公司之间是否存在人员、资金往来的情形,是否存在经营混同的情形等。

4. 劳务公司是否只有发行人一个客户,是否专门为发行人提供服务。

5. 发行人与劳务公司均是劳务分包关系,不存在劳务派遣的情形。

6. 发行人是否只与劳务公司签署合同,不存在与项目人员直接签署协议的情形。

7. 劳务分包公司是否存在不具备资质的情形。

8. 劳务分包公司是否存在违法违规行为，违规行为是否导致资质暂停的情形，分包公司资质暂停期间是否与发行人有合作，合作是否有效。

9. 劳务分包业务的定价模式，定价方式是否合理，分包班组和分包人数的情况，发行人不负责项目人员的统计。

在目前 IPO 的审核实践中，劳务分包用工的比例并没有明确限制，有的甚至超过了 30%。同时，对于发行人没有按照规则要求及时将劳务派遣的用工比例降至 10%以下，只要当地主管部门出具证明不会处罚，一般也不会构成 IPO 的实质性障碍。

第四节　竞 业 禁 止

一、前员工离职创业

某些人员从原单位离职然后独立创业，后来企业发展很好并独立 IPO 的故事，在 A 股市场尽管不是很多，倒也并不是那么罕见。当然，其中也发生了很多原东家不惜一切代价四处追杀的狗血江湖，也有原东家和新企业相亲相爱的美好姻缘。

（一）基本情形

这种从原单位离职独立创业的情形，在 IPO 审核过程中可能主要有以下几种情况：（1）原单位核心人员离职，甚至带走了自己研发的成果创业；（2）原单位一帮核心人员离职，组团进行创业；（3）创业的新企业生产经营的产品跟原单位并没有本质的关系；（4）新企业生产经营的产品跟原单位几乎就是一模一样，甚至连客户和供应商都高度重合。

从审核实践的角度来看，实践中更多的是原单位的核心人员（如核心研发人员、销售人员、采购人员等）独立出来创业，并且后来做的产品或多或少还是跟原单位存在关联。或许也有其他类型的独立创业，因为没有成功没有走到IPO这一步，我们也就不了解了。

（二）审核关注

关于独立创业这种情况，核查关注的问题自然也非常直接和典型，简单总结起来主要就是：(1)是否存在竞业禁止是最基本的契约规范；(2)是否存在知识产权方面的纠纷或者争议；(3)是否存在供应商和客户的重合的情形，是否存在商业混同的情形；(4)是否存在股权方面的争议或纠纷；(5)是否存在共同使用部分资源或者分摊成本费用的情形；(6)是否存在利益输送的情形。

海容冷链(603187)案例中，发行人6名董事、3名监事以及高管和核心技术人员，基本上来自上市公司澳柯玛股份有限公司或者澳柯玛集团，并且发行人目前的经营业务与澳柯玛本身基本上还是一致的。

说实话，从某种程度上来讲，这样的一种如此高密度的重合，对于发行人未来的持续经营是不是一种非常不稳定的因素，对于已经上市的澳柯玛股份有限公司的利益是不是也是一种损害，尽管目前没有关注到，但是还是有这样的疑问。从这个角度来讲，独立创业就要一刀两断，不能跟原单位有任何的资金、人员和业务上的往来，这是这个问题的最底线也是红线，也是影响这个问题能够IPO审核得到认可最本质的核心。

二、竞业禁止

（一）基本规则

用人单位与劳动者可以在劳动合同中约定保守用人单位的商业秘密和与知识产权相关的保密事项。对负有保密义务的劳动者，用人单位可以在劳动合同或者保密协议中与劳动者约定竞业限制条款，并约定在解除或者终止劳动合同后，在竞业限制期限内按月给予劳动者经济补偿。劳动者违反竞业限制约定的，应当按照约定向用人单位支付违约金。竞业限制的人员限于用人单位的高级管理人员、高级技术人员和其他负有保密义务的人员。在解除或者终止劳动合同后，从事同类业务的竞业限制期限，不得超过两年。

从上述规定可以看出,劳动合同法还是对竞业禁止进行了相对明确的规定:

1. 竞业禁止协议只是约束和限制负有保密义务的人,并不是公司全体员工。这里负有保密义务的人如何界定,是法律规定还是企业自己规定?没有保密义务的人如果做了与企业相同和类似的业务该如何处理呢?

2. 竞业禁止主要高管、技术人员,因为这些人员一般会接触到公司秘密,自然也有保守秘密的义务。此外,可能也会有一些人需要履行保密义务,所以这里也有兜底条款,具体情况还需要根据具体事实进行判断。

3. 签订竞业禁止协议对劳资双方都有约束,企业需要支付补偿金,而员工如果违反需要支付违约金。那么,如果签订竞业禁止协议之后企业没有约定补偿金条款或者约定了没有实际履行是不是可以视同协议无效?小兵认为可以这样理解,并且企业具有举证的责任。

4. 竞业禁止期限不得超过两年。这一条非常关键,那么,如果超过了两年是不是就直接认定竞业禁止协议无效呢?小兵认为不能直接以期限违反规定而认定协议无效,而应该认为两年之内的约定有效,超过时间的无效。

5. 竞业禁止的范围,包括到与本单位生产或者经营同类产品、从事同类业务的有竞争关系的其他用人单位,或者自己开业生产或者经营同类产品。这个都比较好理解,不过大家对于同类业务和产品的理解可能会存在一些争议。

(二)审核关注

竞业禁止问题包含多个方面和层次的问题,如知识产权保护、保密协议、权属纠纷、员工劳务合同、企业内部控制、经理人道德规范等方面。

至于竞业禁止问题在企业上市过程中的关注重点,总结起来主要有以下几个方面:(1)是否违反竞业禁止相关合同约定从而引起纠纷;(2)是否存在知识产权以及相关资产权属的纠纷;(3)是否存在销售渠道以及其他方面资源的重合。审核实践中主要关注了前两个问题,第三个问题涉及的不多,小兵认为第三个问题以及与之相关的一些问题可能会更复杂也有可能危害会更加严重。

至于竞业禁止问题的解决思路,倒没有多少可以总结的,无非以下几点:(1)说明竞业禁止协议没有签署过、已经履行完毕或者签署了没有生效,不会存在因为竞业禁止约定而存在纠纷或风险;(2)说明发行人的专利以及其他知识产权都是自己苦心发明的,与老东家没有任何关系;(3)由关注对象出具承诺,有什么问题自己担着;(4)由老东家出具说明,认为竞业禁止的来龙去脉他都认可,不会再去找关注对象的麻烦。

具体到企业上市过程中的竞业禁止问题,实践中已经有一些案例被重点关注,尽管发行人均做出了详细且看似不可辨驳的解释,但是实践中是否真正就能解决问题小兵还是持怀疑的态度。

三、IPO是否审核商业道德

商场如战场,慈不掌兵义不掌财,商战就是没有硝烟的战争不是你死就是我亡。

我们对于商业领域的合作和竞争的总结,总是这么赤裸裸、血淋淋。说白了,只要我没有违反规则,那么为了实现我的目标和利益,其他的一切都可以践踏。更何况道德?

因为我国商业发展的特定环境和阶段,也因为这些"古训"的浸染,我们的商业领域总是讲究规则和胜者为王,没有建立基本的商业道德体系,好像也没有人关心这个。

具体到规则,IPO审核中基本上存在争议的就是竞业禁止和商业秘密的保护,而对于这两个核心问题,我们的法律建设基本上算作是空白,就算是有一些规定,也是很抽象不具体,实践中实行起来并不容易。这样的局面,对于潜在的违规者来说,是有利的,违规成本极低;对于维权者来说,就是谈何容易。

道德属于私德,如果法规不完善那也是法规的问题,跟道德有瑕疵的人也没关系。道德是更高的行为规范,但是它却不一定有潜在后果,只能是被人指责而无关痛痒。

对于IPO审核机构来说,其只关注企业的情形是否符合法律明确规定的上市条件,是否构成红线或实质性障碍,对于其他的,其没有权利关注,也不应该关注。该审核理念和逻辑没有错,可是我们也要思考的是,IPO毕竟是一个充分信息披露,要跟更多人交代的是一个公众公司的事情,商业道德的事情真的一点都无关紧要吗?

关于这个问题,是不是要关注,该怎样关注,在怎样的程度和范围上关注,确实需要思考。对于IPO审核的结果,有的被否决可能也不是这个原因,有的直接顺利过会,有的暂缓表决还会继续推进。小兵相信每一个IPO上市的企业都是最优秀的企业,小兵同样希望,这样的企业不止合规也没有任何道德层面的瑕疵。

第五节　董事和高管

一、独立董事

在审核实践中,关于独立董事任职资格的问题一直都存在争议,有一些问题在实践中也有着不同的见解。随着中组部、中纪委、教育部、国资委等部门相继发布了关于人员对外兼职的禁令,发行人对于独立董事选择的范围已经极度缩小,很多领域的争议已经不再存在,但是从近期审核的案例来看,也出现了一些新的情况。

对于独立董事的任职资格,主要有两个重要的影响因素:一个是独立董事自身身份属性,另一个就是独立性。

(一)不得担任独立董事的身份

1. 主要法律规定

(1)担任5家以上上市公司独立董事。独立董事原则上最多在5家上市公司兼任独立董事,并确保有足够的时间和精力有效地履行独立董事的职责。

(2)不具备5年相关工作经验。担任独立董事必须具有5年以上法律、经济或者其他履行独立董事职责所必需的工作经验。

(3)高校领导班子成员。学校党政领导班子成员一律不得在校内外其他经济实体中兼职。

(4)公务员。公务员不得违反有关规定从事或者参与营利性活动,在企业或者其他营利性组织中兼任职务。原系领导成员、县处级以上领导职务的公务员在离职3年内,其他公务员在离职2年内,不得到与原工作业务直接相关的企业或者其他营利性组织任职,不得从事与原工作业务直接相关的营利性活动。

(5)辞职或离退休中管干部。中管干部辞去公职或者退(离)休后3年内,不得到与本人原工作业务直接相关的上市公司、基金管理公司担任独立董事、独立监事,不得从事与本人原工作业务直接相关的营利性活动。

(6)党员领导干部。党员领导干部不得违反规定在经济实体、社会团体等单位中兼职或者兼职取酬,以及从事有偿中介活动。

(7)财政部副处级干部。财政部副处级以上干部均不可在外兼职或担任独立董事职务。

(8)国有企业领导人。国有企业领导人员未经批准不得兼任本企业所出资企业或者其他企业、事业单位、社会团体、中介机构的领导职务,或者经批准兼职的,擅自领取薪酬及其他收入。

2. 审核实践关注

关于独立董事的身份问题,由于很多文件已经有了明确的规定,审核案例中出现争议的情形减少了很多,但是还是有一些情形法律并没有给予明确规定,审核政策可能会从严把握。这些情形如下:

(1)高校院系的院长或者其他领导。根据法律规定,教育部管理的高校党政领导人员是不得对外兼职担任独立董事的,那么,某个院系的院长或者系主任是不是可以呢?从审核实践来看,应该还是从严把握的。

(2)协会的会长、秘书长等管理职务人员。从实践来看,行业协会大致可以分为两类:一类是完全的民间组织自负盈亏,另一类是政府机关改制之后的组织并且仍旧按照国家机关或者事业单位制度管理。如果是后者,那么相关人员很可能也不得担任独立董事。当然,如果是前者,若存在某些潜在关联关系,可能也需要进行详细核查(如采购数据、参加会议等)。

(3)出版社或杂志社的社长或主编等管理职务人员。相关问题的处理可以参考协会的思路。

(4)年龄太大或者任职太多。为了保证独立董事能够有充足的精力履行职责,一般规定独立董事年龄不得超过60岁。

(二)因独立性不得担任独立董事

这个情况是指相关人员基于其身份担任独立董事是符合要求的,但是由于其他一些原因而可能损害独立董事的独立性从而不得担任独立董事。其具体包括以下几种情形:

1. 独立董事在发行人的同行业上市公司担任独立董事影响业务独立性。其实,很多发行人都愿意选择已经在同行业上市公司担任独立董事的"成熟人员"担任公司独立董事,但是现有的审核案例可能会对这样的独立董事存在独立性疑问。

2. 独立董事在发行人具有业务往来关系的公司担任独立董事。如果某些人员在发行人的供应商或者客户那里已经担任独立董事,那么再担任发行人独立董事可能也会存在独立性的疑问。不仅如此,在某些案例中,还存在如果独立董事担任某金融机构的独立董事,而该金融机构同时也为该独立董事任职的另外一家企业提供借款,也被质疑是否存在独立性瑕疵。

3. 独立董事曾在发行人的关联方任职影响独立性。比如,某发行人的独立董事曾经担任控股股东及关联方的职务,尽管已经退休但是独立性无法完全保证。又如,某发行人的独立董事同时担任发行人参股公司(商业银行)的独立董事,独立性也会存在质疑。

4. 独立董事或者任职单位曾经为发行人提供过服务。最典型的莫过于会计师或者律师,该会计师、律师或者任职单位可能曾经为发行人提供过服务,尽管提供服务的时间已经很久远或者提供服务的人跟该人员没有任何关系,但是可能也会存在独立性的疑问。

5. 发行人及相关关联方。对于这一条的规定真正要区分界定是很难的,最后实务中基本上坚持了一个原则,那就是只要是跟上市公司看着有一点关系的,绝对不允许担任独立董事,基本上就是“零容忍”的态度。

6. 独立董事任职也不得违反国务院国有资产监督管理委员会《关于规范国有企业职工持股、投资的意见》(国资发改革〔2008〕139 号)关于国有企业中层干部任职的规定。

(三)会计专业独立董事

《关于在上市公司建立独立董事制度的指导意见》指出,聘请一名会计专业人士(会计专业人士是指具有高级职称或注册会计师资格的人士)担任公司独立董事。

《上海证券交易所上市公司独立董事备案及培训工作指引》第 16 条规定,以会计专业人士身份被提名为独立董事候选人的,应具备较丰富的会计专业知识和经验,并至少符合下列条件之一:(1)具有注册会计师执业资格;(2)具有会计、审计或者财务管理专业的高级职称、副教授职称或者博士学位;(3)具有经济管理方面高级职称,且在会计、审计或者财务管理等专业岗位有 5 年以上全职工作经验。

《深圳证券交易所上市公司信息披露指引第 8 号——独立董事备案》第 11 条规定,以会计专业人士身份被提名的独立董事候选人,应当具备丰富的会计专业知识和经验,并至少符合下列条件之一:(1)具备注册会计师资格;(2)具有会计、审计或者财务管理专业的高级职称、副教授或以上职称、博士学位。

(四)行业协会人员担任独立董事

从审核实践来看,行业协会相关人员(主要是领导或者技术专家)担任公司独立董事的情形越来越多,原因不说大家也都能猜出几分,这里就不再赘述。

关于协会人员能否担任独立董事的问题,这里可能要分情况看待:

1. 某些协会纯粹是成立的自律性组织,类似于民间组织,主要靠会员费生存,自负盈亏,如果是这种协会应该不会违反规则。

2. 某些协会是在部委改制时改制过来的,这类协会往往编制还在,不是公务员编制就是事业单位编制,那么如果是这种协会,担任独立董事是违反《公务员法》的。

3. 在福安药业的案例中,发行人独立董事马某担任某杂志社社长、党支部书记,该杂志社系事业单位法人。

中共中央纪委第四次全会提出关于国有企业领导人员廉洁自律的五项规定,其中第 5 项规定:“不准擅自兼任下属企业或其他企业的领导职务,经批准兼职的不得领取兼职工资或其他报酬。”中共中央纪委、监察部于 2000 年 11 月 30 日下发《关于中央纪委第四次全会重申和提出的国有企业领导人员廉洁自律有关规定的解释》(中纪发〔2000〕12 号),根据该解释,“未依照公务员制度管理的事业单位的领导人员以及未承担行政职能的事业单位的领导人员参照执行”。

二、董事和高管

(一)董事和高管发生重大变化的判断

同实际控制人不得发生变更一样,董事和高管不能发生重大变动也是企业首发上市的基本条件之一,但是与实际控制人是否发生变更的判断标准相对明确不同,后者则主要是一种定性的判断,需要根据公司的具体情况具体分析。以前曾有董事和高管人数三分之一以上发生变化则认定为重大变化的标准,但是后来删除了该标准。毕竟企业情况千差万别,只要变动的理由充分合理都应该被接受,这也就要求中介机构要对问题做出专业的判断。

一般情况下,董事和高管变动主要有三种情况:(1)人数不变而人员调整;(2)人数增加;(3)人数减少。如果是人数增加,而人数增加的理由主要是加强公司规范治理和满足企业首发上市的要求,如根据上市公司规范要求设立董事会以及增加财务总监和董事会秘书的情形,是没有任何问题的。人数减少的情况是比较少见的,如果存在则需要重点解释。

人员变更的情况是最普遍也是最复杂的,也就是在有人离开的情况下还有人加入。这就需要解释老的人为什么离开同时还需要解释为什么是这个新的人加入,尽管企业情况复杂,但是最基本的原则就是:要保证公司控制权、管理层和核心人员的稳定,最终目的都是保证公司生产经营的稳定性。

(二)董事和高管兼职过多是否影响履行职责

其实,在企业上市的相关规则中,对于董事和高管在关联方的兼职限制并不是很多,高管方面鉴于人员独立性的考虑还有一些,董事方面直接就没有非常明确的兼职限制。也就是因为这个原因,企业上市过程中董事和高管兼职的情况非常多,甚至在某些案例中董事或高管的兼职在十几个甚至几十个。

尽管董事和高管过多兼职并没有影响企业的发行上市条件,但还是存在董事和高管能够有充足时间和精力履行职责的合理性质疑,尤其是对上市公司管理的勤勉尽责,因而在实践中还是会考虑到董事和高管是否存在过多兼职的问题。

既然独立董事有5家的兼职上限,那么小兵在此建议在上市条件中也规定类似的条件,对董事和高管的兼职情况做进一步的明确。

(三)执行董事是不是高管

对于执行董事的问题,一种观点认为执行董事就是董事,另一种观点认为执行董事不同于一般意义上的董事应当视同经理,也应该遵守关于高管兼职的限制。

关于怎么看待执行董事的定位,我们先看《公司法》是怎么规定的:股东人数较少或者规模较小的有限责任公司,可以设一名执行董事,不设董事会。执行董事可以兼任公司经理。有限责任公司可以设经理,由董事会决定聘任或者解聘。如果单纯从规则和立法本意上来讲,执行董事是董事会的一种替代形式,执行董事可以兼任经理但是并不是经理,规模小的公司可以不设经理只有执行董事就可以。

规模较小的公司可以有经理也可以没经理,可能存在以下情形:公司只有执行董事没有经理;公司执行董事兼任经理;公司分别设立执行董事和选举经理。三种执行董事的设置可能也会分别影响到执行董事的定位:第一种情形下执行董事既是决策者也是执行者,这时候执行董事的确有了高管的属性;第二种情形也没有错,执行董事兼任高管自然也就是高管;第三种情形很明确,执行董事属于董事,而经理属于高管。

第六节　特殊劳动关系

一、事业单位编制

正元地信(688509)案例中,IPO 申报前仍存在大规模事业编制员工。

发行人是地质总局控股的企业,地质总局是国资委下属的事业单位,发行人身份的特殊性决定了这个案例不具有普遍的参考价值,但是对于这类企业存在的类似情形还是有很好的借鉴意义。同时,就算不是完全相同的问题,对于类似的问题,这个案例的一些审核标准和解决思路也是值得我们学习的。

关于事业单位编制员工的问题,自然是需要彻底解决的,发行人向地质总局报送了关于解决的具体方案,控股股东表示同意,在方案中明确在 2020 年 12 月 31 日彻底解决员工事业编制的问题:员工要不放弃编制在公司上班,要不就离职返回原事业单位上班。

关于事业编制员工的问题,还有一个很大的问题,也是审核过程中一直重点关注的问题,那就是:发行人需要委托地质总局替这些事业编制员工缴纳社保和公积金,就算是这些员工已经解除了事业编制全职在发行人这里工作,因为账号清算转移的问题,也需要发行人继续委托地质总局缴纳社保和公积金,且短期内这种情况还没法改变。关于这个问题,发行人充分说明了是历史原因也是目前社保和公积金管理制度的问题,跟发行人没有关系。当然,发行人取得了相关的证明,也测算了委托缴纳的金额差异对发行人经营业绩的影响。

二、人员返聘

在企业生产经营实践中,聘任退休人员继续为公司服务的情形还是很普遍的,甚至有些人员还会担任重要的岗位。在 IPO 审核实践中,如果就是单纯地聘任一些退休人员,且这些人员基本上是原来就在发行人处工作的,也没有做出重点关注。人员返聘还有一种情形,就是发行人聘任监管机构或者行业管理机构的相关人员,这种情况下,要充分核查是否违反相关法律的规定,同时也要确认是否存在利益输送的情形。

兰卫检验案例中,存在返聘退休人员的情形,核心是返聘人员很多是医院或者其他监管单位的退休人员,而发行人产品主要应用领域就是医院。发行人解释了这样的用工方式也属于行业惯例,且因为占比不大,不会影响到发行人用工的合规性。发行人还解释了医院等单位也没有关于禁止员工兼职的规定,这个真不知道是不是,至少小兵觉得医院的员工在发行人这种单位兼职,还是有一定的风险。

当然,最重要的还是关注到关于薪酬待遇和比例的问题,并且还让发行人模拟测算对盈利的影响。这样的模拟测算倒没有太大必要,毕竟返聘人员的工资应该不会很低,至少不会比发行人正式员工低。